Christine Fink

ERSTE HILFE im Umgang mit ADHS, Borderline & Co.

Praxisratgeber zu Störungsbildern und anderen Besonderheiten in der Schule

Verlag an der Ruhr

Impressum

Titel
Erste Hilfe im Umgang mit ADHS, Borderline und Co.
Praxisratgeber zu Störungsbildern und anderen Besonderheiten in der Schule

Autorin
Christine Fink

Umschlagmotive
Silhouetten, Köpfe: © pict rider – Fotolia.com,
Download-Button: © JJAVA/stock.adobe.com

Innenteil
Download-Button: © JJAVA/stock.adobe.com

Lektorat
Antje Lehbrink

Druck
AZ Druck und Datentechnik GmbH, Kempten, DE

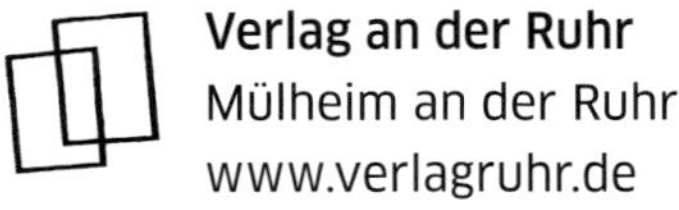

Verlag an der Ruhr
Mülheim an der Ruhr
www.verlagruhr.de

Geeignet für die Klassen 1–13

ISBN 978-3-8346-4226-4

Alle im Download befindlichen Dateien finden Sie unter:
www.verlagruhr.de/zusatzdownloads

Inhaltsverzeichnis

Vorwort

Als Fachleiterin für Sonderpädagogische Förderung mit dem Schwerpunkt Emotionale und soziale Entwicklung war ich kürzlich als Prüferin zu einer Zweiten Staatsprüfung in einer inklusiven Schule. Dort war es meine Aufgabe, besonders auf die Förderung der Schüler[1] mit dem Schwerpunkt Emotionale und soziale Entwicklung zu achten. In der Klasse befanden sich drei dieser Schüler, außerdem jeweils einer mit dem Förderschwerpunkt Lernen und Geistige Entwicklung.
In der Prüfungskommission saß neben mir eine Kollegin für das Fach Deutsch, die jedoch auch als Ausbilderin im Förderschwerpunkt Geistige Entwicklung arbeitet. Diese sagte nach fünf Minuten in der Klasse: „Der Junge dort mit dem Förderschwerpunkt Geistige Entwicklung, ich wette, er hat die Diagnose Prader-Willi. Na, hoffentlich wissen die Kollegen hier Bescheid, was mit ihm los ist!"
Ich muss gestehen, ich hatte keine Ahnung, wovon sie sprach, und war von der Kompetenz der Kollegin beeindruckt. Das war jedoch auch der Moment, in dem mir klar wurde, dass wir Sonderpädagogen uns, besonders im Gemeinsamen Lernen (GL), über unseren ausgebildeten Förderschwerpunkt hinaus gut informieren müssen. Und ebenso klar wurde, dass auch die Lehrer der Regelschule informiert sein und sich auskennen müssen, denn Inklusion heißt ja nicht, dass durchgängig Sonderpädagogen vor Ort sind. Oft genug sind die allgemeinbildenden Lehrer die ersten Ansprechpersonen!
Aus diesem Anliegen heraus ist dieses Buch entstanden: damit Sie als Lehrer Bescheid wissen, was zu tun ist, wenn

- ✓ Alex kaum still sitzen kann,
- ✓ Biggi wie so oft scheinbar teilnahmslos im Unterricht sitzt,
- ✓ Clara so stark stottert, dass Sie sie manchmal kaum verstehen,
- ✓ Danny mit der Diagnose Asperger-Syndrom in Ihrer Klasse ist,
- ✓ Ed immer wieder mit seinen Mitschülern in Konflikte gerät,
- ✓ Ihnen die Schülerin Flora mit dem Förderschwerpunkt Geistige Entwicklung angekündigt wird,
- ✓ Sie eine Schülerin wie Gizem haben, die hochintelligent ist,
- ✓ Sie, womöglich gleichzeitig mit Gizem, eine Schülerin wie Hanna in der Klasse haben, der das Lernen und Denken schwerfällt,
- ✓ Ilias häufig den Unterricht schwänzt,
- ✓ etc.

---

[1] Aus Gründen der besseren Lesbarkeit haben wir in diesem Buch ausschließlich die männliche Form verwendet. Natürlich sind damit immer auch Frauen und Mädchen gemeint, also Lehrerinnen, Schülerinnen etc.

Die Vielfalt an „Sorgenkindern" bzw. „Sorgenjugendlichen" in (inklusiven) Schulen weist eine große Bandbreite auf und reicht von Schülern mit unterschiedlichsten Lern- und Entwicklungsstörungen (mit oder ohne festgeschriebenen Förderbedarf) über Verhaltensweisen, die den reibungslosen Ablauf des Unterrichts verhindern, bis hin zu Schülern, die inklusiv mit einer Behinderung beschult werden.
Was müssen Sie über diese Schüler wissen? Was sollten Sie beachten? Was können Sie tun? Was müssen Sie tun?
Dabei möchte dieses Buch nicht den Anschein erwecken, es gäbe fertige „Rezepte" – schließlich ist jeder Mensch unterschiedlich. Aber es gibt Forschungsergebnisse, Erfahrungen und Ideen dazu, was helfen kann, was ungünstig ist, was unterlassen werden sollte, worauf zu achten ist. Was Sie hier finden, ist eine „Erste Hilfe". Manche der beschriebenen Störungsbilder wären an mehreren Stellen einzuordnen, so ist z. B. die Autismus-Spektrum-Störung unter „Störungen des Sozialverhaltens" zu finden, wenngleich sie in einigen Fällen auch mit geistiger Behinderung oder auch Hochbegabung einhergeht. Ich habe sie, um Doppelungen zu vermeiden, dort eingeordnet, wo ihre Problematik am umfassendsten beschrieben werden konnte. Das Inhaltsverzeichnis verschafft Ihnen einen schnellen Überblick über alle beschriebenen Störungs- und Behinderungsbilder.
Der vorliegende Ratgeber gibt also einen Überblick über die **häufigsten Beeinträchtigungen und Auffälligkeiten**, die Ihnen als Lehrer begegnen können. Dabei kann natürlich kein Anspruch auf Vollständigkeit erhoben werden. Hier erhalten Sie zunächst eine **Beschreibung** der Beeinträchtigung sowie des möglichen **Verhaltens**, das Sie konkret erleben. Dabei stütze ich mich, neben den von mir gemachten Erfahrungen, häufig auf die international festgelegten medizinischen und psychiatrischen **Diagnosekriterien** der ICD-10[2] und gelegentlich auch der DSM-5[3], um klar zu umreißen, worum es sich bei dieser Beeinträchtigung, bei dieser Störung handelt. Diese diagnostischen Hinweise erfolgen da, wo Sie u. U. noch gar nicht mit

---

[2] ICD-10 ist das weltweit wichtigste anerkannte Klassifikationssystem für medizinische Diagnosen, engl.: **I**nternational Statistical **C**lassification of **D**iseases and Related Health Problems (Internationale statistische Klassifikation der Krankheiten und verwandter Gesundheitsprobleme), derzeit in der zehnten Version. Sie finden sie unter www.dimdi.de > Klassifikationen > ICD > ICD10-GM. Die elfte Version ist in Arbeit und soll 2022 in Kraft treten. Manche Diagnosen sind in der ICD-10 nicht mehr auf dem neuesten Stand oder kompliziert beschrieben, weshalb bei den vorliegenden Beschreibungen auch die DSM-5 einbezogen wurde, siehe folgende Fußnote. Psychiatrisch und medizinisch bindend ist in Deutschland die ICD. Da Sie jedoch keine Diagnosen stellen müssen, sondern Bescheid wissen wollen, was hinter dem Verhalten Ihres Schülers steckt, liegt der Fokus bei der Beschreibung der Diagnose auf der Verständlichkeit und es wurde auf beide Systeme zurückgegriffen.

[3] DSM-5 ist das wichtigste psychiatrische Klassifikationssystem der USA, engl.: **D**iagnostic and **S**tatistical Manual of **M**ental Disorders (Diagnostischer und statistischer Leitfaden psychischer Störungen), derzeit in der fünften Version. Die Beschreibungen sind überwiegend deckungsgleich mit denen der ICD-10; gelegentlich ist die DSM genauer in den diagnostischen Kriterien und somit ergänzend zu nutzen. Die DSM-5 in der deutschen Ausgabe ist hier einsehbar: American Psychiatric Association (Autor), Falkai, Peter u. a. (Hrsg.): Diagnostisches und Statistisches Manual Psychischer Störungen DSM-5®, Hogrefe: Göttingen 2018. ISBN: 978-3-8017-2803-8

der Diagnose vertraut sind und einen geschulten Blick brauchen. Es folgen wichtige Hinweise für Ihre Unterrichtspraxis, sprich dafür, wie Sie diesem Schüler und seinem Verhalten begegnen können, was Sie beachten sollten bzw. müssen und wo Sie weitere Hilfe erhalten können bzw. sich holen sollten. Dabei wird es Ihnen angesichts der Heterogenität der Klassen sicherlich nicht möglich sein, sämtliche Ratschläge zu berücksichtigen und jedem Schüler zu jedem Zeitpunkt gerecht zu werden. Prüfen Sie, was für Sie machbar ist. Wichtig ist nicht zuletzt darum stets auch die enge Absprache im Team und die gegenseitige Unterstützung.
In manchen Fällen finden Sie Vorlagen zum **Download** für Ihre Praxis DOWNLOAD. Den Link finden Sie im Impressum.
Prüfen Sie stets, inwieweit eine **Schulbegleitung** (siehe S. 31) beantragt werden und ein **Nachteilsausgleich** (siehe S. 15) greifen kann.
Ziel dieses Ratgebers ist es, Ihnen ein schnelles Nachschlagen zu verschiedensten Behinderungen, Störungen, Beeinträchtigungen, Auffälligkeiten zu ermöglichen, Antworten auf erste Fragen zu geben und ein Grundverständnis für den jeweiligen Schüler und seine besondere Situation zu schaffen.
Wichtig erscheint mir neben allem Wissen jedoch auch eine positive Grundhaltung: **„Sorgenkinder“ bereiten nicht nur Sorgen, sondern sind auch Freunde, Bereicherung, eine tolle Chance für soziales Lernen!**
Übrigens: Die Kollegen kannten die Diagnose Prader-Wili und wussten, was zu tun und zu beachten war.
Und so wie ich Ihnen im Folgenden immer wieder den Rat und das Expertentum von Kollegen und Fachleuten empfehlen werde, so hätte auch dieses Buch ohne die hilfsbereite und fachkundige Beratung verschiedener Fachleiterkollegen nicht so umfassend und ausführlich entstehen können. Von daher geht mein ganz großer Dank an: Karin Bauer-Menschik, Katrin Bluhm, Jürgen Braselmann, Achim Giesen, Mechthild Goßheger-Porada, Petra Ortmanns und nicht zuletzt an meinen Mann, Dr. Oliver Fink, dessen Rat und Unterstützung sich auch, aber nicht nur, auf das Fachliche bezog.

Störungen des Sozialverhaltens

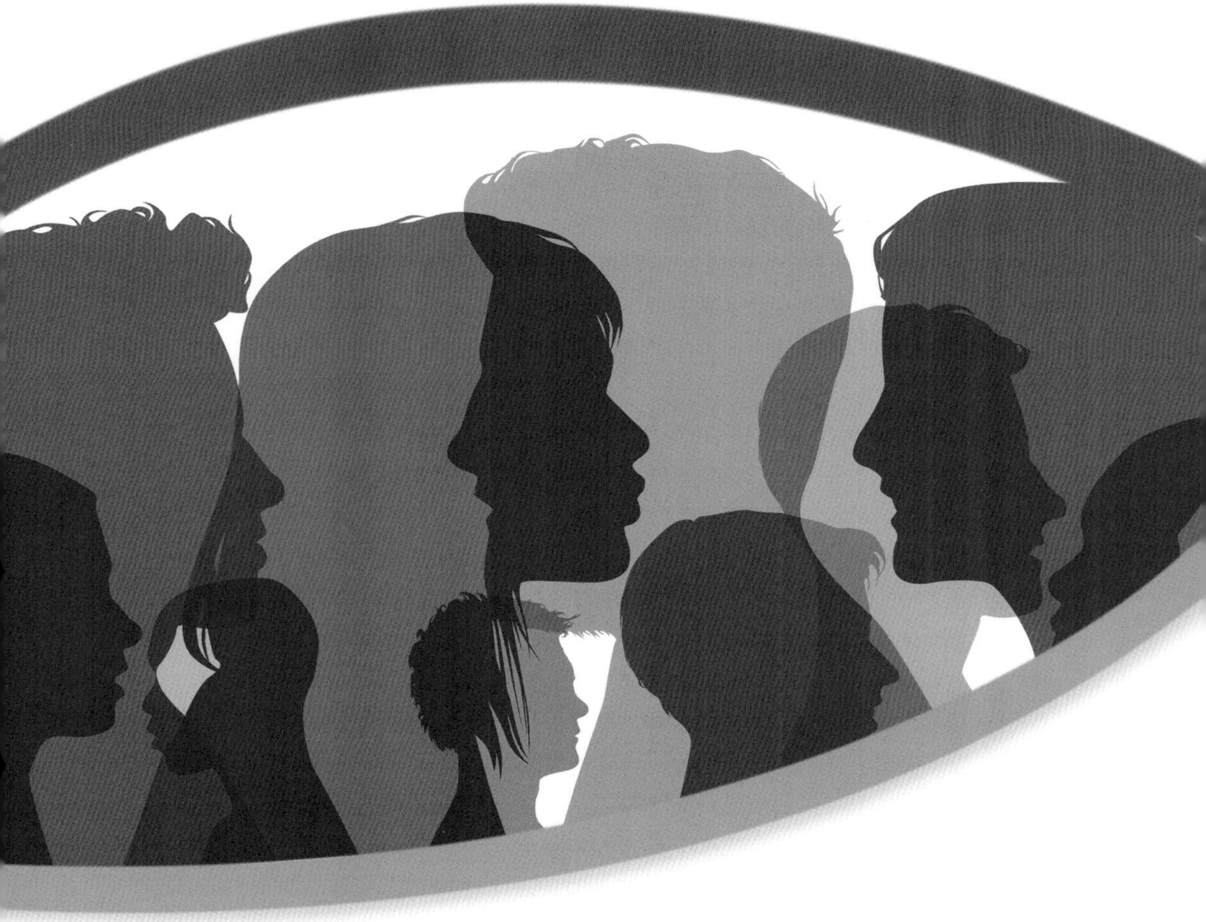

AD(H)S

Alle menschlichen Gedanken, Gefühle und Handlungen sind das Ergebnis einer gut funktionierenden Teamarbeit des neuronalen Netzwerks im Gehirn. Es filtert sämtliche Eindrücke, die von außen kommen, selektiert sie nach Wichtigkeit, sortiert sie nach Themengebieten und schickt sie zur Weiterverarbeitung an die zuständigen Bereiche des Gehirns. Bei Kindern und Jugendlichen mit AD(H)S funktionieren der Aufnahmefilter für die Informationen und die Teamarbeit in der Verarbeitungszentrale Gehirn nicht optimal.
ADHS bedeutet Aufmerksamkeits-Defizit-Hyperaktivitäts-Störung; bei ADS fehlt die Hyperaktivität. In beiden Fällen sind eine geringe bis sehr geringe Aufmerksamkeitsspanne und eine hohe bis sehr hohe Ablenkbarkeit zu beobachten. Bei ADHS spricht man schnell vom „Zappelphilipp", bei einem Schüler mit ADS vom „Träumer".
Viele Lehrer berichten von vermehrten Aufmerksamkeitsschwierigkeiten in ihren Klassen; ob es sich tatsächlich um ADS oder ADHS handelt, kann letztlich nur eine ärztliche Diagnose entscheiden. Man kann davon ausgehen, dass etwa 5–6 % aller Kinder und Jugendlichen in Deutschland von „echter" AD(H)S betroffen sind, Jungs dabei häufiger als Mädchen (3:1 bis 4:1).[4]

Diagnosekriterien

Auch wenn nur Ärzte eine AD(H)S diagnostizieren können und dürfen, so ist es doch wichtig, dass Sie als Lehrer genau wissen, wovon die Rede ist.
Diagnosekriterien nach ICD-10 und DSM-5 sind:

- ✓ Es sind **mehrere Symptome** in ausgeprägter Form aus dem Bereich **Unaufmerksamkeit** oder **Hyperaktivität/Impulsivität** (siehe S. 11 f.) zu beobachten (bei ADS fehlen die Symptome aus dem Bereich Hyperaktivität),
- ✓ die Symptome liegen seit mindestens **sechs Monaten** vor,
- ✓ die Störung trat bereits **vor dem Alter von sieben Jahren** auf,
- ✓ die Beeinträchtigung durch die Symptome zeigt sich in **zwei oder mehr Lebensbereichen** (z. B. in der Schule und zu Hause),
- ✓ die Symptome sind nicht durch eine **andere psychische Störung** oder eine **medizinische Erkrankung** erklärbar.[5]

---

[4] Solche statistischen Werte können je nach den zugrunde liegenden Diagnosekriterien und Erhebungen ggf. stark schwanken, sind also stets nur Orientierungswerte.

[5] Vgl. ICD-10-GM (Version 2019): Kapitel V, Link: www.dimdi.de/static/de/klassifikationen/icd/icd-10-gm/kode-suche/htmlgm2019/, letzter Zugriff am 08.07.2019; u. American Psychiatric Association (Autor), Falkai, Peter u. a. (Hrsg.): 2018, S. 77 ff. (Vollständige Quellenangabe, siehe S. 6)

Was sind die Besonderheiten der betroffenen Schüler?

Im Schulalltag werden erhöhte Anforderungen an Aufmerksamkeit und Verhalten gestellt. Für das Verinnerlichen von Regeln und Verfahrensweisen benötigen Schüler mit AD(H)S mehr Zeit als andere. ADHS zeichnet sich durch drei Kriterien aus, bei ADS fallen diejenigen zur Hyperaktivität weg:

Unaufmerksamkeit

Kinder und Jugendliche mit AD(H)S

- ✓ übersehen häufig Einzelheiten oder machen Flüchtigkeitsfehler,
- ✓ haben oft Probleme, die Aufmerksamkeit bei Aufgaben oder auch beim Spielen aufrechtzuerhalten,
- ✓ scheinen häufig nicht zuzuhören, wenn andere sie ansprechen,
- ✓ halten Anweisungen anderer oft nicht durch und bringen Arbeiten nicht zu Ende,
- ✓ vermeiden häufig Aufgaben, die eine längere geistige Anstrengung erfordern, oder sind widerwillig,
- ✓ tun sich schwer, Aufgaben zu organisieren,
- ✓ verlieren häufig Gegenstände,
- ✓ lassen sich schnell durch äußere Reize ablenken,
- ✓ sind auch bei Alltagsaktivitäten häufig vergesslich.

Hyperaktivität/motorische Überaktivität

Kinder und Jugendliche mit ADHS

- ✓ haben häufig etwas in der Hand und/oder im Mund, mit dem sie spielen,
- ✓ stehen in der Klasse öfter mal unaufgefordert auf,
- ✓ laufen häufig herum, auch wenn dies unpassend erscheint,
- ✓ tun sich schwer, ruhig zu spielen oder sich still zu beschäftigen,
- ✓ reden oft übermäßig viel,
- ✓ wirken zappelig, sowohl mit Händen als auch mit Füßen.

Impulsivität

Kinder und Jugendliche mit AD(H)S

- ✓ geben oft schon die Antwort, noch bevor die Frage vollständig gestellt wurde,
- ✓ können nicht gut abwarten, bis sie dran sind,
- ✓ unterbrechen und stören andere oft (so platzen sie z. B. in Gespräche oder Aktivitäten anderer hinein).

Zudem ist häufig zu beobachten, dass Kinder und Jugendliche mit AD(H)S

- ✓ scheinbar von jetzt auf gleich vollkommen ermüden können,
- ✓ ihre Hausaufgaben meist nicht von sich aus notieren und sie dann vergessen, bis sie zu Hause sind,
- ✓ auf ihrem Stuhl herumrutschen und häufig die Sitzposition ändern,
- ✓ auch schon mal auf ihrem Tisch liegen,
- ✓ häufig „auf Achse" sind und oft wie getrieben wirken,
- ✓ öfter über ihre eigenen Füße stolpern,
- ✓ öfter fallen und verletzt sind,
- ✓ ein ganz eigenes Empfinden von Nähe und Distanz haben, das häufig unangemessen wirkt,
- ✓ gerne im Mittelpunkt stehen, durch ihre geringe Selbststeuerung aber oft keine positive Form von Beachtung erreichen,
- ✓ sich häufig zum Klassenclown, Außenseiter oder Sündenbock entwickeln,
- ✓ aufgrund ihrer Sprunghaftigkeit oft Schwierigkeiten haben, gleichaltrige Freunde zu finden,
- ✓ entweder häufig mit jüngeren Kindern spielen, die ihre vielen Ideen als spannend erleben, oder mit älteren, die jedoch oft ihre leichte Beeinflussbarkeit ausnutzen,
- ✓ häufig „Was?", „Hä?" oder „Wie bitte?" sagen, ohne den anschließenden Erklärungen zuzuhören,
- ✓ oft endlos verhandeln und diskutieren (auch über Kleinigkeiten), obwohl sie die Regeln kennen und wissen sollten, dass es keine Ausnahmen gibt,
- ✓ häufig unter extremen Stimmungsschwankungen leiden, die sie ungebremst äußern (eine Aufgabe wird z. B. zunächst heftig als nicht lösbar bezeichnet, um kurz darauf als viel zu leicht abgetan zu werden),
- ✓ oft überreagieren, wenn sie sich ungerecht behandelt fühlen, bis zu Wutausbrüchen,
- ✓ auf vieles sofort und unmittelbar reagieren, ohne über Konsequenzen nachzudenken.

All diese Merkmale stehen unter dem Motto „Ich will ja, aber ich kann nicht" – kein Kind oder Jugendlicher mit AD(H)S verhält sich absichtlich nachlässig, unaufmerksam, überaktiv, impulsiv oder will Sie gar damit ärgern.

Schüler mit AD(H)S machen häufig die Erfahrung, dass ihre subjektive Anstrengung sie nicht weiterbringt, und haben den Eindruck, dass Lernen nicht hilft.
Sie sind oft misserfolgsorientiert und trauen sich nur wenig zu.

Tipps für die Unterrichtspraxis

Zuallererst gilt: Behalten Sie den Schüler im Blick! **Beobachten** Sie, wie er agiert und reagiert:

- ✓ auf die Mitschüler,
- ✓ auf verschiedene Aufgaben,
- ✓ auf die Umgebung/den Klassenraum,
- ✓ auf Situationen,
- ✓ auf Sie als Lehrer.

Suchen Sie häufig den **Blickkontakt**, lächeln Sie den Schüler an, zwinkern Sie ihm zu, signalisieren Sie: Ich sehe dich, ich nehme dich wahr, ich schenke dir Aufmerksamkeit! So können Sie manches Mal vermeiden, dass der Schüler „explodiert", und ihn unterstützen, bevor der Frust zu groß wird. So schenken Sie aber auch Zuwendung, wo sie benötigt wird, und verstärken ganz einfach angemessenes Verhalten. Dieses Im-Blick-Behalten wird dem Schüler schon ein ganzes Stück weiterhelfen. Und eine derart gestärkte Beziehung ist auch in Krisensituationen förderlich.
Ein weiteres wichtiges Stichwort lautet: **Reizreduktion**. Halten Sie den Klassenraum möglichst reizarm. Insbesondere der Blick der Schüler nach vorn sollte frei sein; an den Seiten sollte möglichst wenig zu sehen sein (evtl. Plakate). Bilder können Sie bei Bedarf hinten aufhängen. Vermeiden Sie überflüssige Dekoration. Sie sollten zudem darauf achten, dass Ihr Schüler mit AD(H)S einen Sitzplatz im Klassenraum hat, der wenig Ablenkung bietet. Sorgen Sie auch dafür, dass – und davon profitieren alle Schüler – sich auf den Tischen immer nur das **gerade benötigte Material** befindet.
Wenn einfache pädagogische Maßnahmen nicht helfen, nützt manchmal ein **Verstärkerplan**. Eine Vorlage finden Sie zum Download. Eine klare und eindeutige Wenn-Dann-Verknüpfung hat hohen erzieherischen Wert.
Der Plan wird mit dem Schüler (bestenfalls gemeinsam mit allen Lehrern, die ihn unterrichten) vereinbart. Darin wird konkret festgelegt, wie das erwünschte Verhalten aussehen soll (also das Ziel, z. B.: „In Arbeitsphasen bleibe ich am Platz sitzen", „Zu Beginn der Stunde liegt nur mein Mäppchen auf dem Tisch", „Ich rede nicht rein, sondern melde mich, wenn ich etwas sagen möchte."). Jedes Mal, wenn das erwünschte Verhalten gezeigt wurde, erhält der Schüler dafür einen Punkt, eine Unterschrift am Ende der Stunde o. Ä. Diese sammelt er und kann sie beim Erreichen einer bestimmten Anzahl gegen etwas Positives eintauschen (z. B. Positiveintrag ins Hausaufgabenheft, Gutschein für Computerzeit/Spielzeit/Auszeit, Aufkleber/Sammelkarten, besondere Dienste übernehmen dürfen, Musik hören oder auch mit den Eltern vereinbarte Belohnungen).

Zusätzlich ist das **Training exekutiver Funktionen** eine Hilfe für Schüler mit AD(H)S. Ein Beispiel für einen entsprechenden Trainingsplan finden Sie im Download. Gemeint ist hiermit ein zielgerichtetes, planvolles, bewusstes Erwerben von Techniken und Handlungsabläufen zur strukturierten Bewältigung von Lern- und Alltagsaufgaben, Schritt für Schritt. Dabei wird zunächst ein Ziel formuliert, das der Schüler erreichen möchte (z. B.: „Ich möchte häufiger meinen Wochenplan komplett schaffen."). Dazu werden dann Umsetzungsmöglichkeiten oder Teilaufgaben gesammelt und schriftlich festgehalten – Sie können in einem ruhigen Einzelgespräch Entsprechendes vorschlagen und den Schüler auswählen lassen (z. B.: konzentrierte Arbeitsphasen mithilfe einer Sanduhr, danach: kurze Pause; selbst bestimmen, welchen Zeitraum ich konzentriert an der Aufgabe arbeiten kann; sofort mit der Arbeit beginnen; jeden Tag arbeiten, den Wochenplan dafür in Tagesportionen einteilen; eine Karte auf den Tisch kleben: „Ich will und ich kann!"; begonnene Aufgaben einkreisen, erledigte Aufgaben abhaken; jemanden fragen, wenn ich bei einer Aufgabe nicht weiterkomme; nach getaner Arbeit belohnen ...). Der Schüler sortiert diese Übungstechniken für sich nach ihrer Passung („hilft mir/mache ich", „hilft mir nicht/mache ich nicht") und erstellt daraus einen Plan inklusive Zeiten, wann was zu erledigen ist. In dieser Phase ist zunächst noch ein großes Maß an Hilfestellung von außen nötig, um eine realistische Lösung zu finden. Diese kann mit zunehmenden Übungen reduziert werden. Wichtig beim Trainieren der exekutiven Funktionen sind jedoch nicht nur der Blick voraus und die Einhaltung der Pläne mit Erinnerung an das Ziel, sondern auch der Blick zurück, um die erworbenen Techniken bewusst als hilfreich einzuordnen und für die Zukunft erneut abrufbar zu machen. Auch Stolperfallen sollten reflektiert und – ggf. gemeinsam – Lösungen dafür gesucht werden. All das sollte der Schüler möglichst schriftlich festhalten, denn dies unterstützt die Bewusstmachung des Lernprozesses. Auf diese Weise schleifen sich Routinen ein, die das innere Chaos bewältigen und hilfreiche Strukturen schaffen. Die Kollegen sollten alle über das Training informiert sein.[6]

[6] Wer sich tiefgreifender mit dem Ausbau exekutiver Funktionen beschäftigen will, dem sei folgendes Buch zu empfehlen: Brunsting, Monika: Lernschwierigkeiten – Wie exekutive Funktionen helfen können, Haupt Verlag: Bern 2011, ISBN: 978-3-258-07716-1

Alle pädagogischen Maßnahmen, die die **Mitschüler** mitbekommen, können für diese auch **transparent** gemacht werden. Schließlich hat jeder Schüler seine Stärken und Schwierigkeiten und darf entsprechende Hilfestellung erhalten. Und der betreffende Schüler braucht eben besondere Unterstützung: von Lehrerseite die jeweiligen pädagogischen Maßnahmen. Und seitens der Mitschüler hilft ihm, dass sie seine Besonderheiten so weit wie möglich ignorieren. Und wenn das nicht mehr geht, sollten sie dem Lehrer mitteilen, was schwierig ist. Werben Sie durch größtmögliche Transparenz für Verständnis für die Schwierigkeiten des Schülers.
Gleiches gilt für die **Lehrerkollegen**, die den Schüler ebenfalls unterrichten, sowie für die **Schulbegleiter** (siehe hierzu S. 31), **Schulsozialarbeiter, Schulpsychologen, Vertrauenslehrer** und andere Personen, die mit dem Schüler zu tun haben.
Treffen Sie gemeinsame **Absprachen** über **einheitlich eingesetzte Maßnahmen**.

Insgesamt ist es wichtig, den Kontakt mit den **Eltern** zu suchen und zu halten.

- ✓ Wie verhält sich das Kind/der Jugendliche zu Hause?
- ✓ Wurde eine AD(H)S diagnostiziert?
- ✓ Erhält das Kind/der Jugendliche Medikamente?
- ✓ Findet eine Therapie statt?
- ✓ Wie kann gemeinsam an der Problematik gearbeitet werden?

Die Eltern kommen ebenfalls ins Spiel, wenn es darum geht, den **Nachteilsausgleich** bei der Schule zu beantragen. Einen solchen bekommen Schüler mit Beeinträchtigungen, die zielgleich unterrichtet werden. Er dient der Kompensation behinderungsbedingter Nachteile. Auch wenn AD(H)S in den schulrechtlichen Regelungen diesbezüglich nicht explizit erwähnt wird, kann nach Einzelfallprüfung ein Nachteilsausgleich aufgrund der vorliegenden Beeinträchtigung gewährt werden. Dieser besteht dann z. B. aus einer speziellen, besonders reizarmen Arbeitsplatzorganisation oder individuellen Pausenregelungen.
Die Entscheidung über die Gewährung trifft i. d. R. die Schule. Falls es sich um einen Nachteilsausgleich für Prüfungen handelt, muss er vorher beantragt werden. Dieser bezieht sich besonders auf die Arbeitsbedingungen, wie Zeitzugabe, Verwendung technischer Hilfsmittel (z. B. Laptop), die Form der Prüfung (z. B. mündlich statt schriftlich) oder die Prüfungsaufgabengestaltung (z. B. ein Verteilen der Aufgaben über mehrere Seiten, sodass der Schüler sich besser auf die einzelne Aufgabe konzentrieren kann). Mehr Informationen zum Nachteilsausgleich finden Sie auf der Webseite des Schulministeriums Ihres Bundeslandes.

Nach diesen allgemeinen Hinweisen erhalten Sie nun konkrete Handlungsvorschläge für die einzelnen Störungsbereiche.

Was tun bei Aufmerksamkeitsstörung?

Im Folgenden finden Sie einige Tipps, wie Sie mit betroffenen Schülern umgehen können.

- ✓ Stellen Sie sicher, dass der Schüler b**eim Erteilen von Arbeitsanweisungen** aufmerksam ist, suchen Sie Blick- oder sogar Körperkontakt (wenn der Schüler dies zulässt).
- ✓ Achten Sie darauf, dass Sie **präzise, kurz** und **prägnant** formulieren. Vermeiden Sie weitschweifige oder beiläufige Erklärungen, geben Sie nicht zu viele Infos auf einmal.
- ✓ Formulieren Sie **eindeutig** und **schrittweise**.
- ✓ Unterstreichen Sie Ihr Einfordern von Aufmerksamkeit und Ihre Erläuterungen durch **ritualisierte Zeichen**, Signale, Bilder oder Bewegungen (z. B. Klangzeichen, Bilder an der Tafel, erhobene Hand. Eine gute Möglichkeit ist auch das „Kommando Brezel“: Alle verschränken ihre Arme, haben also nichts in den Händen, und schauen zu Ihnen.).
- ✓ Lassen Sie den Schüler ggf. den Auftrag **wiederholen**, um sicherzustellen, dass er ihn mitbekommen hat.
- ✓ Üben Sie Rituale zum **planvollen und selbstgesteuerten Vorgehen** ein, die der Schüler verinnerlichen kann, z. B.:
  - ⊙ „Wenn der Lehrer redet/wenn das Ruhezeichen erklingt, lege ich den Stift hin und mein Blick geht zum Lehrer.“
  - ⊙ „Wenn ich eine Aufgabe bearbeite, lese ich mir die Anweisung durch. Wenn ich sie nicht verstehe, lese ich sie noch mal. Erst dann frage ich nach.“
  - ⊙ „Bevor ich anfange, sage ich mir: Stopp, was soll ich hier eigentlich tun?“
- ✓ Üben Sie mit dem Schüler solche Rituale auch und besonders im Sinne der **Selbstinstruktion** als **Schritt-für-Schritt-Vorgehen**. Hier können Sie auch **visualisierte Hilfskärtchen** und **Checklisten** nutzen. **Reime** sind ebenfalls eine Möglichkeit (z. B.: „Wenn du Sport hast, denk daran: brauchst Hose, Shirt und Schuhe, Mann!“, „Wo steht die Aufgabe, schau genau! Erst mal lesen, sei so schlau!“).
- ✓ Verbringt ein Schüler aufgrund seiner massiven Aufmerksamkeitsstörung übermäßig viel Zeit an seinen Aufgaben, ist manchmal auch eine **Reduzierung der Aufgabenmenge** sinnvoll.

Was tun bei motorischer Überaktivität?

Wie Sie hyperaktiven Schülern entgegenkommen können, lesen Sie in der Folge.

- ✓ **Entspannungsübungen** und **kurze Bewegungseinheiten** tun nicht nur ADHS-Schülern gut.
- ✓ Geben Sie **gezielte Bewegungsaufträge** (z. B. Kreide beim Hausmeister holen, Tafel putzen, etwas ins Sekretariat bringen).
- ✓ Legen Sie im Gespräch mit dem Schüler fest, wann und wie er sich **Auszeiten** nehmen kann (z. B.: „Wenn du eine Auszeit brauchst, weil du dich nicht mehr konzentrieren oder nicht mehr ruhig sitzen kannst, fragst du deinen Lehrer." Es ist denkbar, dass der Schüler eine Sanduhr für seine Auszeit bekommt, z. B. über eine oder drei Minuten, oder auch eine „Lauferlaubniskarte", die ihn berechtigt, eine Runde über den Schulhof zu laufen.).
- ✓ Legen Sie fest, wann **Aufstehen** erlaubt ist und wann nicht (z. B.: „Aufstehen während der Arbeitszeit ist einmal erlaubt.").
- ✓ Wenn der Schüler in Phasen zu Ihnen kommt, in denen dies nicht erlaubt ist, reagieren Sie **knapp, sachlich** und **distanziert**, um das Aufmerksamkeit suchende Verhalten nicht zu verstärken. **Beachten/loben** Sie andere Schüler, die **ruhig** auf ihrem Platz sitzen.
- ✓ Wenn der Schüler öfter andere Mitschüler anrempelt (was Kindern mit ADHS häufig unabsichtlich passiert), überlegen Sie, ob der **Sitzplatz** günstig liegt. Gibt es möglichst wenige „Stolperfallen" auf dem Weg zum Mülleimer oder zur Tür? Manchmal kann es sinnvoll sein, den Schüler zumindest eine Zeit lang erst in die Pause zu entlassen, wenn alle anderen schon draußen sind, um entsprechende Rempeleien zu vermeiden. Auch **Verstärkerpläne** (siehe S. 13) können das Augenmerk auf das erwünschte Verhalten legen und Problemsituationen entschärfen.

Was tun bei Impulsivität?

Auch hinsichtlich der Impulsivität können Sie einige Tipps berücksichtigen.

- ✓ Üben Sie **Rituale** ein, die den Schüler beruhigen und Sicherheit im Ablauf des Tages/der Stunde vermitteln. Mache Sie das Kommende zeitlich und inhaltlich **transparent**.
- ✓ Fördern Sie erwünschtes Verhalten durch positive Verstärker, am besten direkt, z. B. durch Lob oder ein „Daumen hoch", oder auch materiell, z. B. mit Aufklebern oder Smileys im Verstärkerplan – siehe auch S. 13 und Vorlage zum Download DOWNLOAD.

- ✓ Konsequenz bei nicht erwünschtem Verhalten kann auch das **Entziehen von Positivem** sein (z. B. Einschränkungen in der Pause, beim Aufstellen in der Reihe hinten stehen müssen, Entzug einer gerne übernommenen Aufgabe). Auch das **negative Sanktionieren** (möglichst mit vorheriger Androhung) kann manchmal eine sinnvolle Entscheidung sein (z. B. Elterninformation, Nacharbeiten unter Aufsicht oder zu Hause, Wiedergutmachung).
- ✓ Legen Sie im **Gespräch** mit dem Schüler fest, wie **Wutausbrüche umgangen** werden können (z. B. vor die Tür gehen, eine Runde um den Schulhof laufen).
- ✓ Bleiben Sie **sachlich**, lassen Sie sich nicht provozieren – der Schüler meint (i. d. R.) nicht Sie als Person.
- ✓ Die Technik der **„Gesprungenen Schallplatte"** hat sich als wirkungsvoll erwiesen, wenn ein Schüler zu diskutieren versucht: Sie wiederholen immer wieder (eben wie eine gesprungene Schallplatte) Ihre Aufforderung, ohne dabei auf die Diskussion einzugehen und ohne den Tonfall zu ändern (z. B.: „Häng deine Jacke an den Haken.").
- ✓ Seien Sie **liebevoll-konsequent**.
- ✓ **Ignorieren** Sie unerwünschtes Verhalten, **loben** Sie erwünschtes Verhalten.

Wo kann ich mir weitere Hilfe holen?

- ✓ Von den Eltern können Sie sich eine gegenseitige **Schweigepflichtentbindung** ausstellen lassen, um sich mit den behandelnden Ärzten und/oder Therapeuten über den Schüler auszutauschen. I. d. R. sind Letztere erfreut über eine Zusammenarbeit – ist diese doch wichtig, um an einem Strang zu ziehen und das Kind/den Jugendlichen bestmöglich in seiner Entwicklung zu unterstützen. Ein Beispiel finden Sie im Download.
- ✓ Ggf. kann eine Schulbegleitung beantragt werden (siehe S. 31).

Linktipps

- ✓ Auf der folgenden Webseite finden Sie einen guten **Überblick** über die Thematik sowie Telefon- und Mail-**Beratung**: www.adhs-deutschland.de
- ✓ Das **„Zentrale ADHS-Netzwerk"** bietet auf seiner Webseite Hilfen konkret für Pädagogen: www.zentrales-adhs-netz.de

Literaturtipps

- ✓ Der folgende **Ratgeber** wurde von Eltern **für Eltern** geschrieben und gibt konkrete Hilfestellungen: *Melzer, Kathrin und Schrank, Ilse: Handeln, nicht verzweifeln! Ein Führer für die Eltern von Kindern mit AD(H)S ... Schmetterlinge: Stuttgart 2009, ISBN: 978-3-0002-9315-3.* Er kann gegen Versandgebühr beim ADHS Kompetenznetzwerk Köln bezogen werden.
- ✓ **Basiswissen** und Empfehlungen **für die Unterrichtsgestaltung** erhalten Sie hier: Hoberg, Kathrin: Schulratgeber ADHS. Ein Leitfaden für LehrerInnen, Ernst Reinhard Verlag: München 2013, ISBN: 978-3-497-02763-7
- ✓ Programme für die Arbeit an **individuellen Lernzielen** finden Sie in den folgenden Büchern: Furmann, Ben: Ich schaffs! Spielerisch und praktisch Lösungen mit Kindern finden, Carl-Auer-Verlag: Heidelberg 2017, ISBN: 978-3-8967-0500-6 und Bauer, Christiane und Hegemann, Thomas: Ich schaffs! – Cool ans Ziel: Das lösungsorientierte Programm für die Arbeit mit Jugendlichen, Carl-Auer-Verlag: Heidelberg 2018, ISBN: 978-3-8967-0643-0
- ✓ Um **Grundschulkindern** AD(H)S verständlich zu machen, eignet sich das folgende Buch: Freudiger, Anja: Mein großer Bruder Matti: Kindern ADHS erklären, Balance Buch + Medien Verlag: Köln 2015, ISBN: 978-3-86739-072-9

Aggressives Verhalten (verbal, körperlich)

Schüler, die sich aggressiv verhalten, fallen auf und beschäftigen Lehrer in hohem Maße. Denn ihr Verhalten betrifft meist auch die Mitschüler und bedarf oft viel Zeit und Energie für Klärungen.
Schüler mit aggressiven Verhaltensweisen finden sich in **allen Bildungsgängen** und ihr Agieren kann viele Gründe haben, von Verunsicherung über Unter- oder Überforderung in der Schule bis hin zu schwerwiegenden psychischen Problemen. Grundsätzlich lässt sich festhalten:

> Aggressives Verhalten bei Kindern und Jugendlichen ist immer ein **Zeichen von Verzweiflung und Ausweglosigkeit**, also ein **Hilferuf** – auch wenn es manchmal nicht danach aussieht.

Fast alle Kinder und Jugendlichen haben Phasen, in denen sie sich aggressiver als sonst verhalten. Das gehört zur Persönlichkeitsentwicklung dazu und ist ein Zeichen dafür, dass der junge Mensch gerade eine Entwicklung durchmacht, die ihn verunsichert – z. B. in der Pubertät. Dies bedeutet natürlich nicht, dass Lehrer aggressives Verhalten hinnehmen müssen – der vorangegangene Satz ist eine mögliche **Erklärung, keine Entschuldigung** für aggressives Verhalten. Wie so oft bei Verhaltensproblemen ist es wichtig, dass Sie dem Schüler sagen:

> „*Du bist okay, aber dein Verhalten ist es nicht.*“

Diese Haltung sollten Sie auch durch Ihr Verhalten vermitteln (siehe dazu auch S. 22 ff.). Hält das aggressive Verhalten jedoch einen längeren Zeitraum an oder übersteigt das erträgliche, regelbare Maß, sollten Sie die Gründe dafür hinterfragen und über Hilfsmaßnahmen nachdenken.

Diagnosekriterien

Nach ICD-10 und DSM-5 ist eine **Persönlichkeits**- oder **Verhaltensstörung** als pathologisch zu betrachten, wenn es sich um anhaltende, starre Reaktionen auf unterschiedliche persönliche und soziale Situationen handelt und die entsprechenden Kinder/Jugendlichen in ihrem Wahrnehmen, Denken und Fühlen sowie in den Beziehungen zu anderen Menschen deutlich von anderen abweichen. Eine pathologische **Störung des Sozialverhaltens** liegt nach diesen Katalogen vor, wenn sich das Kind/der Jugendliche wiederholend und andauernd – länger als sechs Monate – dissozial und aggressiv verhält und dabei deutlich die Grenzen des altersentsprechenden Verhaltens übersteigt. Als Beispiele hierfür werden ein hohes Maß an Streiten oder Tyrannisieren, das Quälen anderer Menschen oder von Tieren, erhebliches Zerstören von Eigentum, Diebstahl, häufiges Lügen, Schulschwänzen oder Weglaufen von zu Hause sowie ungewöhnlich schwere und häufige Wutausbrüche aufgelistet.[7]

In diesen Fällen einer **tief greifenden Störung** ist **außerschulische Hilfe dringend angeraten**, da es sich hier um Schwierigkeiten handelt, die über das im schulischen Rahmen bearbeitbare Maß hinausgehen.

---

[7] Vgl. ICD-10-GM (Version 2019): Kapitel V, Link: www.dimdi.de/static/de/klassifikationen/icd/icd-10-gm/kode-suche/htmlgm2019/, letzter Zugriff am 08.07.2019; u. American Psychiatric Association (Autor), Falkai, Peter u. a. (Hrsg.): 2018, S. 645 ff. (Vollständige Quellenangabe, siehe S. 6)

I. d. R. haben Sie es – glücklicherweise – nur mit Verhaltensweisen zu tun, die zwar nicht in Ordnung sind, jedoch kein pathologisches Ausmaß haben und mit pädagogischen Maßnahmen zu bearbeiten sind.

Was sind die Besonderheiten der betroffenen Schüler?

Um das Verhalten von Kindern und Jugendlichen zu verstehen, die sich aggressiv verhalten, hilft es, sich **mögliche Erklärungsansätze** vor Augen zu führen und sich zu fragen, ob einer oder mehrere dieser Faktoren möglicherweise **Auslöser** des Verhaltens sein könnten. Dann können Sie entsprechend darauf reagieren.
Aggressives Verhalten ist i. d. R. **instrumentell** oder **affektiv** motiviert:

Instrumentelle Aggression

Dem Verhalten liegen häufig **Bedürfnisse** zugrunde, die nicht befriedigt werden können oder konnten. Angesichts des Leidensdrucks, den alle Beteiligten erleben, ist es oft schwierig, diese Bedürfnisse auszumachen. Sie als Lehrer sehen zunächst mal nur das unangemessene Verhalten des Schülers und dessen Folgen – und nicht den Leidensdruck/Mangel, der beim Schüler dahinterstecken mag. Aber je tiefgreifender Sie das entsprechende Bedürfnis verstehen und nach sinnvollen Handlungsmöglichkeiten suchen, desto eher ist es möglich, dem Verhalten professionell und konstruktiv zu begegnen. Hinter dem Verhalten liegen zudem oft **persönliche Erwartungen** und **Ziele**, die dem Betreffenden jedoch oft nicht bewusst sind.
Von instrumenteller Aggression spricht man also, wenn sich ein Schüler aggressiv verhält, um ein bestimmtes **Ziel** zu erreichen, z. B. so:

- ✓ Der Schüler erwartet Ihre Hilfestellung bei einer Aufgabe und erhält sie nicht sofort. Er reagiert aggressiv, um Ihre Aufmerksamkeit zu erhalten.
- ✓ Die Teilnahme an einer schönen Aktivität steht auf dem Spiel, weil sich der Schüler nicht adäquat verhalten hat. Er reagiert aggressiv, um seine Teilnahme zu „erzwingen".
- ✓ Sie konfrontieren einen Schüler mit einer Aufgabe oder seinem (nicht angemessenen) Verhalten. Er reagiert aggressiv, um der Situation auszuweichen.
- ✓ Beim Spiel fühlt sich der Schüler ungerecht behandelt (sei es durch die bestehenden Regeln oder durch einen Mitspieler), er droht zu verlieren. Er reagiert aggressiv, um seinem Ärger Luft zu machen.
- ✓ Ein Mitschüler provoziert den Schüler. Er reagiert aggressiv, um seine Überlegenheit zu demonstrieren.

Affektive Aggression

Von affektiver Aggression spricht man, wenn sich ein Schüler **impulsiv**, **unkontrolliert** und **ungeplant** aggressiv verhält, z. B. so:

- ✓ Ein Schüler reagiert auf Äußerungen von Mitschülern (tatsächliche oder vermeintliche Provokationen) immer wieder mit Gegenprovokation, Beleidigung oder Gewalt.
- ✓ Ein Schüler quält Tiere oder Mitmenschen, z. T. mit scheinbarem Vergnügen.
- ✓ Ein Schüler entwendet oder zerstört das Eigentum anderer ohne ersichtlichen Grund.
- ✓ Ein Schüler setzt Gerüchte über Mitmenschen in die Welt.
- ✓ Auch gegen sich selbst gerichtete Aggression (Autoaggression) ist eine Form von affektiver Aggression.

Wenn Ihr Schüler eher diese Form der Aggression aufweist und Sie auch mit den folgenden Tipps an Ihre Grenzen kommen, handelt es sich um eine **tief greifende Störung** und **außerschulische Hilfe** ist dringend anzuraten. Denn dann sind diese Schwierigkeiten rein schulisch nicht zu bearbeiten.

Tipps für die Unterrichtspraxis

Manchmal verstehen Schüler gar nicht, warum Sie ihr Verhalten nicht okay finden – wo sie doch die Erfahrung machen, dass dieses Verhalten außerhalb der Schule und/oder in der Familie üblich ist. Wenn Schülern die Unangemessenheit ihres Verhaltens gar nicht bewusst ist, muss diese ihnen deutlich zurückgemeldet werden. Ebenso müssen sie **klar** und **verständlich** erfahren, was **erwünschte Verhaltensweisen** sind. Manchmal müssen diese in der Schule regelrecht trainiert werden.

Zum Umgang mit aggressivem Verhalten sind zwei Bausteine wichtig: Die **Prävention** dient dem Verhindern von aggressivem Verhalten und dem Einüben von Strategien, wenn die Wut hochkommt. Die **Intervention** bezieht sich auf Ihr Verhalten in akuten Situationen.

Prävention

Zuallererst gilt: Behalten Sie den Schüler im Blick! **Beobachten** Sie, wie er agiert und reagiert:

- ✓ auf die Mitschüler,
- ✓ auf verschiedene Aufgaben,
- ✓ auf die Umgebung/den Klassenraum,
- ✓ auf Situationen,
- ✓ auf Sie als Lehrer.

Welche Situationen führen zu aggressivem Verhalten? Versuchen Sie, diese zu identifizieren, und suchen Sie nach Wegen, diese (zunächst) zu vermeiden oder zu verringern (z. B. durch Sitzplatzveränderung). Viele dieser Schüler müssen den Umgang mit Frustration erst einmal mühsam erlernen, da sie ihn außerschulisch nicht gelernt haben.
Schenken Sie dem Schüler **Beachtung** und **Aufmerksamkeit**, auch und besonders in Situationen, in denen er sich positiv verhält. Suchen Sie häufig den **Blickkontakt**, schaffen Sie eine **Beziehung**, die dem Schüler vermittelt, dass Sie auf seiner Seite sind und ihm helfen werden, schwierige Situationen zu meistern.
Schaffen Sie klassenintern und möglichst auch auf schulischer Ebene **klare Regeln**, die eindeutig festlegen,

- ✓ was als aggressives Verhalten gilt und was noch nicht,
- ✓ dass aggressives Verhalten nicht akzeptiert wird,
- ✓ welche **klaren Konsequenzen** erfolgen (z. B. Entschuldigung, Wiedergutmachung, Auflagen).

Wählen Sie Aufgaben und Inhalte, die zu **Erfolgserlebnissen** führen. Trainieren Sie **adäquates Arbeitsverhalten**, indem Sie Arbeitsschritte in **Teilschritte** zerlegen, um kleine **Erfolge** aufzuzeigen und **positives Erleben** zu **ermöglichen**.
Regelkonformes Verhalten sollten Sie verbal und nonverbal verstärken. Erarbeiten, üben und verstärken Sie **Handlungsalternativen** für die kritischen Verhaltensweisen (z. B.: „Wenn ich nicht weiterweiß, atme ich 2-mal tief ein und aus, bevor ich reagiere." Oder: „Wenn ich merke, dass ich wütend werde, bitte ich um eine Auszeit."). Der **Meta-Ebene** fällt hier eine besondere Bedeutung zu: Analysieren Sie mit dem Schüler **in ruhiger Atmosphäre** gemeinsam, welche Situationen schwerfallen und was helfen kann, dann nicht immer wieder in gelernte aggressive Verhaltensmuster zu verfallen. Signalisieren Sie dem Schüler bei schwierigen Situationen, dass Sie ihm helfen werden, diese zu meistern.

In manchen Fällen können **Verhaltensverträge** helfen, um Ihnen und dem Schüler Sicherheit zu geben: „Was passiert, wenn ..." Diese Verträge können zum einen positiv ausgerichtet sein (z. B.: „Für jede friedliche Unterrichtsstunde erhältst du einen Smiley. Am Ende der Woche werden die Smileys gezählt und in eine Belohnung umgesetzt."). Das Belohnungssystem kann dabei individuell vereinbart werden und von Elternrückmeldung über Computerzeit bis zu einem Brötchengutschein im Schulkiosk reichen. Zum anderen können die Verträge auch klare Vereinbarungen über Regelverstöße beinhalten (z. B.: „Ich verhalte mich auf dem Pausenhof friedlich. Wenn ich gegen diese Regel verstoße, muss ich die Pause sofort verlassen und auf das hören, was die Lehrer mir sagen. Wenn ich dies nicht tue, werden sofort meine Eltern informiert."). Bestenfalls beinhalten solche Verhaltensverträge beides, um **Handlungssicherheit** für die **Lehrer** und **Klarheit** über die Konsequenzen seitens der **Eltern** und **Schüler** zu schaffen. Ein Beispiel finden Sie im Download.
Elternarbeit ist ein weiterer wichtiger Baustein zur Prävention. Immer wieder ist es zu erleben, dass die Eltern den Schüler offen oder verdeckt in seinem aggressiven Verhalten bestärken (z. B. so: „Du musst dich wehren!", „Die anderen machen das doch auch!"). Klären Sie in Elterngesprächen, dass aggressives Verhalten an Ihrer Schule jedem Schüler verboten ist und dass Sie mit den jeweiligen Eltern nicht über das Verhalten anderer Schüler, sondern nur über das ihres Sohnes oder ihrer Tochter sprechen. Vermitteln Sie, dass Sie auf der Seite des Schülers stehen und ihn dabei unterstützen, seine Schullaufbahn bestmöglich zu gestalten.

> Oft steckt hinter aggressivem oder ablehnendem Elternverhalten die Angst, dass das eigene Kind benachteiligt wird.

Mit Beharrlichkeit und Ruhe können Sie den Eltern vermitteln, dass Sie den Schüler in seinen Bedürfnissen sehen und das Beste für ihn wollen. Diese Haltung und diese Gespräche sind unbedingt notwendig, wenn Sie bei Ihrem Schüler eine Besserung des Verhaltens erreichen wollen.

Intervention

Reagiert ein Schüler immer wieder verbal und/oder körperlich aggressiv, führt das seitens der Mitschüler und Lehrer häufig ebenfalls zu Wut und Hilflosigkeit. Sie fragen sich: „Warum lässt er das nicht einfach?" Doch so einfach ist es leider meist nicht. I. d. R. hat der Schüler sein aggressives Verhalten durch das Verhalten seines

Umfelds erworben, weil es sinnvoll erschien – ein Prozess, der normalerweise unbewusst passiert. Durch die aufgezeigten Präventivmaßahmen kann der Schüler „umlernen", was oft ein steiniger und langwieriger Weg ist. Daher ist es wichtig, dass Sie sich zusätzlich gezielt darauf vorbereiten, wie Sie **intervenieren**, wenn es zu Wutausbrüchen kommt.

Vermeiden Sie es, auf aggressives Verhalten selbst verbal aggressiv zu reagieren, bemühen Sie sich stattdessen um einen **ruhigen Tonfall** und eine **entschärfende Wortwahl**. Wenn Sie präventiv klare **Regeln und Konsequenzen** aufgestellt haben, können Sie dem Schüler ruhig mitteilen, was Sie von ihm erwarten und was er zu erwarten hat, wenn er sich nicht daran hält. Bleiben Sie dabei wertschätzend in Ton und Haltung, aber klar in der Sache, gemäß der Maxime (siehe dazu auch S. 20): „Du bist okay, aber dein Verhalten ist es nicht."

Kommt es zu körperlich aggressiven Konflikten, ist **Deeskalation** von Ihrer Seite unbedingt angeraten: Eine eskalierende Auseinandersetzung benötigt zunächst Beruhigung, auch wenn Sie selbst „auf 180" sind. Bemühen Sie sich in der Konfliktsituation um ein **Beruhigen**, das **Trennen** der Beteiligten und das **Herausführen** aus dem Konflikt: Sprechen Sie die Beteiligten mit Namen an und versuchen Sie, sie zunächst **verbal** zu trennen. Wenn das nicht ausreicht, überlegen Sie, ob Sie selbst **körperlich** einschreiten können und wollen oder wer dies am besten tun kann. So oder so: Für das Trennen der Beteiligten brauchen Sie i. d. R. Unterstützung von Kollegen (oder auch vertrauenswürdigen kräftigen Schülern, manchmal helfen sogar befreundete Mitschüler aufgrund ihres Einflusses am besten). Bitten Sie hier die nächstliegende Person um Hilfe. Bringen Sie die Beteiligten in **getrennte Räume**, in denen sie zur Ruhe kommen können. Erst nach einer Pause und dem Abklingen der aktuellen Emotionen kann über das **Fehlverhalten gesprochen**, können **Handlungsalternativen aufgezeigt** und **Wiedergutmachung/Auflagen verabredet** werden.

Lassen Sie sich in solchen Situationen niemals auf einen **Machtkampf** ein – wenn der aggressiv handelnde Schüler sein Gesicht verlieren würde, würde dies nur zu verstärkter Aggression in der Situation und hinterher womöglich zu Rachegelüsten führen.

Wo kann ich mir weitere Hilfe holen?

- ✓ **Schulsozialarbeiter** und **Vertrauenslehrer** sind wichtige Ansprechpartner zur Unterstützung aggressiver Schüler und können z. B. Rückzugsmöglichkeiten im Aggressionsfall anbieten oder auch als neutraler Ansprechpartner oder Schlichter fungieren.
- ✓ Manche Schulen bieten – oft in Zusammenarbeit mit den Schulsozialarbeitern – **Anti-Aggressions-Trainings** an, die das „Coolbleiben" in Konfliktsituationen fokussieren. Auch außerschulisch besteht die Möglichkeit, einzelnen Kindern und Jugendlichen die Teilnahme an einem solchen Training zu ermöglichen, fragen Sie ggf. bei Ihrer Schulleitung nach. Ansprechpartner ist hier der **Allgemeine Soziale Dienst** (Jugendamt), natürlich immer erst nach Rücksprache mit den Eltern.
- ✓ In manchen Fällen kann eine **Schulbegleitung** beantragt werden (siehe S. 31).
- ✓ Auch **Kollegiale Fallberatung** oder **Supervision** können helfen (siehe S. 45).
- ✓ Da der Umgang mit aggressiven Verhaltensweisen i. d. R. nicht nur ein klassenbezogenes Thema ist, sondern die ganze Schule betrifft, kann über die Schulleitung eine **kollegiumsinterne Fortbildung** zu diesem Thema beantragt werden.

Literaturtipp

Ein breites Spektrum von erzieherischen Handlungsmöglichkeiten finden Sie in diesem Ratgeber: *Blumenthal, Yvonne u. a.: Schwierige Schüler. 84 Handlungsmöglichkeiten bei Verhaltensauffälligkeiten und sonderpädagogischem Förderbedarf, Persen Verlag: Hamburg 2018, ISBN: 978-3-403-20240-0*

Autismus-Spektrum-Störungen (ASS)

Der Begriff „Autismus" leitet sich von dem griechischen Wort für „selbst" (eavtó/autós) ab: Kinder und Jugendliche mit Störungen aus dem autistischen Spektrum zeigen ein sehr auf sich selbst bezogenes Verhalten. Sich in andere hineinzuversetzen oder Gefühle anderer Menschen zu erkennen, ist für diese Personen in hohem Maße erschwert und muss mühsam erlernt werden (fehlende „Theory of Mind"[8]).

[8] Die Theory of Mind bezeichnet die Fähigkeit, anderen Personen bestimmte Gedanken, Wünsche, Meinungen oder Gefühle zuzuschreiben bzw. diese zu erkennen, zu erfassen und zu deuten. Dieses Vermögen ermöglicht es uns, das Verhalten anderer vorherzusagen und zu erklären. Autisten fehlt diese Fähigkeit oder sie ist zumindest stark eingeschränkt; sie können kaum die Perspektive anderer Personen einnehmen, sich einfühlen oder im Spiel eine Rolle übernehmen.

Der Ausprägungsgrad kann sehr unterschiedlich sein, ebenso wie die Symptome. Auch intellektuell findet sich eine große Bandbreite, von geistiger Behinderung bis zu hoher Intelligenz.
Diagnostisch wird in der ICD-10 zwischen **Frühkindlichem Autismus, Atypischem Autismus** und **Asperger-Syndrom** unterschieden. Diese Unterscheidung soll jedoch in der kommenden ICD-11 wegfallen, wie es auch schon in der DSM-5 der Fall ist: Hier wird nicht mehr zwischen den verschiedenen ASS-Typen differenziert, sondern es werden nur noch die Anzeichen und Symptome aufgelistet. Tatsächlich ist die Unterscheidung zwischen Frühkindlichem Autismus, Atypischem Autismus und Asperger-Syndrom jedoch nach wie vor auch bei Fachleuten im Sprachgebrauch, da diese Differenzierung hilft, das Problem zu verstehen.[9]
Das breite Spektrum an autistischen Verhaltensweisen und deren Ausprägungsgrad sowie die großen Unterschiede in der intellektuellen Begabung erfordern ein breites Spektrum an individueller Förderung für diese Schüler.
Zur Auftretenswahrscheinlichkeit von ASS gibt es verschiedene Studien mit unterschiedlichen Angaben von sechs bis knapp zwölf von 1 000 Personen, die dem autistischen Spektrum zuzuordnen sind. Hier zeigt sich, dass die Grenze zwischen Autismus und Nicht-Autismus nicht eindeutig ist.

Diagnosekriterien

Diagnosekriterien nach DSM-5 sind:
Es sind **mindestens sechs Symptome** aus dem Bereich **Interaktion, Kommunikation** oder **Interessen und Aktivitäten** (siehe S. 28 f.) zu beobachten, wobei mindestens zwei Punkte aus dem Bereich Interaktion und je ein Punkt aus Kommunikation sowie Interessen und Aktivitäten stammen müssen.

- ✓ Die Störung hat **vor dem dritten Lebensjahr** begonnen.
- ✓ Es werden Verzögerungen oder Schwierigkeiten in der **sozialen Interaktion**, im Bereich **Sprache als soziales Kommunikationsmittel** oder **symbolisches Spiel/ Fantasiespiel** festgestellt.
- ✓ Die Symptome sind **nicht** durch eine **andere psychische Störung** oder eine **medizinische Erkrankung** erklärbar.[10]

---

9 Vgl. ICD-10-GM (Version 2019): Kapitel V, Link: www.dimdi.de/static/de/klassifikationen/icd/icd-10-gm/kode-suche htmlgm2019/, letzter Zugriff am 08.07.2019; u. American Psychiatric Association (Autor), Falkai, Peter u. a. (Hrsg.): 2018, S. 64 ff. (Vollständige Quellenangabe, siehe S. 6)
10 Vgl. American Psychiatric Association (Autor), Falkai, Peter u. a. (Hrsg.): 2018, S. 64 ff.

Was sind die Besonderheiten der betroffenen Schüler?

Im Zentrum der ASS steht eine mehr oder minder schwere **Beziehungs- und Kommunikationsstörung**.
Der **Frühkindliche Autismus** zeigt sich i. d. R. schon in den ersten beiden Lebensjahren, zumindest ansatzweise. Diese Kinder haben große Schwierigkeiten mit sozialen Situationen und kapseln sich teilweise extrem von ihrem Umfeld ab, haben massive Kommunikationsprobleme und zeigen ungewöhnliche Interessen und ungewöhnliches Spielverhalten.
Die Diagnose des **Atypischen Autismus** wird immer dann gestellt, wenn sich entweder die Symptome erst nach dem dritten Lebensjahr entwickeln oder aber nicht alle Kriterien für den Frühkindlichen Autismus festzustellen sind.
Das **Asperger-Syndrom** unterscheidet sich vom Frühkindlichen Autismus dadurch, dass sich die Sprache weitgehend normal entwickelt. Häufig haben diese Kinder und Jugendlichen Probleme in der motorischen Koordination und im Bewegungszusammenspiel. Zudem ist ihre Intelligenz meist durchschnittlich, nicht selten liegt sogar eine Hochbegabung vor. Folgende Kriterien werden bei der Diagnose zugrunde gelegt und werden aus diesem Grund an dieser Stelle genauer betrachtet:

Beeinträchtigung der sozialen Interaktion

Schüler mit einer autistischen Störung haben eine qualitative Beeinträchtigung der sozialen Interaktion in **mindestens zwei** der folgenden Bereiche:

- ✓ Sie sind deutlich beeinträchtigt im Einsatz und im Verständnis von **nonverbalen Verhaltensweisen**, wie Blickkontakt, Gesichtsausdruck, Körperhaltung und Gestik.
- ✓ Sie sind nicht oder nur eingeschränkt fähig, **entwicklungsgemäße Beziehungen zu Gleichaltrigen** aufzubauen.
- ✓ **Spontane Freude**, **Interessen** oder **Erfolge** mit anderen zu **teilen**, ist nicht oder kaum möglich.
- ✓ Sie zeigen einen Mangel an **sozioemotionaler Gegenseitigkeit**, d. h., sie suchen keine Verbindlichkeiten mit anderen Kindern/Jugendlichen, wollen eher keine oder wenige soziale Kontakte, haben keinen oder kaum den Wunsch nach Freundschaften oder emotionaler Nähe.

Beeinträchtigung der Kommunikation

Schüler mit einer autistischen Störung haben eine qualitative Beeinträchtigung der Kommunikation in **mindestens einem** der folgenden Bereiche:

- ✓ Das **Sprechen** setzt verzögert ein, entwickelt sich verzögert bis gar nicht. Gleichzeitig ist kein Versuch zu beobachten, die Beeinträchtigung über andere Kanäle, wie Mimik oder Gestik, auszugleichen.
- ✓ Schüler mit ausreichendem Sprachvermögen zeigen eine deutlich beeinträchtigte Fähigkeit, **Gespräche** zu **beginnen** oder **fortzuführen**.
- ✓ Die **Sprache** besteht aus **Stereotypien** und/oder häufigen **Wiederholungen**; **Sprachbilder** werden wörtlich genommen oder (zunächst) nicht verstanden (z. B. „Löwenzahn" oder „Zitronenfalter").
- ✓ **Entwicklungsgemäße Rollenspiele** oder **soziale Interaktionsspiele** werden abgelehnt bzw. fehlen.

Beeinträchtigte Interessen und Aktivitäten

Kinder und Jugendliche mit einer autistischen Störung zeigen **begrenzte**, sich **wiederholende und stereotype Verhaltensweisen, Interessen und Aktivitäten** in **mindestens einem** der folgenden Bereiche:

- ✓ Sie beschäftigen sich umfassend mit einem oder mehreren stereotypen und begrenzten **Spezialinteressen**, häufig mit ungewöhnlicher Intensität.
- ✓ Sie halten auffällig starr an bestimmten **Gewohnheiten** oder **Ritualen** fest.
- ✓ Sie zeigen **stereotype** und sich **wiederholende Bewegungen**, z. B. Hand- und Fingerschlagen, Verbiegen, komplexe Bewegungen des ganzen Körpers.
- ✓ Sie beschäftigen sich viel mit **besonderen Teilen/Aspekten von Objekten** oder Spielmaterial (z. B. mit ihrem Geruch, mit ihrer Oberflächenbeschaffenheit, ihren Geräuschen oder Bewegungen).

Zudem sind häufig **Abweichungen in der Reizverarbeitung** in allen Wahrnehmungsbereichen zu beobachten: Überempfindlichkeiten schon bei leichten Berührungen, bestimmte Laute oder Töne werden als unangenehm oder sogar schmerzhaft empfunden, das Empfinden von Kälte und Schmerz ist deutlich herabgesetzt oder die eigene Körperkraft wird immer wieder unangemessen eingesetzt.

Tipps für die Unterrichtspraxis

Letztlich sind alle Menschen mit ASS unterschiedlich. Daher ist es zuallererst wichtig, dass Sie **beobachten**, wie das Kind/der Jugendliche agiert und reagiert:

- ✓ auf die Mitschüler,
- ✓ auf verschiedene Aufgaben,

- ✓ auf die Umgebung/den Klassenraum,
- ✓ auf Situationen,
- ✓ auf Sie als Lehrer.

Daraufhin können Sie entscheiden, worauf Sie besonders achten müssen:

- ✓ Seien Sie sich bewusst, dass Sie **nonverbal**, insbesondere **mimisch**, wenig bis gar nicht verstanden werden. Sie können nicht erwarten, dass Ihr Schüler Ihr Lächeln, Ihren fürsorglichen Blick oder auch eine nicht sprachliche Ermahnung versteht.
- ✓ Vermitteln Sie das **Deuten von Verhalten und Gefühlen**.
- ✓ Erwarten und verlangen Sie keinen **Blickkontakt**.
- ✓ Seien Sie **sprachlich genau**. Verwenden Sie möglichst keine Sprachbilder oder erklären Sie diese. Ironie ist fehl am Platze. Auch „Späße mit Augenzwinkern“ müssen zusätzlich **erklärt** werden. Bringen Sie aber ruhig sonstige Witze oder Wortspiele ein.
- ✓ Sprechen Sie bei Arbeitsanweisungen den Schüler mit **Namen** an. Evtl. versteht er nicht, dass z. B. mit „jeder“ auch er gemeint ist.
- ✓ Seien Sie möglichst **vorhersehbar** und klar in Ihrem Verhalten.
- ✓ **Strukturieren** Sie Ihr Klassenzimmer so weit wie möglich und **ritualisieren** Sie Ihren Unterricht (Zeit, Raum, Material, Abläufe). Bereiten Sie **Veränderungen** vor.
- ✓ Rituale, wie tägliches **Sich-die-Hand-Geben** zur Begrüßung, können autistische Berührungsängste abbauen, da sie ritualisiert Sicherheit geben.
- ✓ Fördern Sie den Schüler, indem Sie ihn **fordern** (und dabei beobachten und unterstützen) und nicht einen übertrieben künstlichen sozialen Schutzraum erschaffen.
- ✓ Bleiben Sie in regelmäßigem Austausch mit den **Eltern**.
- ✓ Schüler mit ASS haben je nach Ausprägungsgrad Anspruch auf **Nachteilsausgleich**. Informationen hierzu finden Sie auf S. 15 und auf der Webseite des Schulministeriums Ihres Bundeslandes.
- ✓ Unterstützungsmöglichkeiten wie **TEACCH** oder **PECS**, siehe die folgenden Ausführungen, sind speziell für Menschen mit Autismus entwickelt worden.

TEACCH

TEACCH bedeutet *T*reatment and *E*ducation of *A*utistic and related *C*ommunication handicapped *Ch*ildren (= Behandlung und pädagogische Förderung autistischer und in ähnlicher Weise kommunikativ eingeschränkter Kinder). Dieser Ansatz wird besonders in der Therapie autistischer Kinder und Jugendlicher verwendet, jedoch sind die Grundsätze auch im Unterricht einsetzbar. Hier geht es um die **Strukturierung**

- ✓ **des Raumes** für/durch Orientierung, Einteilung, Abgrenzung einzelner Bereiche, Verbindlichkeit, Reizreduktion,
- ✓ von **Zeit** und **Tagesablauf** für/durch Vorhersehbarkeit, Einteilung, Klären von Reihenfolgen, Erstellen verlässlicher Pläne,
- ✓ von **Aktivitäten** und **Aufgaben** (z. B. durch klare, übersichtliche Arbeitsblätter; konkrete Angaben bezüglich Zeitaufwand/-vorgabe, Inhalt, Menge; evtl. in Aussicht gestellte Belohnung nach getaner Arbeit etc.; Checklisten zum Durchstreichen/Abhaken/Umblättern ... – diese geben die Reihenfolge vor und der Schüler kann sehen, wann die Aufgabe fertiggestellt ist.)

PECS

PECS bedeutet **P**icture **E**xchange **C**ommunication **S**ystem und ist ein Kommunikationssystem, das **keine Lautsprache** benötigt. Der Schüler gibt dem Lehrer eine Symbolkarte, auf der das Gewünschte abgebildet ist, und kann so seine Bedürfnisse äußern. In weiteren Phasen wird die Kommunikation komplexer. Dieses System wird insgesamt für Menschen mit Beeinträchtigungen, die nicht sprechen können, genutzt. Auch mit traumatisierten Flüchtlingskindern kann PECS eine gute Kommunikationshilfe darstellen. Informationen und Material gibt es auf einer eigenen Webseite, die Sie über die Suchmaschine finden können. Sie können auch Symbolkarten aus dem System von METACOM verwenden.

Wo kann ich mir weitere Hilfe holen?

- ✓ **Schulbegleiter** (je nach Region auch: Inklusions- oder Integrationshelfer, Schul- oder Integrationsassistenten, Schulhelfer oder Individualbegleiter) begleiten Schüler mit Unterstützungsbedarf im Schulalltag. Sie werden von der Sozialhilfe bzw. der Jugendhilfe eingesetzt. Eine Schulbegleitung ist für die individuelle Begleitung eines bestimmten Schülers zuständig und unterstützt ihn dabei, überhaupt am Unterricht teilnehmen zu können. (Teilweise gibt es mittlerweile jedoch auch Poollösungen an Schulen, dann ist die Begleitung für mehrere Schüler zuständig.) Manchmal übernimmt sie auch pflegerische Tätigkeiten oder befähigt den Schüler, Wege innerhalb der Schule möglichst selbstständig zurückzulegen. Für die Wissensvermittlung bleiben weiterhin die Lehrer zuständig. Die Schulbegleitung wird durch die Eltern beantragt, i. d. R.

sind diese jedoch dankbar, wenn Sie als Lehrer sie dabei beraten und unterstützen. Auf den **Serviceseiten Ihrer Stadt** finden sich meist genauere Angaben, was zur Beantragung einer Schulbegleitung nötig ist und wie vorgegangen wird, üblicherweise sind dies:

- medizinische/therapeutische Unterlagen eines Facharztes der Kinder- und Jugendpsychiatrie, aus denen hervorgeht, warum der Gesundheitszustand des Kindes/Jugendlichen von dem anderer Kinder abweicht,
- eine Kopie der Schulzuweisung, falls sonderpädagogischer Förderbedarf vorliegt, sowie
- ein Antrag auf Jugendhilfe (formlos oder per Vordruck).

Es können auch beispielsweise eine Stellungnahme der Schule oder Berichte über begleitende therapeutische Maßnahmen erforderlich sein.

- ✓ Lassen Sie sich für Gespräche mit den Ärzten und/oder Therapeuten von den Eltern eine gegenseitige **Schweigepflichtentbindung** ausstellen (siehe auch S. 18 und den Download).

Linktipp

Der Bundesverband „**autismus Deutschland e. V.**“ ist der Dachverband für 59 einzelne Regionalverbände, in denen Sie Hilfen und Adressen in Ihrer Nähe finden: www.autismus.de

Literaturtipps

- ✓ Hier finden Sie viele **praktische Hilfen** im Rahmen von TEACCH mit zahlreichen Fotos und Abbildungen für Ihren **Unterricht**: *Häußler, Anne u. a.: Praxis TEACCH: Herausforderung Regelschule. Unterstützungsmöglichkeiten für Schüler mit Autismus-Spektrum-Störungen im lernzielgleichen Unterricht, Borgmann Media Verlag: Dortmund 2017, 3. Auflage, ISBN: 978-3-942976-24-4*
- ✓ Wenn Sie **Grundschulkindern** das Störungsbild vermitteln wollen, eignet sich folgendes Buch: *Hächler, Pascale u. a.: Ich bin Loris. Kindern Autismus erklären, Balance Buch + Medien Verlag: Köln 2015, ISBN: 978-3-86739-153-5*
- ✓ Das folgende Buch hat mir persönlich einen nachhaltigen Eindruck vom **Denken und Fühlen** eines autistischen Menschen vermittelt und mein Verständnis deutlich erweitert: *Brauns, Axel: Buntschatten und Fledermäuse: Mein Leben in einer anderen Welt, Goldmann-Verlag: Leipzig 2004, ISBN: 978-3-442-15244-5*

Mobbing

Der Übergang zwischen oppositionellem Verhalten, aggressivem Verhalten und Mobbing ist oft fließend. Dennoch widme ich diesem Thema ein eigenes Kapitel, denn die Gruppendynamik, die sich bei Mobbing abspielt, ist eine ganz besondere und bedarf der speziellen Aufmerksamkeit. Hier geht es nicht nur um **Täter** und **Opfer**, sondern zusätzlich um die sehr bedeutsame Rolle der **Mitläufer**.

Wann spricht man von Mobbing?

Wenn Sie feststellen, dass in Ihrer Klasse oder Ihrer Schule ein Schüler oder eine Schülergruppe

- ✓ gezielt,
- ✓ vorsätzlich,
- ✓ länger andauernd sowie regelmäßig
- ✓ verbal oder
- ✓ tätlich angegriffen wird
- ✓ und es dabei ein Machtgefälle gibt,

spricht man von Mobbing und ein Handeln ist dringend erforderlich.

Was tun bei Mobbing?

Bei Mobbing gelten **zwei wesentliche Grundsätze**.

1) Mobbing darf **unter keinen Umständen geduldet** oder **ignoriert** werden. Das verschlimmert die Situation für das Opfer und bestärkt den oder die Täter. **Mobbingprobleme lösen sich nicht von allein.**
2) Jeder Fall von Mobbing muss **individuell gelöst** werden; es gibt keine Patentrezepte. Aber es gibt Strategien, die sich als hilfreich erwiesen haben.

Sie als Schule müssen **umgehend** und **kurzfristig intervenieren**. Es hilft wenig, wenn der Täter ermahnt wird und/oder das Opfer womöglich die Schule wechselt. Mobbing muss zum **Thema der Schule** und der **Klasse** gemacht werden. Der Konflikt muss dort bearbeitet und ausgeräumt werden, wo er entstanden ist, da sich sonst der Täter aller Wahrscheinlichkeit nach direkt ein neues Opfer sucht.

Egal mit wem Sie sprechen, ob mit dem Opfer, dem Täter oder den Mitläufern: Immer geht es darum, **Einfühlungsvermögen** zu zeigen, **Gefühle anzusprechen**, so **konkrete Informationen** wie möglich zu erhalten und ggf. auch die **Eltern** (von Opfer und Täter) miteinzubeziehen. **Verurteilen** Sie den Täter nicht, sondern nur sein **Verhalten**, siehe auch S. 20:

„Du bist okay, dein Verhalten ist es nicht!“

Erwarten und verlangen Sie keine **Erklärungen** – auf ein „Warum?“ erhalten Sie in den meisten Fällen lediglich ein „War doch nur Spaß!“ als Antwort. Erwarten Sie **klare Taten** – das mobbende Verhalten zu **unterlassen**!
Von den Maßnahmen des **No-Blame-Approach**, die im Folgenden beschrieben werden, möchte ich **zwei Ausnahmen** aufführen: Ist es zu **Straftaten** gekommen (zu Körperverletzung, Diebstahl, sexuellen Übergriffen o. Ä.), sollte die **Polizei** eingeschaltet werden, da diese Tatbestände eine strafrechtliche Ahndung unumgänglich machen. Gleiches gilt für **Cybermobbing**, also wenn Videoaufnahmen, Fotos oder massive Gerüchte über das Internet verbreitet werden. Solche Inhalte machen oft schnell und unkontrollierbar die Runde und müssen in massiven Fällen **strafrechtlich gestoppt** werden.

Der No-Blame-Approach

Der **No-Blame-Approach** ist eine von vielen Möglichkeiten, das Thema Mobbing zu bearbeiten. Was diese Strategie, neben ihrer hohen Wirksamkeit, auszeichnet, ist die Tatsache, dass trotz schwerwiegender Tatsachen **auf Schuldzuweisungen und Bestrafungen verzichtet** wird – keiner der Beteiligten muss sein Gesicht verlieren. Das mag im ersten Moment befremdlich wirken und polarisiert – der Ansatz ist nicht unumstritten. Wie kann es das Ziel sein, dass ein Täter nicht für derartiges Handeln massiv bestraft wird? Aber die Bestrafung weicht hier dem höheren Ziel: eine **bessere Situation** für den vom Mobbing betroffenen Schüler herbeizuführen. Der No-Blame-Approach fokussiert daher ausschließlich auf **Lösungen**, die helfen, das **Mobbing** zu **stoppen**.[11] Es handelt sich hierbei um ein klar strukturiertes Vorgehen in **drei zeitlich aufeinanderfolgenden Schritten**.

[11] Sollte dieser pädagogische Ansatz nicht greifen, so wird die Schulleitung mit einbezogen und es erfolgen schulische Sanktionen.

Schritt 1: Führen Sie ein **Gespräch** mit dem vom Mobbing **betroffenen Schüler**. Sagen Sie ihm **Vertraulichkeit** zu. Informieren Sie sich in diesem Gespräch möglichst konkret über **Einzelheiten** (wer, was, wie, wie oft, wo, wie lange). Ziel des Gesprächs ist nicht nur, das Vertrauen des von Mobbing betroffenen Schülers zu gewinnen, sondern auch, dem Schüler **Zuversicht** zu vermitteln, dass seine schwierige Lage ein Ende haben wird.

Schritt 2: Bilden Sie eine **Unterstützergruppe**, die ein Gespräch zur **Lösung der Situation** führen soll.
Im Idealfall setzt sich diese Gruppe aus **sechs bis acht Schülern** zusammen. Sie besteht aus den **Mitläufern**, also denen, die **tatenlos zugesehen** oder aber den **Täter in seinem Agieren** durch Beifall (verbal, nonverbal) **unterstützt** und angefeuert haben. Auch diejenigen, die bisher gar keine Rolle hatten (weil sie z. B. die Vorfälle gar nicht mitbekommen haben), aber eine **konstruktive Rolle bei der Lösung der Situation** übernehmen könnten, können hinzugeladen werden.

> Aus meiner Erfahrung heraus ist das **Einbeziehen der Mitläufer** der wichtigste Teil des Auflösens der problematischen Situation: Alle, die die mobbenden Verhaltensweisen mitbekommen, dazu aber schweigen (weil sie denken, dass es sie nichts angeht, oder weil sie keinen Ärger wollen), verstärken das Mobbing um ein Vielfaches.

Der Ansatz des No-Blame-Approach sieht vor, dass **der oder die Täter** ebenfalls **Teil der Unterstützergruppe** sind und sich an der Lösungsfindung beteiligen. Meine Erfahrung hat gezeigt, dass dies meist sinnvoll und konstruktiv ist. In sehr schwierigen Fällen ergibt es allerdings Sinn, den Täter bewusst von diesem Prozess auszugrenzen und mit ihm ein Einzelgespräch zu führen. In diesem wird ihm lediglich mitgeteilt, dass sein Verhalten nicht geduldet wird und er es zu unterlassen hat, ohne Wenn und Aber. Ggf. ist es sinnvoll, ein solches Gespräch dem zweiten Schritt voranzustellen und erst dann die Unterstützergruppe aus Täter und Mitläufern zusammenzusetzen, um den Täter mit ins Boot zu holen. Sie kennen die Schüler und die Situation und entscheiden, welches Vorgehen am erfolgversprechendsten ist.
Der betroffene Schüler nimmt an den Gesprächen mit der Unterstützergruppe nicht teil, da die Akteure und Mitläufer eine neue Rolle einnehmen sollen, was zunächst einfacher ohne die Teilnahme des betroffenen Schülers ist. Zudem soll dieser entlastet werden, die Teilnahme an dem Gespräch wäre jedoch eine Belastung.

Die Ergebnisse des Gesprächs der Unterstützergruppe wird der Schüler ja in der Umsetzung erfahren.
In diesem Gespräch ist es wichtig, dass Sie die Schüler auf die Seite des Opfers oder zumindest der Gerechtigkeit ziehen. Etwas Pathetik ist dabei durchaus angemessen, denn ohne die Mitarbeit der Unterstützergruppe geht es nicht.

> *„Lasst nicht zu, dass so etwas an unserer Schule passiert. Es handelt sich hier nicht um eine Bagatelle. Wenn ihr nichts tut, macht ihr euch als Mitläufer mitschuldig. Hingucken und Ansprechen ist angesagt! Teilt dem Täter mit, dass ihr seht, was er tut. Sagt ihm, dass er damit aufhören soll. Kündigt ihm an, dass ihr Erwachsene über das Gesehene informieren werdet.*
> *Das ist kein Petzen, das ist das Verhindern eines Verstoßes gegen die Schulordnung.*
> *Ihr seid diejenigen, die die wichtigste Rolle dabei spielen, dass das Mobbing aufhört. Ohne eure Hilfe schaffen wir es nicht. Ihr seid eine Gemeinschaft. Steht für die Gerechtigkeit ein!“*

Mithilfe der Gruppe werden nun Ideen gesammelt, wie sich der betroffene Schüler wieder wohlfühlen kann. Diese sollten konkret, beobachtbar und sofort umsetzbar sein (wer, was, wann, wo, wie). Wenn, was erstrebenswert ist, der oder die Täter an dieser Unterstützergruppe teilnehmen, ist es wichtig, dass sie in diese Ideensuche und Maßnahmen einbezogen werden. Sei es durch eigene Beteiligung an der Unterstützung, sei es, dass ihnen vor Augen geführt wird, dass nun nicht mehr mit Anerkennung und Zuspruch für weitere Aktionen zu rechnen ist. Den Schülern der Unterstützergruppe wird es freigestellt, ob sie mit Mitschülern und/oder ihren Eltern über die Situation und das Vorgehen sprechen möchten. Sie selbst als Lehrer müssen niemanden informieren. Es ist jedoch sinnvoll, den Eltern des Opfers mitzuteilen, dass Sie bezüglich der Vorfälle etwas unternommen haben. Bitten Sie sie darum, von eigenen Aktionen Abstand zu nehmen und Sie zu informieren, falls keine Verbesserung eintritt oder das Mobbing wieder beginnt.

Schritt 3: Durch die **Vereinbarung des Nachgesprächs** am Ende des Unterstützergesprächs und die **Durchführung** dieses Nachgesprächs ein bis zwei Wochen später sorgen Sie für **Verbindlichkeit**. Sie bleiben am Ball und stehen **aktiv** für eine **Verbesserung der Situation** ein. Es wird vertraulich **mit jedem einzelnen Schüler** geführt, um individuell den Stand zu erfragen. Das erste Gespräch erfolgt mit dem betroffenen Schüler.

Prävention

Prävention ist ein wichtiger Baustein zur Verhinderung von Mobbing. Eine **offene Klassenatmosphäre**, **wertschätzender Umgang** untereinander (und hier haben Sie eine wichtige Vorbildfunktion), der den **Blick auf Gelungenes** und das **Miteinander** richtet, **kooperative Unterrichtsformen**, **Streitschlichtungsgespräche**, **offene Diskussionen**, **Beteiligung** der Schüler, Erziehung zur **Demokratie**, **Klassenrat**, **Beziehungsarbeit**, gemeinsame **Exkursionen** und **Ausflüge** – all das sorgt für eine gute Gemeinschaft und dient zudem der Prävention von Mobbing.

Wo kann ich mir weitere Hilfe holen?

- ✓ **Schulsozialarbeiter** und **Vertrauenslehrer** sind i. d. R. gute Ansprechpartner bei sozialen Problemen in der Klasse.
- ✓ Es gibt zahlreiche **Präventionsprogramme**, die Sie mit Klassen durchführen können: „**MindMatters**" (Sie finden es über die Suchmaschine) beispielsweise bietet zahlreiche Module und Materialien mit unterschiedlichen Themenschwerpunkten für Schüler der Jahrgangsstufe 1–13 aller Schulformen an. Unterrichtlich lassen sich solche Programme z. B. einbinden in das Fach Politik (Demokratieerziehung) oder Biologie (Schülergesundheit). Viele Schulen haben besonders in der Orientierungsstufe eine Klassenstunde eingerichtet, um Zeit und Raum für derartige Projekte und Themen zu schaffen.

Literaturtipps

- ✓ Die Kriminalpolizei hat eine **DVD mit mehreren Kurzfilmen** und einem Begleitheft herausgegeben. Diese Filme können mit Schülern im Unterricht angesehen und bearbeitet werden: *Abseits?! – Ein Film zur Gewaltprävention für Schülerinnen und Schüler ab 9 Jahren*. Infos hierzu erhalten Sie unter www.polizei-beratung.de.
- ✓ Hier finden Sie praktisches Material für die **Grundschule**: *Braun, Dorothee und Braselmann, Hans-Jürgen: Mobbing und Gewalt in der Grundschule. Ein Präventionskonzept, Cornelsen Verlag: Berlin 2013, ISBN 978-3-589-03920-3*
- ✓ Im Verlag an der Ruhr sind zahlreiche Bücher zum Thema Mobbing von **Experte** Wolfgang Kindler erschienen, hier gibt es Ratgeber und auch Schullektüren mit passendem Unterrichtsmaterial, z. B. diese: *Kindler, Wolfgang: Dich machen wir fertig! Verlag an der Ruhr: Mülheim an der Ruhr 2007, ISBN 978-3-8346-0286-2.* Die entsprechende *Literatur-Kartei* hat die *ISBN 978-3-834-60287-9.*

- ✓ Praxismaterial für die Sekundarstufe finden Sie hier: *Steves, Mirjam: Mobbing und Cybermobbing – wirksam vorbeugen und eingreifen. Arbeitsblätter für Jugendliche, Verlag an der Ruhr: Mülheim an der Ruhr 2015, ISBN 978-3-834-62932-6*

Oppositionelles Verhalten

Diejenigen Schüler, die sich **laut**, **trotzig**, **respektlos** oder **provokant** verhalten, fallen in den Klassen häufig als erste auf, beschäftigen die Lehrer am nachhaltigsten und sind für sie meist die größte Herausforderung. Denn ihr Verhalten stört den Unterrichtsfluss und das reibungslose Arbeiten. Zudem hat ihre ablehnende oder auch auflehnende Haltung oft Einfluss auf andere Schüler der Klasse, manchmal auf die ganze Klassengemeinschaft.
So sehr diese Kinder und Jugendlichen Sie durch ihr Verhalten binden und Reaktion darauf einfordern, so wichtig ist es, herauszufinden, **was hinter diesem Verhalten steckt**. Denn professionelles Lehrerverhalten heißt in diesem Fall,

- ✓ das Schülerverhalten zu **beobachten** und **sachlich beschreiben** zu können,
- ✓ die **eigenen Wahrnehmungen** kritisch zu **reflektieren**
- ✓ und aus alldem **Schlussfolgerungen** zu ziehen, wie Sie dem Schüler und seinem Verhalten konstruktiv begegnen können.

Wie so oft bei Verhaltensproblemen ist es wichtig, dass Sie folgende Haltung kommunizieren und auch in Ihrem Verhalten vermitteln.

> „*Du bist okay, dein Verhalten ist es nicht!*“

Was sind die Besonderheiten der betroffenen Schüler?

Im Gegensatz zu vielen anderen beschriebenen Schwierigkeiten und Verhaltensweisen in diesem Buch handelt es sich bei oppositionellem Verhalten nicht um eine Krankheit oder Störung, die ein Teil der Persönlichkeit des Schülers ist, sondern um ein Verhalten, das er zeigt. Dennoch (oder: trotzdem) müssen Sie die Hintergründe kennen, um professionell und konstruktiv im Sinne des Schülers mit dem Verhalten umgehen zu können.

Wenn Sie es mit „Störern“ zu tun haben, ergibt es Sinn, sich diese Störungen genauer anzusehen und zwischen **drei Formen** zu unterscheiden:

1) Handelt es sich um **Störungen der Interaktion** zwischen Schülern oder Schülergruppen (Mädchen gegen Jungen, Streit zwischen einzelnen Mitschülern oder Schülergruppen), die Richtung **Mobbing** gehen? Diese Störungen innerhalb der Klasse wirken sich oft auf den Unterricht aus und führen zu Beeinträchtigungen des Unterrichts, gegen die Sie nicht durch Besprechen oder Unterbinden des aktuellen Vorkommnisses (also eine Symptombehandlung) ankommen können. Hier ist ein tief greifendes Bearbeiten der Ursache notwendig. Daher wird dieser Form der Störung ein eigenes Kapitel gewidmet (siehe S. 33 ff.).
2) Bei **passiven Unterrichtsstörungen** handelt es sich um ein oppositionelles Verhalten im Sinne einer **Verweigerung**: Einzelne Schüler oder Schülergruppen arbeiten nicht oder kaum mit, erledigen nur selten oder gar keine Hausaufgaben, vergessen Materialien etc. – der Unterricht wird zäh.
3) Bei **aktiven Unterrichtsstörungen** verhalten sich einzelne Schüler oder Schülergruppen unruhig, schwatzen, sprechen ohne Aufforderung, laufen herum, geben Widerworte, werden unverschämt.

Überlegen Sie also zunächst, mit welcher **Form der Störung** Sie es zu tun haben, um im nächsten Schritt **hinter das Verhalten** zu **schauen**. Dann können Sie über **geeignete Strategien** nachdenken, um diesem Verhalten zu begegnen.

Was könnte hinter diesem Verhalten stecken?

Hinter jedem oppositionellen Verhalten steckt ein Sinn, meist sogar eine Botschaft. Dieses Verhalten ist immer eingebettet in einen Kontext, den es zu betrachten gilt. Manchmal ist dieser Zusammenhang in der aktuellen Situation zu finden, manchmal liegt er jedoch auch außerhalb. Welche **Kontexte** und **Auslöser** könnten hinter dem oppositionellen Verhalten Ihres Schülers stecken?
Zunächst zu den **situativen Faktoren**:

- ✓ Am häufigsten handelt es sich hierbei um **falsche Leistungserwartungen**: Der Schüler fühlt sich **überfordert** und mag/kann das nicht zugeben. Oder er fühlt sich **unterfordert** und ist von der anstehenden Aufgabe gelangweilt. Oder die Aufgabe liegt ihm nicht, weil sie ihm **thematisch nicht interessant** erscheint.
- ✓ Situativ auslösend können jedoch auch **räumliche** oder **organisatorische Bedingungen** sein: **Reizüberflutung** oder **konfliktträchtige** Gruppenkonstellatio-

nen führen bei Kindern und Jugendlichen, die nicht gelernt haben, damit umzugehen, schnell zu Verweigerung. Auch die (fehlende) **Beziehung zum Lehrer** kann zu situativer Verweigerung und Ablehnung führen: Wie häufig und regelmäßig sehen Sie den Schüler? Haben Sie, zumindest ansatz- und phasenweise, eine positive Beziehung zu ihm? Sind Sie in Ihrem Verhalten einschätzbar, erwartbar, konsequent?

Zu diesen situativen Faktoren kommen i. d. R. **weitere Belastungsfaktoren** hinzu:

- ✓ Der Schüler hat in seinem **sozialen Umfeld** womöglich gelernt, dass er mit seinem Verhalten mehr oder weniger erfolgreich seine Bedürfnisse (siehe unten) stillen kann.
- ✓ Oder es fehlt ihm an **sozialen Bindungen**, er erlebt häufig **Ablehnung**, es herrscht eine **belastende familiäre** oder **persönliche Situation**. Auch **Schlafmangel** oder **Drogen-/Alkoholkonsum** spielen hier immer wieder eine Rolle.
- ✓ Die **Pubertät** insgesamt ist ja eine persönliche Belastungssituation von Jugendlichen. Womöglich erinnern Sie sich an eigenes oppositionelles Verhalten während Ihrer Pubertät und wie sehr es genervt hat, wenn Erwachsene etwas von Ihnen wollten?

Neben den Auslösern und dem Kontext des gezeigten Verhaltens sollten Sie ebenso reflektieren, welche **Bedürfnisse** hinter dem oppositionellen Verhalten stecken.

- ✓ Das Bedürfnis nach **Aufmerksamkeit**, **Zuwendung** und **Bestätigung** innerhalb der Peer-Group ist insbesondere in der Pubertät wichtig; wann immer Gleichaltrige dabei sind, geht es um **Status** und **Anerkennung**.
- ✓ Das Bedürfnis nach **Klarheit** und **Struktur** wird besonders dann sichtbar, wenn Sie als Lehrer wenig davon vorgeben. Diejenigen Lehrer, die keine klaren Regeln und Konsequenzen aufstellen, weil sie erwarten, dass die Schüler von selbst wissen sollten, was angemessen ist; die Lehrer, die vieles dulden und eher mal wegsehen, weil sie nicht wissen, wie sie mit Fehlverhalten umgehen sollen – diejenigen müssen oft besonders unter der Verweigerung Einzelner oder ganzer Schülergruppen leiden.
- ✓ Das Bedürfnis nach **Wirksamkeit** und **Einflussnahme** spielt (besonders in der Pubertät) ebenfalls eine Rolle: Sich verweigern heißt auch Macht ausüben!

Angenommen, es handelt sich nicht um eine tief greifende Störung, sondern um „ganz normales" – aber nervenzehrendes – oppositionelles Verhalten: Zum tieferen Verständnis eines solchen ist der Ansatz der „**heimlichen Kosten-Nutzen-Rechnung**" von Rhode und Meis in dem auch ansonsten sehr lesenswerten Buch „Wenn Nervensägen

an unseren Nerven sägen" (siehe Literaturtipp auf S. 45) hilfreich: Diese Rechnung führt der Schüler (meist unbewusst, aber, wenn Sie sie sich bewusst machen, nachvollziehbar) durch, bevor er sich für sein Verhalten entscheidet.
Auf der einen Seite steht z. B. die Unlust auf das Fach oder sich anzustrengen, die Anerkennung durch die Freunde, der Stressabbau oder das Auslassen schlechter Laune aufgrund von Ereignissen, die mit Ihnen gar nichts zu tun haben – alles Faktoren auf der „Nutzen"-Seite. Auf der „Kosten"-Seite steht z. B. die Ermahnung/Strafe durch die Lehrer oder eine Elternbenachrichtigung.
Und selbst wenn der Schüler weiß, dass Sie ein konsequenter Lehrer sind, der dieses oppositionelle Verhalten nicht duldet und auf jeden Fall z. B. mit Elternbenachrichtigung reagiert, so hat er in seiner heimlichen Kosten-Nutzen-Rechnung kalkuliert, dass die Konsequenzen leichter wiegen als der Nutzen seines Verhaltens.

Um vertieft verstehen zu können, was hinter dem Verhalten steckt – und nur so können Sie diesem ernsthaft etwas entgegenstellen – ist eine **systemische Sichtweise** auf das Verhalten hilfreich. Stellen Sie sich folgende Fragen:

- ✓ Wann und in welchen Situationen tritt das Verhalten auf? (bestimmte Tageszeit/Fächer/Lehrer/Anforderungen/Sozialformen ...)
- ✓ Welche Umstände tragen zu dem Verhalten bei oder verstärken es sogar? Ist es möglich, an diesen Umständen etwas zu verändern?
- ✓ Welche Funktionen erfüllt das Verhalten vermutlich für den Schüler?
- ✓ Welche Botschaften könnten hinter diesem Verhalten stecken?
- ✓ In welchen Situationen verhält sich der Schüler nicht oppositionell?
- ✓ Was ist dann anders? Welche Erklärungen gibt es dafür?
- ✓ Wie verhält sich der Schüler wohl zu Hause/mit seinen Freunden?

Solche und ähnliche Fragen helfen, das Verhalten besser zu verstehen. Häufig bewirkt schon ein **Über-den-Schüler-Nachdenken**, ein **Verstehen-Wollen** eine bessere Beziehung zu dem Schüler und damit ein Herabsetzen der Widerstände.

Tipps für die Unterrichtspraxis

Nach der Klärung, um **welche Form** von oppositionellem Verhalten es sich handelt, und der **Überlegung**, was (als Hypothese) **dahinterstecken** könnte, können Sie über geeignete **Strategien** nachdenken, wie Sie dem Verhalten begegnen sollten.
Haben Sie es mit **Störungen der Interaktion** oder sogar **Mobbing** zu tun, lesen Sie sich bitte das Kapitel ab S. 33 durch.

Was tun bei passiven Störungen?

Verhalten sich einzelne Schüler oder ganze Schülergruppen im Unterricht sehr passiv und wirkt der Unterricht oft zäh, hat dies häufig auch mit der **Gestaltung** dieses Unterrichts zu tun. Fraglos gibt es Klassen, in denen eine passive Stimmung herrscht und in denen sich die Schüler antriebsarm zeigen. Aber auch (oder gerade) solche Klassen benötigen **Impulse**, um aus ihrer Passivität herauszutreten. Zudem fühlen sich Schüler (zu Recht) ernst genommen, wenn sie an der Planung und Gestaltung von Unterricht **beteiligt** werden bzw. Wünsche einbringen dürfen.

Das **Classroom-Management** gibt hilfreiche Strategien und Strukturen vor, wie Passivität im Unterricht verhindert/vermindert werden kann. Prinzipiell heißt das Zauberwort an dieser Stelle „**breite Aktivierung**" und bedeutet, dass die Schüler durch verschiedene Aktivitäten mobilisiert und damit motiviert werden. Machen Sie sich im Vorfeld Gedanken über Ihre **Unterrichtsgestaltung** und wie Sie die Schüler dazu bewegen, Teile des Unterrichts **selbst** zu **gestalten**. Wie können Sie Ihren **Redeanteil reduzieren**? Wie können die Schüler **Aufgabenstellungen selbst erarbeiten**, statt nur Vorgekautes wiederzukäuen? Wie können Sie Ihre Schüler „ins Schwitzen bringen"?

- ✓ Gestalten Sie Ihre Aufgaben **abwechslungsreich** in Bezug auf **Arbeits- und Sozialformen**. Nutzen Sie z. B. kooperative Lernformen.
- ✓ Machen Sie die Aufgaben durch verschiedene **Medien** und **Materialien** anschaulich und damit interessant.
- ✓ Lassen Sie Ihre Schüler möglichst **selbst handeln** und z. B. Versuche durchführen, statt dass sie Ihnen beim Vorführen zuschauen.
- ✓ Wo lässt sich **Lernen in Bewegung** durchführen? Wenn die Schüler **aufstehen** und sich im Raum zu verschiedenen Aussagen **positionieren**, bringt sie das in Aktion und hilft, Zusammenhänge zu verdeutlichen (z. B. beim Sichtbarmachen von Prozenten: Die Schüler stellen sich auf und berechnen dann in der Gruppe den jeweiligen Prozentsatz der Positionen.). Auch das **Austauschen im Doppelkreis** (ebenfalls bekannt unter dem Namen „Kugellager") aktiviert Ihre Schüler. Hier stehen sich je zwei Schüler im rotierenden Außen- und Innenkreis gegenüber, um sich mit wechselnden Partnern über verschiedene Fragestellungen zu unterhalten.
- ✓ Lassen Sie Ihre Schüler einen **Teil ihrer Aufgaben selbst auswählen** (z. B. so: „Wähle drei der fünf Aufgaben aus und bearbeite sie.").
- ✓ Achten Sie darauf, neben **einzelnen Schülern** auch immer die **ganze Klasse im Blick** zu haben. Holen Sie nur für möglichst kurze Zeitspannen einen einzelnen Schüler nach vorn, denn schnell langweilt sich der Rest der Klasse.

- ✓ Handelt es sich um eine kleinere Gruppe von Verweigerern, **kümmern** Sie sich **nicht allzu intensiv** um sie, sondern sorgen Sie für (möglichst attraktive) **Aktivität der größeren Gruppe**. Vielleicht zieht das die Verweigerer mit? Selbst wenn nicht: Der Rest der Klasse darf nicht unter einer kleineren Gruppe leiden, sondern hat ein **Recht auf ansprechenden Unterricht**.
- ✓ Arbeiten Sie intensiv mit **Blickkontakt** zu Einzelnen. Ein aufmunternder Blick, ein Zulächeln schafft **Beziehung** und je mehr Sie in Beziehung zu Ihren Schülern treten, desto schwieriger wird es für diese, sich dieser Beziehung zu entziehen.
- ✓ Nutzen Sie auch Arbeitsphasen, um mit **Einzelnen in Beziehung** zu **treten**, anstatt diese Zeit für Klassenbucheinträge oder Korrekturen hinter Ihrem Schreibtisch zu nutzen: Ein kurzes „Gut gemacht!“, „Das sieht prima aus!“, aber auch ein „Brauchst du Hilfe?“ oder „Schade, dass du nicht mitmachst, ich glaube, du kannst das!“ schafft Beziehung.

Was tun bei aktiven Störungen?

Bei allen Reaktionen auf oppositionelles Verhalten, und sei es noch so unverschämt, ist immer auch Ihre **innere Haltung** wichtig.

> Lassen Sie sich **nicht** auf einen **Machtkampf** ein.

Da Sie am längeren Hebel sitzen und schlechte Noten verteilen, Ordnungsmaßnahmen einleiten können usw., würden Sie in den meisten Fällen einen solchen Machtkampf zwar zumindest vordergründig gewinnen. Aber ein Schüler, der hier verliert, wird künftig umso mehr gegen Sie arbeiten.
Bestenfalls gehen beide Parteien, also der Schüler und Sie selbst, aus einer Auseinandersetzung mit Würde heraus – **keiner** von beiden sollte sein **Gesicht verlieren**. Wie aber kann das gehen, wenn ein Schüler Sie provoziert, gegen Sie arbeitet, Sie und Ihre Arbeit infrage stellt, Sie beschimpft oder gar beleidigt?

- ✓ Stellen Sie **in konfliktfreien Situationen Beziehung** her, wann und wo immer es geht. Suchen Sie (kurzen) **Blickkontakt**, **lächeln** Sie dem Schüler zu, ohne sich aufzudrängen – **kurz**, **ungefragt** und **ohne auf Reaktion zu warten**. Gehen Sie **in Arbeitsphasen** kurz zu ihm hin, **nicken** ihm zu, **loben** ihn, wenn es etwas zu loben gibt. Vermitteln Sie: „Ich sehe dich. Nicht nur, wenn du dich laut und provokant verhältst, sondern auch, wenn du dich angemessen benimmst.“
- ✓ Fokussieren Sie nicht nur das Negative, sondern auch die **positiven Seiten** des Schülers, so schwer sie auf den ersten Blick zu finden sein mögen.

Beschäftigen Sie sich gedanklich mit ihm:

- Welche **Stärken** oder **positiven Eigenschaften** hat der Schüler?
- Welche **positiven Erlebnisse** hatten Sie schon mit ihm?
- Können Sie diese Phasen **wiederholen** oder **ausdehnen**?
- Was muss passieren, damit das **Problem weniger oft auftritt**?

Diese Sichtweise wird Ihnen helfen, Ihre wertschätzende Haltung zu bewahren.

- ✓ Versuchen Sie, **kleinere Unterrichtsstörungen** zunächst **nonverbal** zu unterbinden (z. B. durch Blickkontakt, eine Handbewegung, eine Änderung des eigenen Standortes im Raum/räumliche Nähe). Unterbrechen Sie so wenig wie möglich Ihren **Unterrichtsfluss** – wenn Sie schon auf kleine Störungen langatmig reagieren, kann Ihre Ermahnung länger dauern als die Aktion des Schülers.
- ✓ Bei häufiger auftretenden Unterrichtsstörungen überlegen Sie sich möglichst **vorab**, welche **Konsequenzen** Sie in Aussicht stellen und welches Verhalten Sie wie ahnden möchten: Kündigen Sie nichts an, was Sie nicht umsetzen können.
- ✓ Denken Sie in diesem Zusammenhang noch einmal an das auf S. 40 f. beschriebene Kosten-Nutzen-Modell: Wenn Sie **Konsequenzen** ankündigen müssen, dann sollten diese **wehtun**, damit die Kosten den Nutzen übersteigen (z. B. Pausen allein verbringen, Eltern benachrichtigen, Hofdienst erledigen, Einzelplatz in der Klasse, Sitzplatz ganz vorn, Ausschluss von schönen Aktivitäten, über bestimmten Zeitraum mit Schulleitung festgelegter verkürzter oder längerer Stundenplan, schriftliche Reflexion des Schülers ...).
- ✓ Druck erzeugt Gegendruck. Versuchen Sie darum, so oft wie möglich nicht mit Druck zu reagieren, sondern Situationen **umzulenken**. Nutzen Sie die **Meta-Ebene**, senden Sie **Ich-Botschaften**, setzen Sie **Humor** ein, machen Sie **Angebote** (z. B.: „Ich bekomme mit, dass du gerade keine Lust auf diese Aufgabe hast und deshalb den Unterricht störst. Wir wären jetzt alle lieber draußen und würden in der Sonne sitzen, aber leider hätte ich dann am Ende des Schuljahres ein echtes Problem mit der Schulleitung und mit euren Eltern. Also lasst uns uns hier durchbeißen und diese Aufgabe erledigen, danach können wir zwei Minuten Pause machen.").
- ✓ Das Modell der „**kontrolliert-eskalierenden Beharrlichkeit**" (KEB-Modell) von Rhode und Meis aus dem bereits erwähnten Buch „Wenn Nervensägen an unseren Nerven sägen" (siehe Literaturtipp auf S. 45) ist sehr nützlich, um oppositionellem Verhalten wirkungsvoll zu begegnen. Es sollte mit folgendem Grundsatz zusammenspielen:

> *„Klar in der Sache, wertschätzend in der Haltung."*

Und zwar wie folgt: Sie verdeutlichen Ihre Grenze dessen, was Sie tolerieren, und wiederholen diese in der Situation mit kontrolliert-eskalierender Beharrlichkeit, also möglichst neutral, aber klar in der Sache und beharrlich.

Wo kann ich mir weitere Hilfe holen?

- ✓ Holen Sie bei massivem oppositionellem Verhalten auf jeden Fall **alle Erwachsenen** mit ins Boot, die mit dem Schüler zu tun haben: Eltern, Kollegen, Schulsozialarbeiter, Vertrauenslehrer, evtl. auch den Allgemeinen Sozialen Dienst (Jugendamt). Alle müssen an einem Strang ziehen, um das Bestmögliche für den Schüler zu erreichen.
- ✓ Gibt es an Ihrer Schule so etwas wie **Kollegiale Fallberatung** oder **Supervision**? Stellen Sie dort Ihren Fall vor und besprechen Sie, wie am besten mit dem Verhalten des Schülers umgegangen werden kann. Falls nicht, können Sie vielleicht Kollegiale Fallberatung einführen, siehe dazu auch den folgenden Linktipp. Mit großer Wahrscheinlichkeit haben auch Kollegen an Ihrer Schule mit Schwierigkeiten zu kämpfen und Interesse an gemeinsamer Fallarbeit. Es gibt auch viele außerschulische Supervisionsgruppen, denen Sie sich anschließen können.

Linktipp

Anleitung zum Vorgehen **bei Kollegialer Fallberatung** gibt es z. B. hier: www.kollegiale-beratung.de

Literaturtipps

- ✓ Das **Kosten-Nutzen-Modell** sowie das Modell der **kontrolliert-eskalierenden Beharrlichkeit** u. v. m. finden Sie im hilfreichen und zudem unterhaltsam geschriebenen Buch von *Rhode, Rudi und Meis, Sabine: Wenn Nervensägen an unseren Nerven sägen: So lösen Sie Konflikte mit Kindern und Jugendlichen sicher und selbstbewusst, Kösel-Verlag: München 2017, ISBN 978-3-466-30712-8*
- ✓ Informationen zu **Ursachen, Konsequenzen und Prävention** von Unterrichtsstörungen, lesenswert aufbereitet, finden Sie auch hier: *Braun, Dorothee und Schmischke, Judith: Mit Störungen umgehen, Cornelsen-Verlag: Berlin 2013, ISBN 978-3-589-16203-1*, sowie hier: *Nolting, Hans-Peter: Störungen in der Schulklasse. Ein Leitfaden zur Vorbeugung und Konfliktlösung, Beltz Verlag: Weinheim 2017, ISBN 978-3-407-86469-7*

Suchtverhalten (Spielsucht/Drogen)

Spielsucht und Drogenmissbrauch haben große Auswirkungen auf das Sozialverhalten der Kinder und Jugendlichen. Insbesondere das exzessive Spielen an Handy, PC oder Konsolen wird zu einem zunehmenden Problem auch für die Schulen, da immer mehr Schüler davon betroffen sind. Bei Suchtverhalten wird zwischen **psychischer** und **körperlicher Abhängigkeit** unterschieden. Während die Spielsucht als stoffungebundene Sucht psychische Abhängigkeit verursacht, kann Drogenmissbrauch als stoffgebundene Sucht zu beidem führen.

Diagnosekriterien

Die ICD-10 führt das pathologische bzw. zwanghafte Spielen unter den Persönlichkeits- und Verhaltensstörungen als exzessive Gewohnheit und Störung der Impulskontrolle auf. Drogenmissbrauch wird bei der ICD-10 nur als Ursache für körperliche Beschwerden z. B. des Verdauungstrakts oder für Psychosen bzw. psychische und Verhaltensstörungen genannt, nicht jedoch in seiner Problematik als solcher gesondert aufgeführt. Die DSM-5 zählt beide Störungen unter den Abhängigkeitserkrankungen auf, wobei sich die Spielsucht sowohl in der ICD-10 also auch der DSM-5 nur auf das Glücksspiel bezieht, nicht auf das problematische Spielen z. B. von Computerspielen. Dennoch können folgende Kriterien helfen, einzuschätzen, ob eine Abhängigkeit vorliegt (je mehr Kriterien zutreffen, desto schwerwiegender die Sucht):

- ✓ Es besteht das Verlangen nach immer mehr (Spiel oder Drogen), um eine gewünschte Erregung zu erreichen.
- ✓ Es entstehen Unruhe und Reizbarkeit, wenn eine Zeitlang nicht gespielt/keine Drogen eingenommen werden.
- ✓ Es gibt eine starke gedankliche Eingenommenheit durch die Sucht.
- ✓ In belastenden Gefühlszuständen wird häufig gespielt/werden häufig die entsprechenden Substanzen konsumiert.
- ✓ Der Betreffende belügt andere, um das Ausmaß der Sucht zu vertuschen.
- ✓ Er gefährdet/verliert wichtige Beziehungen und/oder schulische Leistungen.[12]

Suchtforscher gehen davon aus, dass Suchtverhalten erlernt wird: Wenn ich spiele/ Drogen nehme, führt das zunächst zu Entspannung, Alltagsflucht, Ansprechen des körpereigenen Belohnungssystems.

[12] Vgl. ICD-10-GM (Version 2019): Kapitel V, Link: www.dimdi.de/static/de/klassifikationen/icd/icd-10-gm/kode-suche/htmlgm2019/, letzter Zugriff am 08.07.2019; u. American Psychiatric Association (Autor), Falkai, Peter u. a. (Hrsg.): 2018, S. 700 ff. und 803 ff. (Vollständige Quellenangabe, siehe S. 6)

Was sind die Besonderheiten der betroffenen Schüler?

Sucht ist keine Krankheit, die von heute auf morgen entsteht; die Grenzen sind fließend, da es sich um einen **langwierigen Prozess** handelt. Nicht jeder, der ab und zu gerne „daddelt" oder häufiger auf sein Handy schaut, ist gleich abhängig. Und nicht jeder, der ab und zu Marihuana raucht, hat mit sozialen Folgen oder gar Abhängigkeit zu kämpfen. Das macht den Umgang damit und eine Grenzziehung schwierig.
Wichtig ist es, zu beobachten, wie sich Ihr Schüler **in der Gruppe** verhält und wie **arbeits- und konzentrationsfähig** er ist. Sucht als schleichender Prozess wird in der Literatur unabhängig davon, ob es sich um Drogen oder Spielen handelt, in einem Stufenmodell dargestellt:
Stufe 1 (Probierkonsum): Der erste Kontakt mit dem Spiel oder der Droge verschafft positive Gefühle oder schaltet unangenehme oder unerwünschte aus.
Stufe 2 (Gewohnheitskonsum): Das Kind oder der Jugendliche gewöhnt sich an das Suchtmittel/das Suchtverhalten. Das hat eine Einengung des Lebens auf das Suchtmittel hin bei gleichzeitigem Ausweichen gegenüber der Umwelt zur Folge.
Stufe 3 (kritischer Konsum/Missbrauch): Das Kind oder der Jugendliche ist aufgrund seiner Abhängigkeit nicht mehr in der Lage, sein Suchtverhalten zu steuern; beim Absetzen oder Unterbrechen wird der Betroffene reizbar und unruhig bis hin zu körperlichen Entzugserscheinungen (bei Drogenmissbrauch).
Stufe 4 (Abhängigkeit): Der Ausstieg aus der Sucht wird immer schwieriger, es kommt zu einem zunehmenden psychischen (und körperlichen) Verfall. Der Betroffene wirkt ungepflegt, denn er nimmt sich keine Zeit mehr für Körperpflege und schenkt seiner äußeren Erscheinung keine Beachtung mehr.[13]
Ein **Ausstieg** aus der Sucht ist grundsätzlich möglich, aber schwierig, da das erlernte Verhalten nur durch den völligen Verzicht auf das Suchtmittel gestoppt werden kann. Dies bedeutet insbesondere bei Spielsucht durch die ständige Verfügbarkeit, z. B. über das Handy, einen stetigen Kampf mit sich selbst.
Eindeutige **Anzeichen**, die auf Suchtmittelkonsum hinweisen, gibt es nicht. Doch folgende **Hinweise** können auf ein **problematisches Suchtverhalten** hindeuten:

- ✓ häufiges Zuspätkommen zum Unterricht
- ✓ auffällige Müdigkeit
- ✓ häufiges, oft unentschuldigtes Fehlen
- ✓ häufig fehlende Hausaufgaben
- ✓ fehlende Arbeitsmaterialien und Bücher

---

13 Vgl. z. B. Gasteiger-Klicpera, Barbara u. a. (Hrsg.): Sonderpädagogik der sozialen und emotionalen Entwicklung, Hogrefe Verlag: Göttingen 2008, ISBN: 978-3-80171-707-0, S. 318

- ✓ Nichteinhalten von Absprachen
- ✓ starker Leistungsabfall
- ✓ ungewohntes Desinteresse an schulischen Inhalten
- ✓ Verweigerung und Störungen im Unterricht
- ✓ starke Gefühlsschwankungen
- ✓ aggressives Verhalten und/oder
- ✓ Abschottung von den Mitschülern, Verschlossenheit
- ✓ übertriebenes Anschließen an den Klassenlehrer
- ✓ auffälliges Meiden des Klassenlehrers

Tipps für die Unterrichtspraxis

Entscheidend sind bei Suchtverhalten **Prävention** sowie **Intervention**.

Prävention

Suchtprävention spielt in der schulischen Gesundheitsförderung eine wichtige Rolle; neben **Wissensvermittlung** steht dabei v.a. die **Persönlichkeitsbildung** und somit Erziehung zu Selbstbewusstsein, Selbstständigkeit und kompetentem Umgang mit belastenden Situationen im Mittelpunkt. Der Versuch der Abschreckung und Abwertung von Drogen und Online- oder Offline-Spielen durch die Schule hat sich als wenig hilfreiche Methode herausgestellt, da die Schüler zunächst mit dem Spielen oder der Einnahme von Drogen positive Erfahrungen verbinden. Es geht daher nicht darum, das Konsumverhalten zu verurteilen, sondern es zu **reflektieren** und einen **verantwortungsvollen Umgang** mit dem Suchtmittel anzuregen. Wichtige Bestandteile der Suchtprävention und -bekämpfung sind:

- ✓ sachliche Wissensvermittlung zu Drogenkonsum und Spielsucht, um Verharmlosungsstrategien entgegenzuwirken, Vermittlung juristischer Konsequenzen bei Drogenkonsum
- ✓ Anregung zur **Auseinandersetzung** mit eigenen Wünschen und Bedürfnissen
- ✓ **Gespräche/Strategien** zum Umgang mit Herausforderungen und Misserfolgen
- ✓ **positive Vorbilder**, besonders auch andere Jugendliche, die Nein zu Drogen sagen können und dennoch beliebt sind
- ✓ Einbeziehen von **Experten** zu den thematischen Schwerpunkten, z.B. Präventionsfachleute von Beratungsstellen oder der Polizei

Intervention

Leider sind wir Lehrer nur begrenzt in der Lage, auf Schüler einzuwirken und sie von ihrem Suchtverhalten abzubringen. Was wir jedoch anbieten können, sind **Aufmerksamkeit, Beziehung, Gespräche, Beratung, Unterstützung**, das Vermitteln außerschulischer **Beratungs- und Behandlungsstellen** bei gleichzeitigem Aufstellen **klarer Regeln** und **Konsequenzen**.

- ✓ Sollten Sie feststellen oder den Verdacht haben, dass einer Ihrer Schüler Drogen einnimmt oder eine Spielsucht entwickelt (hat), überlegen Sie, welche Person geeignet ist, den Schüler anzusprechen, zu wem der Schüler also ein **Vertrauensverhältnis** hat.
- ✓ Erster Schritt sollte immer ein Gespräch mit dem Schüler über die beobachteten Verhaltensweisen sein, in dem **Besorgnis** geäußert und **Unterstützung** vermittelt wird, aber auch die **schulischen Konsequenzen** aufgezeigt werden, sofern der Schüler im Unterricht unter Drogeneinfluss steht oder gar in der Schule Drogen einnimmt.
- ✓ Die Schule muss **klare Regeln** zum Umgang mit Handy, Rauchen, Alkohol und illegalen Drogen und **abgestimmte Konsequenzen** beim Verstoß aufzeigen.
- ✓ Wägen Sie ab, ob und zu welchem Zeitpunkt die **Eltern** informiert und in die Beratung mit einbezogen werden. Erst wenn eine Gefährdung von Mitschülern (durch Weitergabe von Drogen oder Aufforderung zum Drogenkonsum) anzunehmen ist, haben Sie die Meldepflicht gegenüber der **Schulleitung**, die beim Auffinden von Drogen die Polizei informieren wird.
- ✓ Bemerken Sie ein kritisches Spielverhalten bei einem Schüler, das in Richtung Suchtverhalten gehen könnte, ist das frühzeitige Einbeziehen der Eltern sinnvoll, da nur diese das häusliche Spielverhalten steuern können. Auch hierbei ist eine Verurteilung und Abwertung des gezeigten Verhaltens wenig konstruktiv, weil sich Eltern durch den Vorwurf einer vernachlässigten Aufsichts- und Erziehungspflicht angegriffen fühlen können. Sinnvoller ist es, den Eltern Ihre **Besorgnis** mitzuteilen, **nachzufragen** und **Alternativen zur Freizeitgestaltung** (besonders bei jüngeren Kindern) in Sportvereinen, Jugendeinrichtungen o. Ä. aufzuzeigen. Weisen Sie auf **Beratungsstellen** hin (siehe auch S. 50) – die Beratung kann auch anonym erfolgen.

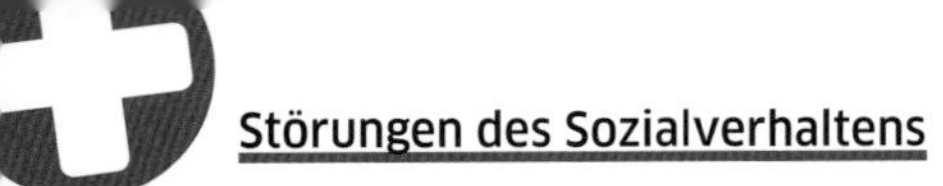

Wo kann ich mir weitere Hilfe holen?

- ✓ Sprechen Sie mit **Experten**, z. B. spezialisierten **Kollegen**, **Ärzten** oder der **Polizei**. Auch der **Schulpsychologische Dienst** kann weiterhelfen.
- ✓ **Schulsozialarbeiter** und **Vertrauenslehrer** sind wichtige Ansprechpartner in der Schule zur Unterstützung des Schülers.

Linktipps

- ✓ **Beratungs- und Behandlungsstellen** gibt es in jeder größeren Stadt. Adressen finden Sie bei der **Bundeszentrale für gesundheitliche Aufklärung (BZgA)**: www.bzga.de > Service > Beratungsstellen > Suchtprobleme. Auf der Seite der BZgA gibt es zudem vielfältige kostenlose, auch mehrsprachig verfügbare **Materialien zur Suchtprävention und -intervention**.
- ✓ Auf der Webseite der Initiative „**Keine Macht den Drogen**" finden Sie u. a. eine Unterrichtseinheit namens „Im Rausch des Lebens".
- ✓ Zur **rechtlichen Lage** bei Drogen an der Schule finden Sie hier unter dem Suchwort „Drogen" ausführliche Informationen: www.schulleiter.de

Emotionale Störungen

© pict rider – Fotolia.com

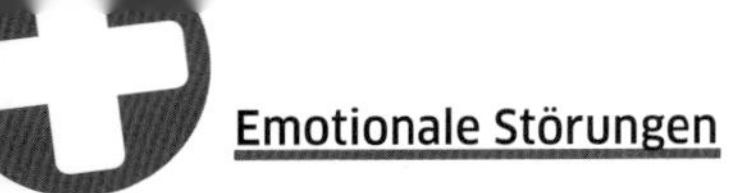

Absentismus

Wenn ein Schüler der Schule fernbleibt, spielen oft mehrere Faktoren eine Rolle. Manchmal scheint für die Schule durch das Notieren der Fehlzeiten und schlechten Noten alles getan zu sein. In schwerwiegenderen Fällen werden Ordnungsmaßnahmen verhängt, also ein Bußgeld angedroht oder verordnet oder das Abholen des Schülers durch das Ordnungsamt in die Wege geleitet. Doch bevor so drastische Mittel ergriffen werden müssen, gibt es viele Maßnahmen, die Sie als Lehrer und die Schule unternehmen können und meiner Ansicht nach auch müssen, um den Schüler wieder in die Schule zu holen.
Dafür ist es zunächst wichtig, Absentismus und seine Ursachen zu kennen sowie die Faktoren zu verstehen, die zum Fernbleiben vom Unterricht führen.

Je früher Absentismus thematisiert wird, desto leichter kann eine Verfestigung vermieden werden.

Was sind die Besonderheiten der betroffenen Schüler?

Um zu verstehen, weshalb Schüler dem Unterricht fernbleiben, ist gemäß Heinrich Ricking die Unterscheidung zwischen **Schulschwänzen**, **Schulangst** und **Zurückhalten** hilfreich. Denn so wird deutlich, dass es verschiedene Faktoren gibt, die den Schüler aus der Schule drängen (z. B. Ängste vor dem, was ihn dort erwartet) bzw. woandershin ziehen (z. B. familiäre Verpflichtungen oder interessante außerschulische Alternativen mit Gleichgesinnten).[14] Wenn Sie als Lehrer diese sogenannten **Push-** und **Pull-Faktoren** kennen, die Ihren Schüler vom Schulbesuch abhalten, können Sie gezielt handeln.

Schulschwänzen

Im Zusammenhang mit Schulschwänzen steht eine **allgemeine Abneigung** gegenüber der Schule, die geprägt ist von negativen/abweisenden Gedanken gegenüber der Schule allgemein, einzelnen Fächern oder Lehrern. Attraktives oder Bindendes finden die betreffenden Schüler in der Schule meist nicht mehr vor. Ihre Lerngeschichte ist oft geprägt von **Versagensängsten**, **sozialen Problemen** mit den Mitschülern, **schulischen Strafen**. Zu deren Vermeidung unternehmen sie statt des Schulbesuchs oft angenehme Aktivitäten außerhalb von zu Hause, häufig gemein-

[14] Vgl. Ricking, Heinrich: Schulabsentismus. Cornelsen Scriptor: Berlin 2014, ISBN: 978-3-589-23028-0, S. 13ff.

sam mit anderen. In vielen Fällen begünstigen mangelnde Aufsicht und Unterstützung zu Hause das Schulschwänzen; manchmal machen auch die Arbeitszeiten der Eltern eine ausreichende Aufsicht und Kontrolle unmöglich, z. B. wenn diese morgens bereits vor dem Schüler das Haus verlassen müssen. Die Eltern erfahren meist erst vom Klassenlehrer von den Fehlzeiten, häufig dann, wenn diese sich bereits angehäuft haben.

Schulangst

Anders sieht die Situation bei Schülern aus, die aufgrund von Ängsten die Schule nicht besuchen. Diese Ängste sind eine Reaktion auf eine subjektiv oder objektiv erlebte **Bedrohung**, die vermieden werden soll, oft verbunden mit psychosomatischen Beschwerden, wie Kopf- oder Bauchschmerzen. Häufig sind die Schüler in einem ständigen inneren Zwist – sie wollen zur Schule kommen, können aber nicht. Verschiedene Angstformen können zur Verweigerung führen:

- ✓ **Trennungsangst** ist ein häufiger Grund dafür, das Zuhause nicht zu verlassen: Hier herrscht die begründete oder unbegründete Befürchtung vor, dass einem Familienteil während der Abwesenheit etwas zustoßen könne. Dies ist häufig der Fall, wenn ein Angehöriger schwer krank ist oder war und ein Rückfall befürchtet wird.
- ✓ **Mobbing** ist auch ein häufiger Grund für Schulangst. Der betroffene Schüler vermeidet durch sein Fernbleiben das systematische Drangsalieren durch Mitschüler auf dem Schulweg, im Unterricht oder in den Pausen (siehe hierzu auch das Kapitel zu Mobbing, S. 33 ff.).
- ✓ Leider führt auch die **Angst vor bestimmten Lehrern** dazu, dass Schüler Schulangst entwickeln, weil diese Drohungen aussprechen, den Schüler unter Druck setzen o. Ä.
- ✓ Immer wieder bewegen auch schlichtweg **Versagensängste** dazu, die Schule zu meiden: Angst vor Klassenarbeiten, Angst bei (aus welchen Gründen auch immer) nicht gemachten Hausaufgaben, Angst vor unangekündigten Tests oder Abfragen.
- ✓ Und schließlich haben wir es immer wieder auch mit **sozialen Ängsten** zu tun, also der Angst vor dem Umgang mit vielen Menschen und der Unsicherheit, mit sozialen Situationen adäquat umgehen zu können.

Manchmal ist auch keine dieser beschriebenen Situationen akut, aber der Schüler hat aufgrund vergangener Erfahrungen (z. B. Mobbing an der früheren Schule) eine derartig verfestigte Schulangst entwickelt, dass diese allein durch den Wechsel in

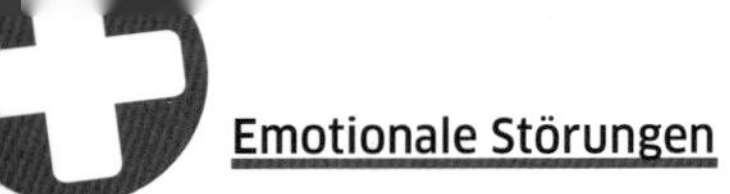

eine neue Schule nicht aufgelöst werden kann. (Weiterführende Informationen finden Sie im Kapitel zu **Angststörungen** ab S. 57.)

Zurückhalten

Viele Schulversäumnisse finden mit Einverständnis, Unterstützung oder Duldung der Eltern statt. Gründe hierfür können z. B. in **kulturellen** oder **religiösen Differenzen** zu unserem bestehenden Schulsystem liegen. Den Eltern ist dieses Zurückhalten oft nicht bewusst; darauf angesprochen, würden sie diesbezügliche Vorwürfe von sich weisen. Daher ist das ab S. 54 unten beschriebene pädagogische und schulorganisatorische Vorgehen sinnvoll, es ist keine Schuldzuweisung.

- ✓ Es kommt immer wieder vor, dass zugewanderte Eltern die deutsche Schulpflicht insbesondere für Mädchen als unangemessen erleben oder aber z. B. den Biologieunterricht als unvereinbar mit der eigenen Auffassung ansehen.
- ✓ Häufig spielt auch eine gewisse **Gleichgültigkeit gegenüber der schulischen Ausbildung** des Kindes eine Rolle und diesem wird von den Eltern freigestellt, ob es zur Schule gehen möchte. Dahinter stecken oft negative Schulerfahrungen der Eltern selbst bis hin zur **Ablehnung der Schule**.
- ✓ Auch **Kinderarbeit** ist immer wieder ein Grund für das Zurückhalten von der Schule: Manche Schüler müssen vormittags zum Unterhalt der Familie beitragen und arbeiten gehen oder aber auf jüngere Geschwister aufpassen, während die Eltern arbeiten.
- ✓ Nicht selten liegt in Familien, in denen Kinder vom Schulbesuch abgehalten werden, **Verwahrlosung** und/oder **Missbrauch** vor und Verletzungen des Kindes sollen verborgen oder Aussagen über die Situation zu Hause verhindert werden.
- ✓ Schließlich ist immer wieder auch **Beeinträchtigung und/oder Krankheit** eines oder beider Elternteile ein Grund für das Zurückhalten, wenn Drogenabhängigkeit, Alkoholismus oder psychische Erkrankung vorliegt und die Eltern die Fürsorge ihrer Kinder benötigen.

Tipps für die Unterrichtspraxis

Die Frage nach den Handlungsmöglichkeiten teilt sich in **schulorganisatorische** und **pädagogische Aspekte** auf. Hinzu kommt die **unterrichtliche Ebene**: Eine gute Klassenführung sowie hohe Qualität des Unterrichts tragen natürlich dazu bei, dass Schüler gerne zur Schule kommen (siehe dazu den Abschnitt zum **Classroom**

Management, S. 42 ff. Dies sind jedoch zwar notwendige, aber noch nicht ausreichende Bedingungen dafür, Absentismus vorzubeugen oder ihn zu verhindern.
Auf der **pädagogischen Ebene** ist es wichtig, jedem einzelnen Schüler zu vermitteln, dass er in der Schule **willkommen** ist. Das mag banal klingen, hat aber meiner Erfahrung nach entscheidende Wirkung – auch bei Rückkehrern. Ein Schüler, der erlebt, dass es egal ist, ob er anwesend ist oder nicht, oder dessen Fehlen gar positiv konnotiert wird (denn häufig verhalten sich diese Schüler im Unterricht störend und/oder treten aggressiv oder ablehnend auf), sieht hierin einen weiteren Grund, dem Unterricht fernzubleiben. Wird er aber positiv empfangen, seine Anwesenheit begrüßt und er erfährt Wertschätzung, so führt das i. d. R. dazu, dass der Schüler sich mindestens als nicht unwichtig, bestenfalls als einen wichtigen Teil der Klasse erlebt.

„Schön, dass du da bist!“

Achten Sie bei Rückkehrern darauf, dass die Anforderungen nicht zu hoch sind und sie z. B. in Partner- oder Gruppenarbeiten Kontakt zu den Klassenkameraden finden.
Schulorganisatorisch ist bei der Absentismus-Problematik einiges zu tun und vieles möglich. Führen Sie regelmäßige **Anwesenheitskontrollen** in allen Lerngruppen durch. Fragen Sie (nicht nur, aber auch) bei **Mitschülern** nach, ob Gründe für das Fehlen bekannt sind. Auch so machen Sie deutlich: Jeder Einzelne ist wichtig.
Eine allgemeine **Entschuldigungsregelung** mit den Eltern muss allen klar sein.
Die **Klassenlehrer** halten **alle Daten über Fehlzeiten schriftlich** fest. Alle Eltern, Schüler und Lehrer müssen über diese Regelung informiert sein.
Unterrichtsversäumnissen wird **sofort nachgegangen**. Dieser Punkt ist in hohem Maße entscheidend zur Verhinderung von dauerhaftem Fehlen: Die **Eltern** werden zeitnah informiert, mündlich oder schriftlich. Sie werden dazu aufgefordert, sich zum Fehlen ihres Kindes zu **äußern**. Auf diese Weise vermitteln Sie nicht nur dem Schüler, sondern auch den Eltern, wie wichtig Ihnen die Anwesenheit des Schülers ist. Dazu eine Anmerkung: Häufig erscheint es anstrengend und sinnlos, schon wieder Bescheid sagen zu müssen, die Eltern anzurufen oder anzuschreiben. Die Erfahrung zeigt jedoch: anstrengend ja, sinnlos nein! Durch ständiges freundlich-bestimmtes Nachfragen signalisieren Sie das Interesse und die Wertschätzung, die für Schüler und Eltern für eine konstruktive Zusammenarbeit so wichtig sind. „Schlimmstenfalls“ sind die Eltern und der Schüler schlichtweg genervt von Ihren Nachfragen – und sorgen deshalb für einen möglichst regelmäßigen Schulbesuch.

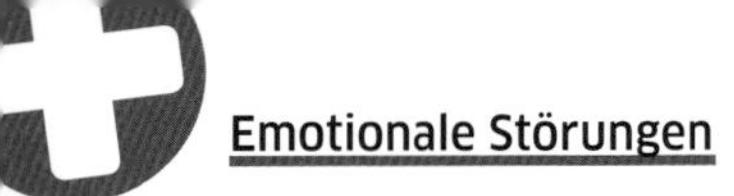

Schon das **Nachfragen** Ihrerseits verringert die Fehlzeiten von Schülern signifikant.

In manchen Schulen übernimmt der **Schulsozialarbeiter** die Aufgabe, morgens in der ersten Stunde durch alle Klassen zu gehen, und nimmt dann die Anrufe bei den Eltern vor. Auch das ist eine Lösung, die zwar für den Sozialarbeiter zeitaufwändig, aber erfahrungsgemäß lohnenswert ist.

Führen Sie mit dem Schüler und den Eltern in Ruhe **klärende Gespräche**. Eruieren Sie die Gründe für die Abwesenheit (siehe S. 52 ff.), ermitteln Sie die Einstellung des Schülers und der Eltern zum Schulbesuch, klären Sie die Beziehungen des Schülers zu den Mitschülern, Lehrern und Unterrichtsfächern, um zu verstehen, warum der Schüler (immer wieder) nicht zur Schule kommt.

Fehlt der Schüler weiterhin häufiger, sind **umfassendere Problemlösegespräche** nötig, möglichst gemeinsam **mit allen Beteiligten**: dem betroffenen Schüler, den Eltern, Klassen-/Fach-/Vertrauens- und Beratungslehrern, dem Schulsozialarbeiter, evtl. auch mit dem zuständigen Mitarbeiter des Allgemeinen Sozialen Dienstes (Jugendamt). Ziel eines solchen Gespräches ist das Klären der Ursachen, eines möglichen Therapiebedarfs, möglicher Hilfen zur Erziehung und eines schulischen Unterstützungsbedarfs. Gemeinsam wird ein **Handlungsplan** festgelegt.

In hartnäckigen Fällen muss schließlich geklärt werden, ob die eingangs erwähnten **rechtlichen Zwangsmaßnahmen** durch die Schulleitung, wie Bußgeld oder „Zwangszuführung" (das – i. d. R. zwar nur einmalige, aber sehr unangenehme – Abholen des Schülers von zu Hause durch das Ordnungsamt), sinnvoll sind.

Wo kann ich mir weitere Hilfe holen?

Beteiligen Sie ggf. Eltern, Lehrer, Schulleitung, Schulsozialarbeiter sowie den Allgemeinen Sozialen Dienst wie beschrieben. Ggf. können auch schulpsychologische Beratungsstellen weiterhelfen, je nach Problemlage.

Linktipps

- ✓ Das Schulamt Tübingen hat eine hilfreiche **Handreichung** („Schulverweigerung Handlungsempfehlung") herausgegeben, unter: www.schulamt-tuebingen.de > Service > Formulare und Informationen Schulleitung
- ✓ Infos zu **rechtlichen Aspekten** finden Sie auf der Webseite des aktuellen Bußgeldkatalogs, online über die Suchmaschine auffindbar. Geben Sie als Schlagwort im Katalog „Schulpflicht" ein.

Literaturtipp

Handlungskonzepte und Methoden gibt es hier: *Ricking, Heinrich: Schulabsentismus, Cornelsen Scriptor: Berlin 2014, ISBN: 978-3-589-23028-0*

Angststörungen

Angst entsteht immer dann, wenn eine als bedrohlich eingeschätzte Situation (zunächst) nicht zu bewältigen ist oder zu sein scheint und unangenehme Konsequenzen zu erwarten sind. Angst kennt jeder Mensch, sie gehört zum Leben dazu. Problematisch sind Ängste jedoch, wenn sie **neurotisch** werden und bereits durch **scheinbar minimale Anlässe** ausgelöst werden. Diese sind für Außenstehende dann oft nicht nachvollziehbar, für den Betroffenen stellen sie deshalb eine umso größere Belastung dar.
Ängste entstehen überwiegend durch erlebte **negative Erfahrungen**, können aber auch durch das **ängstliche Verhalten der Eltern** oder anderer Bezugspersonen erlernt werden.

Diagnosekriterien

Diagnosekriterien für eine Angststörung nach ICD-10 und DSM-5 sind:

- ✓ Entweder besteht eine deutlich empfundene **Furcht vor bestimmten Situationen**, z. B. im Zentrum der Aufmerksamkeit zu stehen oder sich peinlich zu verhalten. Oder es herrscht Furcht vor **Objekten** vor, die sich auf reale Objekte (z. B. Hunde) oder auch imaginäre Gestalten (z. B. Gespenster) beziehen kann. In beiden Fällen handelt es sich um phobische Ängste.
- ✓ Und/oder es herrscht eine deutliche **Vermeidung solcher Situationen/Objekte** vor. Bei Unvermeidlichkeit werden sie mit starker Anspannung/Angst ausgehalten.
- ✓ Und/oder es herrschen **frei flottierende Ängste** vor, diese treten spontan und ohne bestimmte Auslöser auf (generalisierte Angststörung sowie Panikstörung).
- ✓ Symptome aus folgenden **Bereichen** treten auf: **vegetative Symptome** (verstärktes Herzklopfen, Schweißausbrüche, Zittern, Mundtrockenheit), **Symptome, die den Brustkorb oder Bauch betreffen** (Atembeschwerden, Beklemmungsgefühl, Bauchschmerzen, Übelkeit), **psychische Symptome** (Schwindelgefühl, Unsicherheit, Schwäche oder Benommenheit, Derealisationsgefühle, Angst vor

Kontrollverlust, davor, verrückt zu werden oder „auszuflippen", Angst, zu sterben) sowie **allgemeine Symptome** (Hitzewallung, Kälteschauer, Gefühllosigkeit, Kribbelgefühle).

- ✓ Zusätzlich tritt **mindestens eins** dieser **Symptome** auf: Erröten oder Zittern, Angst, zu erbrechen, Angst davor, sich in die Hose zu machen.
- ✓ Es besteht eine **deutliche emotionale Belastung** durch die Angstsymptome oder das Vermeidungsverhalten.
- ✓ Die **Symptome** treten ausschließlich oder hauptsächlich in den **gefürchteten Situationen** oder bei **Gedanken an sie** auf.
- ✓ Die Problematik besteht mindestens seit **sechs Monaten**.
- ✓ Die Symptome sind **nicht** durch **Drogen**, **Medikamente**, eine **andere psychische Störung** oder eine **medizinische Erkrankung** erklärbar.[15]

Was sind die Besonderheiten der betroffenen Schüler?

Die Diagnosekriterien machen klar, dass es sich bei Angststörungen um schwerwiegende psychische Probleme der Betroffenen handelt.

> „*Eine therapeutische Bearbeitung der Störung ist unbedingt notwendig!*"

Für Sie als Lehrer ist es dennoch wichtig, bei einem Schüler mit einer Angststörung zu unterscheiden, um welche **Form von Angst** es sich handelt, um den Schüler in seinem Handeln und Fühlen besser verstehen und unterstützen zu können. Die häufigsten Ängste bei Schülern sind:

- ✓ Viele Schüler erleben **Leistungsangst** vor Prüfungen oder anderen Leistungssituationen in der Schule (z. B. Kopfrechnen, Tafel-Abfrage, sportlich herausfordernde Situationen). Diese ist in gewissem Ausmaß ganz natürlich und angemessen, kann jedoch bei erhöhtem Umfang zu Denk- und Sprachblockaden und/oder körperlichen Symptomen, wie Schweißausbrüchen, Herzrasen, Zittern, Magenproblemen o. Ä., führen. (Informationen zu **Schulangst** finden Sie auch auf S. 53.)
- ✓ Unabhängig von Leistungsängsten sind **soziale Ängste**: Diese Schüler haben Angst vor Zurückweisung oder Nichtanerkennung ihrer Person und ziehen sich von ihren Mitmenschen zurück. Sie haben häufig ein negatives Selbstbild und zeigen weniger Interesse an schulischen Inhalten. Die Stimme ist oft leise und

[15] Vgl. ICD-10-GM (Version 2019): Kapitel V, Link: www.dimdi.de/static/de/klassifikationen/icd/icd-10-gm/kode-suche/htmlgm2019/, letzter Zugriff am 08.07.2019; u. American Psychiatric Association (Autor), Falkai, Peter u. a. (Hrsg.): 2018, S. 255 ff. (Vollständige Quellenangabe, siehe S. 6)

die Körpersprache sehr eingeschränkt, sie machen einen sehr schüchternen Eindruck.

- ✓ Eine dritte Kategorie sind die **Generalisierten Angst**- bzw. **Panikstörungen**, bei denen keine Auslöser zu finden sind, sondern der Alltag insgesamt von Grübeln und Sorgen sowie ständigen ängstlichen Erwartungen bestimmt ist (z. B. welche „Katastrophen" während der U-Bahn-Fahrt auftreten könnten). Diese Schüler beteiligen sich, ähnlich wie sozial ängstliche Schüler, wenig am Unterricht, da ihre Gedanken ständig um mögliche Katastrophen kreisen. Sie wirken fahrig und unkonzentriert, häufig schreckhaft.

Tipps für die Unterrichtspraxis

Neben dem **dringlichen Anraten** einer **therapeutischen Aufarbeitung** können auch Sie als Lehrer den Schüler unterstützen:
Schaffen Sie eine positive, warme und offene **Beziehung** zum Schüler und signalisieren Sie **Gesprächs**- und **Hilfsbereitschaft**. Haben Sie ein besonderes Auge auf ihn und suchen Sie häufiger **Blickkontakt**, um Nähe zu signalisieren und Unterstützung anzubieten. Zeigen Sie **Interesse** an seinen **positiven Aktivitäten**.
Hat der Schüler **besondere Fähigkeiten** in Kunst, Musik, Sport o. Ä.? Binden Sie diese in Ihren Unterricht ein, ohne den Schüler in den Mittelpunkt zu stellen (z. B. durch Projekte oder Unterrichtsvorhaben, in denen ein Teil bildnerisch gestaltet werden soll), oder fördern Sie seine Teilnahme an Arbeitsgemeinschaften.
Alles, was **Sicherheit** und **Orientierung** bietet, ist nicht nur, aber besonders auch für ängstliche Schüler und Schüler mit Angststörungen hilfreich und wichtig. Das betrifft sowohl die **Schulregeln** (z. B. keine Akzeptanz bzw. Duldung von aggressiven Verhaltensweisen) als auch **Rituale in der Klasse** (z. B. ritualisierte Begrüßung und Verabschiedung, ritualisierter Stunden-/Tagesverlauf).
Haben Sie ein Auge auf **mögliche Konflikte** und **unterbinden** Sie diese rechtzeitig (siehe hierzu das Kapitel zu **Aggressivem Verhalten** ab S. 19).
Achten Sie auf einen sicheren **Sitzplatz** des Schülers, entweder neben einem nicht ängstlichen Schüler oder in Ihrer Nähe.
Evtl. bietet sich ein **Patenschüler** aus der eigenen Klasse an, der den Schüler emotional unterstützen kann.
Sorgen Sie für **Transparenz** Ihres Unterrichtsverlaufes bezüglich der **Abläufe**, **Anforderungen, Aufgaben, Bewertungskriterien**, Möglichkeiten zur **Prüfungsvorbereitung** und möglicher (materieller oder menschlicher) **Hilfen**. Vor einer (dementsprechend gründlich vorbereiteten und in Struktur und Anforderungen

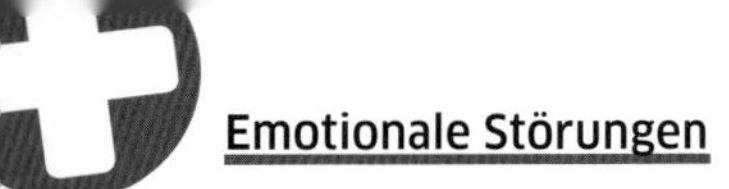

klaren) Klassenarbeit können Sie durch Entspannungsübungen Stress und Ängste abbauen (z. B. Atemübungen, Fantasiereisen).
Thematisieren Sie im Unterricht **Gefühle**, insbesondere **Ängste**, und wie diese adäquat verarbeitet werden können: Welche Gefühle kenne ich in welchen Situationen? Wie gehe ich mit meinen Gefühlen um? Was davon können andere bemerken, was nicht? Wie gehen Mitschüler mit Gefühlen um? Wie kann ich mir Hilfe erbitten?
Ist es zu einem Konflikt gekommen und der Schüler verfällt in Panik, ist eine mögliche Hilfe ein „**Realitätscheck**" – gehen Sie hier aber behutsam vor. Die Befürchtung „Der wollte mich ärgern!" kann z. B. durch ein Aufzeigen anderer Sichtweisen bearbeitet werden:

„Welche Erklärungen gibt es noch?"

Nicht zuletzt haben Schüler mit Angststörungen Anspruch auf **Nachteilsausgleich**. Informationen hierzu finden Sie auf S. 15 und auf den Webseiten des Schulministeriums Ihres Bundeslandes.

Wo kann ich mir weitere Hilfe holen?

- ✓ Halten Sie engen Kontakt zu den **Eltern**. Sollte der Schüler nicht therapeutisch betreut werden, weisen Sie die Eltern behutsam, aber nachdrücklich auf diese Möglichkeit hin. Angststörungen können nicht in der Schule aufgearbeitet werden!
- ✓ Ist der Schüler in Behandlung, können Sie sich von den Eltern eine gegenseitige **Schweigepflichtentbindung** (siehe Vorlage zum Download) ausstellen lassen, um mit den behandelnden Therapeuten in Austausch über den Schüler zu gehen. I. d. R. sind die Therapeuten erfreut über eine Zusammenarbeit – ist diese doch wichtig, um den Schüler bestmöglich in seiner Entwicklung unterstützen zu können.
- ✓ Informieren Sie alle **beteiligten Lehrer** sowie **Vertrauens-/Beratungslehrer** und **Schulsozialarbeiter**. Beraten Sie gemeinsam, wie der Schüler bestmöglich unterstützt werden kann.
- ✓ Vermeidet der Schüler zunehmend den Schulbesuch, um den Leistungs- und/oder sozialen Situationen auszuweichen, lesen Sie das Kapitel über **Absentismus** (ab S. 52 ff.).

Linktipp

Die Schulberatungsstelle des Kreises Borken hat ein PDF mit dem Titel **„Angst in der Schule“** herausgegeben. Sie finden es über die Suchmaschine.

Literaturtipps

- ✓ Hier finden Sie ein ganzes Kapitel zur **Förderung** bei Ängsten: *Hartke, Bodo u. a.: Schwierige Schüler. 84 Handlungsmöglichkeiten bei Verhaltensauffälligkeiten und sonderpädagogischem Förderbedarf, Persen Verlag: Hamburg 2018, ISBN: 978-3-403-2024-0*
- ✓ **Grundwissen und pädagogische Ansätze** führt dieser Band auf: *Stein, Roland: Förderung bei Ängstlichkeit und Angststörungen, Kohlhammer: Stuttgart 2013, ISBN 978-3-17-021978-6*

Borderline-Persönlichkeitsstörung (BPS)

Kinder und Jugendliche mit einer Borderline-Persönlichkeitsstörung (BPS) sind von **heftigen Gefühls- und Stimmungsschwankungen** betroffen, häufig begleitet von einem chronischen **Gefühl der Leere**. Die BPS ist ein **schwerwiegendes psychiatrisches Krankheitsbild**, das nicht in der Schule gelöst werden kann, sondern unbedingt psychologischer/psychiatrischer Hilfe bedarf. Etwa 2 % der Bevölkerung sind von einer BPS betroffen. Der Anteil der weiblichen Patienten liegt dabei bei etwa 75 %.[16]

Diagnosekriterien

Borderline bedeutet übersetzt **„Grenzlinie“**. Diese Bezeichnung rührt daher, dass Betroffene nach psychoanalytischem Verständnis in einem Übergangsbereich von **psychotischen** und **neurotischen Störungen** eingeordnet wurden, da **Symptome aus beiden Bereichen** diagnostiziert wurden. Nach ICD-10 und DSM-5 wird die BPS heute als eine Unterform der **emotional instabilen Persönlichkeitsstörung** betrachtet. Es gelten aus den folgenden vier Bereichen neun **Diagnosekriterien**, von denen mehrere erfüllt sein müssen.

---

[16] Solche statistischen Werte können je nach den zugrunde liegenden Diagnosekriterien und Erhebungen ggf. stark schwanken, sind also stets nur Orientierungswerte.

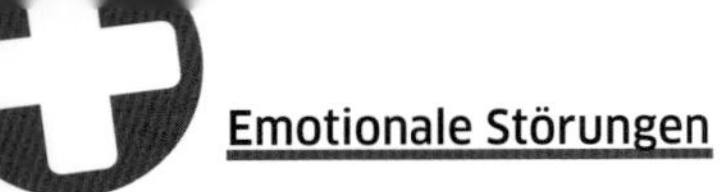

Affektivität

Aus diesem Bereich gelten folgende Kriterien:

- ✓ Die **Gefühle** sind **instabil** und **schwankend**; aktuelle Stimmungen werden intensiv erlebt (z. B. phasenweise starke Niedergeschlagenheit, Reizbarkeit oder Angst).
- ✓ Es besteht ein **chronisches Gefühl der Leere**.
- ✓ Unangemessen **starke Wut** oder **Schwierigkeiten**, **Wut** oder **Ärger** zu **kontrollieren**, zeigen sich z. B. durch häufige Wutausbrüche, andauernden Ärger oder wiederholte Prügeleien.

Impulsivität

Hier lauten die Kriterien wie folgt:

- ✓ Es zeigt sich impulsives Verhalten bis zur Selbstschädigung (z. B. übermäßiges Geldausgeben, Drogenmissbrauch, Fressanfälle).
- ✓ Wiederholt wird **Selbstmord** angedroht oder versucht; **selbstschädigendes Verhalten** (z. B. Ritzen) wird angedeutet oder durchgeführt.

Kognition

Im Bereich Kognition gilt:

- ✓ Das **Selbstbild** oder die **Selbstwahrnehmung** ist deutlich **instabil**.
- ✓ Stressabhängig zeigen sich vorübergehende **paranoide Vorstellungen** oder schwere **dissoziative Symptome** (z. B. Wahrnehmungsstörungen, Realitätsverzerrung/-verlust).

Zwischenmenschlicher Bereich

Auch im zwischenmenschlichen Bereich gibt es Kriterien:

- ✓ Es besteht ein **verzweifeltes Bemühen**, tatsächliches oder vermutetes **Alleinsein** zu **verhindern**.
- ✓ Die **zwischenmenschlichen Beziehungen** folgen einem **instabilen**, aber **intensiven** Muster, d. h., Menschen mit einer BPS haben eine Art **Schwarz-Weiß-Denken** und idealisieren ihre Mitmenschen extrem, werten sie jedoch auch genauso schnell stark ab.[17]

---

[17] Vgl. ICD-10-GM (Version 2019): Kapitel V, Link: www.dimdi.de/static/de/klassifikationen/icd/icd-10-gm/kode-suche/htmlgm2019/, letzter Zugriff am 08.07.2019; u. American Psychiatric Association (Autor), Falkai, Peter u. a. (Hrsg.): 2018, S. 908 ff. (Vollständige Quellenangabe, siehe S. 6)

Was sind die Besonderheiten der betroffenen Schüler?

Die Diagnosekriterien machen klar, dass es sich bei der BPS um schwerwiegende psychische Probleme der Betroffenen handelt. Eine therapeutische Bearbeitung ist unbedingt notwendig. Die Kinder und Jugendlichen leiden sehr unter ihrer Störung; aufgrund des differenzierten Krankheitsbildes wird die BPS i. d. R. nicht gleich identifiziert. Der erste Schritt ist eine umfassende **Diagnostik**, um die Störung zu **erkennen**. Die meisten Betroffenen reagieren auf die Diagnose BPS mit Erleichterung, da erst jetzt eine **störungsspezifische Aufklärung** und **Therapie** beginnen kann. Die Besonderheiten der Betroffenen sind, ebenso wie die Diagnosekriterien, vielfältig und in den Bereichen **Affektivität**, **Impulsivität**, **Kognition und/oder zwischenmenschliche Beziehungen** zu finden. Charakteristisch sind **impulsives Verhalten** und **starke Gefühlsschwankungen.** Das impulsive Verhalten führt leicht zu **Selbstschädigungen** oder **Gefahren**: Häufig gehen, wie bereits aufgezeigt, **Drogen**- oder **Alkoholmissbrauch** mit BPS einher, die Betroffenen haben **Fressanfälle**, **fahren riskant Auto** oder **verletzen sich selbst** (z. B. durch Aufritzen der Arme).
Oft leiden Menschen mit BPS an **Depressionen** bis hin zu **Suizidgedanken**. Studien besagen, dass etwa 70 % der Betroffenen mindestens einmal versuchen, sich das Leben zu nehmen. Ungefähr 5–10 % sterben dabei tatsächlich. Das zeigt, wie wichtig es ist, die Störung rechtzeitig zu erkennen und zu handeln (siehe die folgenden Tipps für die Unterrichtspraxis).
Der **Beginn der Störung** liegt oft in der **Pubertät** oder im jungen Erwachsenenalter.

Tipps für die Unterrichtspraxis

Hinsehen und **behutsames Ansprechen** ist bei emotionalen Störungen fast immer richtig. Entdecken Sie z. B. **Schnittwunden an den Armen**, die auf selbstverletzendes Verhalten hinweisen, ist dies stets ein Anlass zur Sorge (wenn auch nicht gleich ein Hinweis auf eine BPS) und sowohl den **Jugendlichen** als möglichst auch den **Eltern** gegenüber **anzusprechen**.

„Ich habe gesehen, dass du …“,

„Ich beobachte, dass du …“

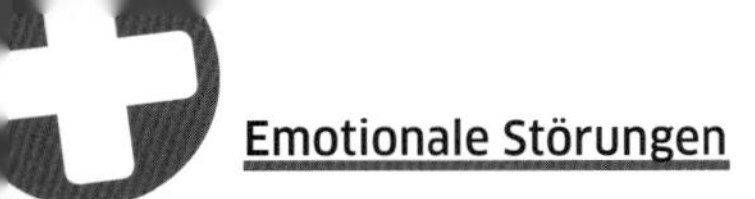

Da Diagnosen nur von Ärzten und/oder Therapeuten gestellt werden können, sollten Sie bei diesem Gespräch nicht von Ihren Vermutungen sprechen, sondern lediglich Ihre **Beobachtungen** über das Verhalten des Schülers äußern. Stellen Sie das **Wohl des Schülers** in den Mittelpunkt. Schlagen Sie z. B. den Besuch der schulpsychologischen Beratungsstelle vor. Stellen Sie heraus, dass es wichtig ist, sich **Hilfe** zu holen, und dass es i. d. R. **gute Behandlungsmöglichkeiten** für das Befinden des Schülers gibt.

Bei der Behandlung von Schülern mit BPS kommen selbst Fachleute oft an ihre Grenzen. Therapeutisch können und sollten Sie hier nichts unternehmen – Sie können jedoch **zuhören** und **Besorgnis bekunden** sowie auf professionelle (psychiatrische) **Hilfsangebote hinweisen**.
Hilfreich ist schon, wenn Sie sich über die Störung informieren und einzuschätzen wissen, dass die **massiven Verhaltensauffälligkeiten** Ausdruck einer **schwerwiegenden psychischen Erkrankung** sind und nicht einfach nur „pubertäres Aufbegehren". Aufgrund der Heftigkeit der Symptome scheitern Schüler mit BPS häufig an den **Anforderungen** der Schule. Prüfen Sie, ggf. gemeinsam mit Ihrer Schulleitung, wie die Anforderungen zumindest phasenweise der Erkrankung **angepasst** werden können, z. B. durch einen individuellen/reduzierten Stundenplan und Klassenlehreranbindung. Über den **Nachteilsausgleich** (siehe auch S. 15 und die Webseite des Schulministeriums Ihres Bundeslandes) ist es ggf. zudem möglich, die Benotung (zeitweise) auszusetzen oder zu verändern sowie den Schüler im Unterricht und in Prüfungssituationen zu unterstützen. **Informieren** Sie **alle beteiligten Lehrer** über die Krankheit und den Umgang der Schule mit diesem Schüler.

Wo kann ich mir weitere Hilfe holen?

- ✓ Holen Sie sich Rat und Unterstützung bei **Experten**, z. B. bei **Ärzten** oder **Kollegen**, die sich mit psychischen Erkrankungen durch Fortbildungen o. Ä. auskennen. Auch der **Schulpsychologische Dienst** kann weiterhelfen.
- ✓ **Schulsozialarbeiter** und **Vertrauenslehrer** sind wichtige Ansprechpartner in der Schule zur Unterstützung des Schülers.
- ✓ Suchen Sie frühzeitig den Austausch mit den **Eltern**. Findet bereits eine Therapie statt, ist eine **gegenseitige Schweigepflichtentbindung** durch die Eltern hilfreich (siehe auch und Vorlage zum Download). Dann können Sie persönlich mit den behandelnden **Ärzten und betreuenden Therapeuten** sprechen, um sich über Ereignisse und geeignete Maßnahmen auszutauschen und abzustim-

men. In manchen Fällen ist eine stationäre Unterbringung unumgänglich, um den Schüler zu stabilisieren.

- ✓ Auch **Supervision** oder **Kollegiale Fallberatung** (siehe S. 45) kann helfen, die besondere Situation des erkrankten Schülers zu meistern und Situationen, die Sie mit ihm erlebt haben, zu verarbeiten.

Linktipps

- ✓ Auf der Internet-Plattform www.borderline-info.de finden Sie **Informationen** und **Videos** über das Krankheitsbild, die Therapie und das Leben mit einer BPS.
- ✓ Hier tauschen sich **insbesondere Betroffene und Angehörige** aus: www.borderline-plattform.de; www.grenzhaus.de; www.borderline-netzwerk.info

Literaturtipp

Ausführliche Informationen über Symptome, Ursachen und Behandlungsformen gibt es hier: *Wewetzer, Gunilla und Bohus, Martin: Borderline-Störung im Jugendalter: Ein Ratgeber für Jugendliche und Eltern, Hogrefe Verlag: Göttingen 2016, ISBN: 978-3-80172-563-1*

Depression

Depressionen gehören zu den **häufigsten psychischen Krankheiten**. „Deprimere" (lateinisch) bedeutet übersetzt „niederdrücken": Anhaltende **Traurigkeit**, **Niedergeschlagenheit** und/oder **Lustlosigkeit** sind oft **erste Anzeichen**. Ist diese Stimmung unangemessen stark, langanhaltend und führt sie zu erheblichen Beeinträchtigungen im Alltag, liegt der Verdacht einer klinischen Depression nahe. Der Verein „Deutsches Bündnis gegen Depressionen" berichtet von 2 % der Grundschulkinder und 3–10 % der Jugendlichen zwischen 12 und 17 Jahren[18], die an einer Depression leiden. Depressive Störungen werden häufig von **Angststörungen** begleitet (siehe S. 57 ff.).

[18] Vgl. Stiftung Deutsche Depressionshilfe (Hrsg.): Depression im Kinder- und Jugendalter, Link: www.deutsche-depressionshilfe.de/depression-infos-und-hilfe/depression-in-verschiedenen-facetten/depression-im-kindes-und-jugendalter, letzter Zugriff am 08.07.2019

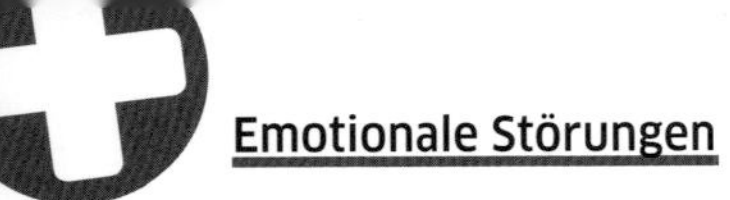

Diagnosekriterien

Nach ICD-10 wird zwischen leichten, mittelgradigen und schweren depressiven Episoden (Depressionen) unterschieden. Der Schweregrad einer Episode wird aufgrund der Anzahl und Schwere der Symptome bestimmt. Die Symptome müssen dabei über einen Zeitraum von **mindestens zwei Wochen** bestehen, außer die **Symptome** zeigen sich ungewöhnlich schwer oder schnell. Andernfalls spricht man von einer depressiven Stimmung oder depressiven Verstimmung.
Symptome für eine Depression aller drei Schweregrade sind:

- ✓ eine gedrückte Stimmung
- ✓ verringerter Antrieb/ verringerter Aktivität
- ✓ verminderte Freude, verringerte Konzentration und vermindertes Interesse
- ✓ beeinträchtigtes Selbstwertgefühl/Selbstvertrauen

Hinzu kommen somatische Symptome:

- ✓ Schlafstörungen, Früherwachen
- ✓ Verlust des sexuellen Verlangens
- ✓ Appetitverlust
- ✓ Gewichtsverlust
- ✓ Verlangsamung oder Unruhe im psychomotorischen Bereich (Bewegung)

Bei einer **leichten depressiven Episode** sind laut ICD-10 mindestens zwei der angegebenen Symptome vorhanden. Diese beeinträchtigen das Kind oder den Jugendlichen zwar, es/er ist aber dennoch in der Lage, die meisten seiner Aktivitäten fortzusetzen. Eine **mittelgradige depressive Episode** zeigt sich dadurch, dass es nur unter großen Schwierigkeiten möglich ist, die alltäglichen Aktivitäten zu bewältigen. Es zeigen sich mindestens vier der angegebenen Symptome. Eine **schwere depressive Episode** weist mehrere der oben angegebenen Symptome quälenden Ausmaßes auf, begleitet von einem Gefühl von Wertlosigkeit und Schuld. Häufig wird eine schwere Depression begleitet von Suizidgedanken und -handlungen sowie den oben beschriebenen somatischen Symptomen. Sie kann ohne oder mit psychotischen Symptomen einhergehen, also Wahnvorstellungen oder Halluzinationen.
Depressive Symptome können auch bei gesunden Menschen zeitweise auftreten. Von einer Depression spricht man erst bei länger anhaltenden, schwerwiegend ausgeprägten Symptomen, die die Lebensqualität deutlich vermindern.[19]

[19] Vgl. ICD-10-GM (Version 2019): Kapitel V, Link: www.dimdi.de/static/de/klassifikationen/icd/icd-10-gm/kode-suche/htmlgm2019/, letzter Zugriff am 08.07.2019

Was sind die Besonderheiten der betroffenen Schüler?

Depressive Episoden sind der **stärkste Risikofaktor für Selbstmord** – ein Grund, um ganz besonders gut hinzusehen, wenn sich ein Schüler plötzlich niedergeschlagen zurückzieht oder unüblich reizbar und aggressiv reagiert. Dabei ist es gelegentlich schwierig, reguläre pubertäre Anzeichen von depressiven Symptomen zu unterscheiden – in allen Fällen ist es angeraten, den Schüler in seiner Stimmung ernst zu nehmen und genau hinzuschauen.
Aufgrund der Vielfältigkeit des Krankheitsbildes zeigen sich unterschiedliche Warnsignale und Probleme im Schulalltag. Fachleute weisen auf unterschiedliche **Verhaltensweisen** im Grundschul- und im Jugendalter hin.[20]
Im **Grundschulalter** sollten Sie achten auf:

- ✓ Äußerungen über Traurigkeit, Selbstmordgedanken, nächtliche Ängste
- ✓ Äußerungen von Befürchtungen, dass die Eltern das Kind nicht genug beachten
- ✓ Konzentrationsschwierigkeiten
- ✓ Verschlechterung der Schulleistungen bis hin zu Schulversagen
- ✓ Rückzug von Freunden
- ✓ impulsives Verhalten
- ✓ Schwierigkeiten, Frustration auszuhalten
- ✓ selbstschädigendes/selbstverletzendes Verhalten
- ✓ Selbststimulationen
- ✓ Einnässen, Einkoten
- ✓ unklare Schmerzen (häufig geäußerte Kopf- oder Bauchschmerzen)
- ✓ Appetitlosigkeit

Hinweise auf eine depressive Erkrankung im **Jugendalter** können sein:

- ✓ Äußerungen über ein Gefühl von Leere
- ✓ Freudlosigkeit, Müdigkeit, Anteilslosigkeit
- ✓ Ängste
- ✓ vermindertes Selbstvertrauen
- ✓ Konzentrationsschwierigkeiten
- ✓ Schulleistungsschwierigkeiten bis hin zu Schulversagen
- ✓ Äußerungen von Selbstmordgedanken und -absichten
- ✓ psychosomatische Beschwerden, z. B. Appetitlosigkeit, Kopfschmerzen, Rückenschmerzen, Schlafstörungen, Druckgefühle in Brust oder Magen

[20] Vgl. z. B. https://www.fideo.de/fuer-paedagogen/wissen-depression/symptome/, letzter Zugriff am 08.07.2019

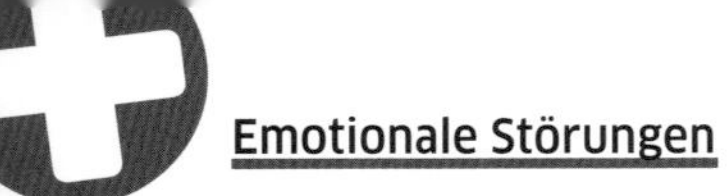

- ✓ Angespanntheit
- ✓ Drogen-/Alkoholmissbrauch

Die Schule ist ein Ort der Öffentlichkeit, der Anforderungen, Strukturen, Regeln und Bewertung – manchmal auch der Ausgrenzung, Überforderung, Grund für Stress, Misserfolg und Frustration. All das kann nachvollziehbar ein Auslöser und Verstärker einer Depression sein, ist aber nicht als alleinige Ursache zu sehen. Häufig sind mehrere Faktoren für das Auftreten einer Depression verantwortlich: Die **Veranlagung** zur Depression ist vererbbar. **Biochemische Prozesse** im Gehirn können depressive Episoden verursachen oder verstärken; **sensible, empfindsame Menschen** sind besonders anfällig für depressive Phasen – ebenso wie **perfektionistisch veranlagte Personen**, die (z. T. überzogen) hohe Anforderungen an sich stellen.
Auf der anderen Seite können aber **Belastungen und Auslöser** stehen. Insgesamt ist zu erkennen, dass die **immer höheren Anforderungen** an Kinder und Jugendliche durch Schule und Umwelt die Anzahl an Schülern mit Depressionen in den letzten Jahren haben ansteigen lassen.

Tipps für die Unterrichtspraxis

Die **persönliche Beziehung** zu Lehrern und Mitschülern sowie das **Klassenklima** sind wichtige schulische Schutzfaktoren gegen psychische Erkrankungen. Wenn Sie den Verdacht haben, dass einer Ihrer Schüler unter einer Depression leidet, sollten Sie zeitnah den Schüler wie auch seine Eltern behutsam ansprechen.

Da Diagnosen nur von Ärzten und/oder Therapeuten gestellt werden können, sollten Sie bei diesem Gespräch nicht von Ihren Vermutungen sprechen, sondern lediglich Ihre **Beobachtungen** über das Verhalten des Schülers äußern. Stellen Sie das **Wohl des Schülers** in den Mittelpunkt. Schlagen Sie z. B. den Besuch der schulpsychologischen Beratungsstelle vor. Stellen Sie heraus, dass es wichtig ist, sich **Hilfe** zu holen, und dass es i. d. R. **gute Behandlungsmöglichkeiten** für das Befinden des Schülers gibt.

Aufmunterungen durch Lehrer bewirken oft wenig und führen eher zu Verunsicherungen seitens des Schülers. Sinnvoller ist es häufig, dem Schüler in einem persönlichen Gespräch zu signalisieren, dass Sie sein Befinden sehen und seine Probleme **ernst nehmen**.

Nehmen Sie schriftliche Notizen (z. B. am Heftrand, in Aufsätzen) oder mündliche Aussagen über Suizidgedanken oder -ankündigungen ernst und sprechen Sie den Schüler diesbezüglich an. Bieten Sie sich als Gesprächspartner an, ohne jedoch pseudotherapeutische Funktionen zu übernehmen – Ihre Hilfestellung sollte es sein, den Schüler **an professionelle Betreuung weiterzuvermitteln**.
Äußert ein Schüler Ihnen gegenüber **Suizidgedanken** und bleibt auch bei Nachfragen dabei, rufen Sie einen Rettungswagen, der den Schüler in die Psychiatrie bringt, wo er zur Beobachtung und ggf. weiteren Behandlung bleibt, denn hier geraten Ihre Handlungsmöglichkeiten an ihre Grenze.
Wenn Sie die **Freunde** des Schülers ansprechen und einbinden: Ermuntern Sie, zuzuhören, aber nicht den Therapeuten zu ersetzen, und ggf. einzuschreiten und bei Suizidgedanken Erwachsene einzuschalten. Bieten Sie dem betroffenen Schüler (je nach Alter) an, ihm bei der Vermittlung professioneller Hilfe zur Seite zu stehen. Sie können ihn auch auf die Internetadresse und Telefonnummer der **Telefonseelsorge** aufmerksam machen, siehe auch die Linktipps auf S. 70.
Die Gespräche dieses unentgeltlichen und ehrenamtlichen Angebots wahren auf Wunsch stets die Anonymität des Anrufers.
Achten Sie unterrichtlich darauf, wie Sie **Druck** und **Stress reduzieren** können, z. B. durch Freiarbeit und/oder Partnerarbeit. Auch Entspannungsübungen, Rollenspiele oder gestalterische Aufgaben helfen dem Schüler.
Sport und **Bewegung** sind für Schüler mit einer Depression wichtig. Rechnen Sie jedoch nicht mit normaler körperlicher Leistungsfähigkeit und Motivation.
Besprechen Sie mit dem Schüler, wie **Leistungsdruck verringert** werden kann und was ihm sonst hilft, den Schulalltag trotz Depression zu bewältigen (z. B. welche Ziele er sich realistisch setzen kann und wie sie umzusetzen sind). Durch Gewähren des **Nachteilsausgleiches**, siehe auch S. 15, können Sie Anforderungen verringern, die Benotung aussetzen oder verändern.
Falls der Schüler medikamentös behandelt wird, ist es wichtig, zu wissen, ob die **Medikamente Auswirkungen** auf die Bewältigung des Schulalltages haben, um dies z. B. bei Klassenarbeiten und Bewertungen zu berücksichtigen.
Sollte aufgrund der Schwere der Depression eine **stationäre Behandlung** nötig sein, können Sie dem Schüler helfen, indem Sie mit der Klinikschule zusammenarbeiten und sich auch inhaltlich absprechen.
Enttabuisieren Sie psychische Störungen – z. B. mithilfe der unter den Linktipps auf S. 70 aufgeführten Unterrichtsmaterialien. Arbeiten Sie präventiv im Bereich „Psychische Gesundheit“. Vermitteln Sie den Schülern auch präventiv, dass sie nicht schweigen dürfen, wenn ihnen jemand Suizidgedanken anvertraut.

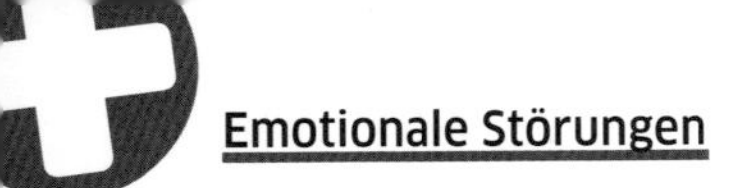

Wo kann ich mir weitere Hilfe holen?

- ✓ **Schulsozialarbeiter** und **Vertrauenslehrer** sind wichtige Ansprechpartner zur Unterstützung innerhalb der Schule.
- ✓ **Schulpsychologische Beratungsstellen** in Ihrer Nähe finden Sie im Internet, i. d. R. auf der Homepage Ihrer Stadt.
- ✓ Auch **Supervision** oder **Kollegiale Fallberatung** (siehe S. 45) kann helfen, die besondere Situation des erkrankten Schülers zu meistern und Situationen, die Sie mit ihm erlebt haben, zu verarbeiten.
- ✓ Von den Eltern können Sie sich eine **gegenseitige Schweigepflichtentbindung** ausstellen lassen (siehe auch Vorlage zum Download), um mit den behandelnden Ärzten und/oder Therapeuten in Austausch über den Schüler zu gehen. Dies ist insbesondere vor Klassenfahrten und Ausflügen (u. a. aufgrund der Suizidgefahr) wichtig!

Linktipps

- ✓ Die **Telefonseelsorge** findet sich unter www.telefonseelsorge.de; Rufnummer: 0800/111 01 11 oder 0800/111 02 22
- ✓ Die Initiative „**Freunde fürs Leben**" wirbt mit Filmen, Aktionen und Informationen für Enttabuisierung und Unterstützung Erkrankter: www.frnd.de
- ✓ Der „Irrsinnig menschlich e. V." leistet mit dem Projekt „Verrückt? Na und!" in Schulen **Präventionsarbeit:** www.irrsinnig-menschlich.de › psychisch fit lernen
- ✓ Auf folgender Seite von Experten und Betroffenen finden Sie viele Tipps für **Pädagogen** sowie Tipps für das konkrete Gespräch im Verdachts- oder Ernstfall auch bei Suizidgefahr: www.fideo.de
- ✓ In der Reihe „MindMatters" gibt es eine **Unterrichtseinheit** für die 9.–10. Klasse: „Wie geht's? – Psychische Störungen in der Schule verstehen lernen". Infos unter www.mindmatters-schule.de
- ✓ Auch das **Präventionsprogramm** „LARS UND LISA" ist für die Arbeit mit Schülern zwischen 12 und 16 Jahren, auch als Interventionsprogramm, geeignet: http://praevention-in-der-schule-bw.de > Unterstützungssystem > Präventionsprogramme

Literaturtipp

Grundlegende Informationen liefert der folgende Ratgeber: *Groen, Gunter u. a.: Ratgeber Traurigkeit, Rückzug, Depression. Informationen für Betroffene, Eltern, Lehrer und Erzieher, Hogrefe Verlag: Göttingen 2012, ISBN: 978-3-801-72382-8*

Essstörungen: Magersucht, Bulimie, Binge-Eating

Es gibt drei Fomen von Essstörungen – meist treten Mischformen auf.

1) **Anorexia nervosa** oder kurz: **Anorexie**, umgangssprachlich: **Magersucht**, ist keine Modekrankheit aufgrund von falschen Schönheitsidealen, sondern Ausdruck einer ernst zu nehmenden psychischen Störung. Die Nahrungsaufnahme wird so weit wie möglich reduziert und hat eine dementsprechende, z. T. lebensbedrohliche, Gewichtsabnahme zur Folge. Dennoch steckt i. d. R. mehr dahinter als der Wunsch nach Gewichtsreduktion.
2) **Bulimia nervosa** (Bulimie) wird auch Ess-Brech-Sucht genannt. Die Betroffenen haben ein zunehmend unkontrolliertes Verlangen nach Essen, dem sich ein Erbrechen und/oder die Einnahme von Abführmitteln anschließt, um das Essen schnellstmöglich wieder loszuwerden. Auch hier stecken tiefergreifende psychische Probleme dahinter.
3) Gleiches gilt für die **Binge-Eating-Störung**, gekennzeichnet durch Essattacken mit Kontrollverlust. Hier schließt sich jedoch kein Erbrechen oder die Einnahme von Abführmitteln an. Die Betroffenen neigen häufig zu Übergewicht.

Mehrere Studien beschreiben, dass bei etwa einem Fünftel aller 11- bis 17-Jährigen in Deutschland der Verdacht auf eine Essstörung vorliegt.[21] Während bei den jüngeren Befragten (elf Jahre) die Verteilung zwischen auffälligen Mädchen und Jungen gleich hoch ist, steigt der Anteil der auffälligen Mädchen mit zunehmendem Alter: Jedes dritte Mädchen zwischen 14 und 17 zeigt Hinweise auf eine Essstörung, bei den Jungen ist es fast jeder siebte. Anorexie ist dabei die am weitesten verbreitete Essstörung in Deutschland.

[21] Siehe z. B. Robert Koch Institut (Hrsg.): Störungen des Essverhaltens, Link: www.rki.de/DE/Content/Gesundheitsmonitoring/Studien/Kiggs/Basiserhebung/GPA_Daten/Essverhalten.pdf?__blob=publicationFile, S. 52, letzter Zugriff am 08.07.2019

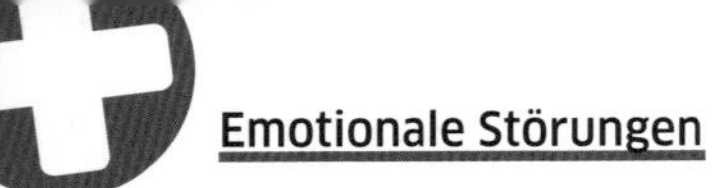

Diagnosekriterien

In der ICD-10 werden Essstörungen als **Verhaltensauffälligkeit mit körperlicher Störung** benannt. Die DSM-5 spricht von einer **psychischen Störung** des Selbstwerts, Selbstvertrauens und der eigenen Identität, die sich ihren Weg sucht über die zunehmend **zwanghafte permanente gedankliche Beschäftigung** mit dem Thema **Essen** (bzw. Nichtessen). Dies ist ein Kriterium, das zentral für alle drei Formen der Essstörung gilt. Dabei ist der Übergang zwischen noch normalem und krankhaftem Essverhalten fließend. Zudem sind die einzelnen genannten Störungen nicht eindeutig voneinander abgrenzbar; manche Betroffene wechseln von einer Form zu einer anderen und die Merkmale vermischen sich.
Alle Formen der Essstörung sind häufig ein Ausweichverhalten, Hilflosigkeit oder stummer Protest als **Reaktion** auf unbefriedigende **Lebensverhältnisse**, **traumatische Erlebnisse**, wie z. B. sexuellen Missbrauch, oder weitere psychische Probleme. Sie entstehen aber auch aufgrund von Schwierigkeiten bei der **Stressbewältigung** oder **Essproblemen/Übergewicht in der Kindheit**.
Die Kennzeichen und Diagnosekriterien der drei genannten Essstörungen sind unterschiedlich und werden daher getrennt aufgeführt.

Anorexie/Magersucht

Folgende Kennzeichen gehen mit einer Anorexie einher:

- ✓ Es findet ein **starker Gewichtsverlust** oder **keine Gewichtszunahme** trotz Wachstum statt und/oder
- ✓ das Körpergewicht liegt deutlich **unter** dem erwarteten **Gewicht**.
- ✓ Der Gewichtsverlust wird durch **Essensverweigerung**, übermäßige **Bewegung**, **Medikamente** und/oder **Erbrechen** selbst herbeigeführt.
- ✓ Es besteht eine übergroße **Angst**, zuzunehmen.
- ✓ Es liegt eine **Körperschema-Störung** vor: Der eigene Körper wird als zu dick wahrgenommen, selbst wenn deutliches Untergewicht besteht.
- ✓ Die **Monatsblutung** bleibt bei Mädchen aus; bei Jungen treten **Potenzstörungen** auf.
- ✓ Die Gewichtsabnahme wird zunehmend **lebensbedrohend** und kann auch schon in früheren Stadien zu gesundheitlichen Folgen (z. T. mit bleibenden Schäden), ,wie Herz-Kreislauf-Störungen, Veränderungen der Haut, Osteoporose und/ oder Organschädigungen, führen.

Bulimie

Eine Bulimie ist wie folgt gekennzeichnet:

- ✓ Es findet mindestens eine **Essattacke** pro Woche über einen Zeitraum von über drei Monaten statt. Dabei wird eine große Menge von Nahrungsmitteln in kurzer Zeit verzehrt.
- ✓ Auf den Essanfall folgen eine oder mehrere Maßnahmen, um die Kalorienzufuhr rückgängig zu machen, z. B. **Erbrechen** oder die Einnahme von **Abführmitteln**.
- ✓ Die bei der Essattacke in großen Mengen zugeführten Nahrungsmittel sind leicht essbar und kalorienreich.
- ✓ Die Essanfälle sind verbunden mit dem **Gefühl**, die **Kontrolle verloren** zu haben und nicht mit dem Essen aufhören zu können.
- ✓ Durch die Essattacke entstehen starke **Schuld-** und **Schamgefühle**, die durch das Erbrechen und/oder Abführen der Nahrung noch verstärkt werden.
- ✓ Häufig gehen **selbstverletzende Verhaltensweisen** mit dem Krankheitsbild der Bulimie einher, um wiederum die negativen Begleitgefühle zu überdecken und/ oder die tiefer liegenden Probleme nicht wahrnehmen zu müssen.

Binge-Eating-Störung

Hier bestehen folgende Gemeinsamkeiten und Unterschiede zur Bulimie:

- ✓ Es findet mindestens eine **Essattacke** pro Woche über einen Zeitraum von über drei Monaten statt. Dabei wird eine große Menge von Nahrungsmitteln in kurzer Zeit verzehrt.
- ✓ Im Gegensatz zu bulimischem Verhalten folgt auf den Essanfall **keine Maßnahme**, um die Kalorienzufuhr **rückgängig** zu machen, was zu **Gewichtszunahme** führt.
- ✓ Die Essanfälle sind verbunden mit dem **Gefühl** des **Kontrollverlusts**.
- ✓ Durch die Essattacke entstehen starke **Schuld-** und **Schamgefühle**, die dazu führen können, dass die Essstörung jahrelang geheim gehalten wird.[22]

Was sind die Besonderheiten der betroffenen Schüler?

Nicht jeder Schüler, der besonders schlank ist, muss auch magersüchtig sein, und nicht jeder dicke Schüler ist gleich essgestört. Dennoch raten die zuvor genannten Zahlen zu Vorsicht und besonderer Aufmerksamkeit. Insbesondere in Phasen

---

[22] Vgl. ICD-10-GM (Version 2019): Kapitel V, Link: www.dimdi.de/static/de/klassifikationen/icd/icd-10-gm/kode-suche/htmlgm2019/, letzter Zugriff am 08.07.2019; u. American Psychiatric Association (Autor), Falkai, Peter u. a. (Hrsg.): 2018, S. 479 ff. (Vollständige Quellenangabe, siehe S. 6)

starker, auch und besonders körperlicher Veränderungen, wie sie in der **Pubertät** stattfinden, ist die **Gefahr** einer **Essstörung** besonders groß, da Veränderungen oftmals beunruhigend oder verunsichernd sind. Häufig äußern die Betroffenen **ambivalente Ziele** und **Wünsche**, wie z. B. Unabhängigkeit versus Aufmerksamkeit, Rebellion versus Anpassung, sich zerstören versus sich schützen, Kind bleiben versus erwachsen werden.

Anorexie/Magersucht

Magersüchtige Schüler verhalten sich im **Frühstadium der Krankheit** oft vorbildlich: Zusatzaufgaben, Referate o. Ä. werden gerne und zuverlässig übernommen, die Schulleistungen sind, solange es die körperliche Verfassung noch zulässt, anhaltend gut bis sehr gut. Bei **fortschreitender Krankheit** ziehen sich die Schüler sowohl privat als auch in der Schule zunehmend zurück; sie wirken zudem oft niedergeschlagen bis aggressiv. Schulische Anforderungen können kaum noch bewältigt werden, die Konzentrationsprobleme nehmen zu.
Diese Essstörung ist besonders gefährlich, weil **lebensbedrohlich**: Etwa 10 % der Magersüchtigen sterben; **Dauerschäden** psychischer und physischer Natur sind nicht selten und oft massiv. Daher achten Sie ganz besonders auf die im Folgenden beschriebenen Kriterien:
Magersüchtige oder von Magersucht gefährdete Schüler

- ✓ zeigen die oben beschriebenen Symptome bezüglich des Essverhaltens und dessen Folgen,
- ✓ haben einen **perfektionistischen Anspruch** an sich selbst – Leistung wird betont, Gefühle werden unterdrückt,
- ✓ haben zunehmend kein Gefühl für den Körper und seine Bedürfnisse mehr, der **Körper** erscheint als Feind und wird **bekämpft**,
- ✓ kleiden sich in extra weiter Kleidung, um den mageren Körper zu **verstecken**, oder stellen die mageren Körperteile extra **zur Schau**,
- ✓ geben ihrem Kopf die komplette **Kontrolle**, um sich unabhängig und selbstständig zu fühlen,
- ✓ **wiegen** sich, so oft es geht,
- ✓ sind oft übertrieben **sparsam** und/oder extrem **reinlich**,
- ✓ **ziehen sich** zunehmend von Familie und Freunden **zurück**,
- ✓ **ritualisieren** ihre Essensaufnahme zunehmend (nach bestimmten Regeln, z. B. besonders heiß oder extrem kalt, sehr langsam, in besonderer Reihenfolge, mit sehr kleinen Bissen),

- ✓ bevorzugen **kalorienarme** Lebensmittel und Getränke,
- ✓ **kochen** und **backen** für andere, sammeln Rezepte oder sehen sich Kochsendungen an,
- ✓ setzen sich gerne **Kälte** aus, um mehr Kalorien zu verbrennen,
- ✓ treiben exzessiv **Sport**,
- ✓ gestehen sich die Krankheit spät ein – und der Umwelt noch später.

Bulimie

Die **Zusammenhänge** zwischen **Bulimie** und **Magersucht** sind häufig eng: Auf lange Hungerphasen wird mit Essattacken, die sich bulimisch entladen, reagiert oder aber der mit Scham- und Schuldgefühlen verbundene Konflikt des Kreislaufs aus Essen und Sich-Übergeben wird durch Hungern „gelöst". Meist entsteht Bulimie schleichend: Ein „Frustessen" (häufig im Rahmen einer Diät) wird auf der Toilette herbeigeführt wieder ausgebrochen. Die Erleichterung, „ungestraft" gegessen zu haben, entwickelt sich schnell vom „Notfall" zum häufigen Fall; die Bulimie übernimmt die Kontrolle über den Jugendlichen. Sie zeigt sich wie folgt:

- ✓ Im **Frühstadium** werden Sie bulimische Schüler kaum erkennen. Auffällig sind höchstens **längere Toilettengänge** nach dem Essen und danach ggf. **gerötete Augen** als Folgen des Erbrechens.
- ✓ Bei **fortgeschrittener Krankheit** kann man ein **aufgedunsenes Gesicht** im Kontrast zu einer dünnen oder normalgewichtigen Figur feststellen.
- ✓ Es entstehen **Zahnschäden** (durch die Säure beim Erbrechen) sowie Auffälligkeiten an den **Handknöcheln** (durch das Auslösen des Erbrechens).
- ✓ Zudem sind **Halsschmerzen** oder **Heiserkeit** oft Begleiterscheinung häufigen Erbrechens.
- ✓ Zu den körperlichen Folgen kommen **psychische Probleme** sowohl als **Ursache** der Essstörung wie auch als **Folge** des gestörten Essverhaltens.

Binge-Eating-Störung

Esssüchtige Schüler sind in ihrer Hunger- und Sättigungswahrnehmung gestört. Entweder kommt es zu häufigen (oft heimlichen) **Heißhungeranfällen**, bei denen große Mengen von Lebensmitteln verzehrt werden, oder aber der Schüler **isst ständig** irgendetwas und hat keine festen Mahlzeiten. Insgesamt **fehlt** eine **Regelmäßigkeit** in der Ernährung. Häufige Diäten werden sehr streng geplant und anfangs auch durchgeführt, um alsbald gebrochen zu werden. Diese Störung des Essverhaltens geht einher mit **geringer körperlicher Bewegung** und Aktivität sowie

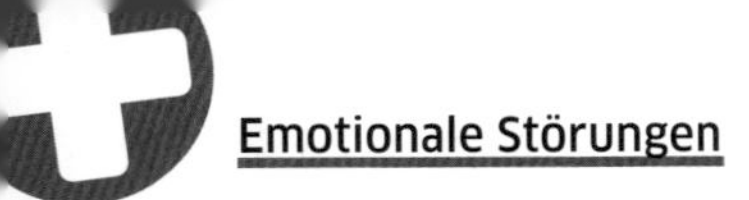

häufig **bewegungsarmen Freizeitbeschäftigungen**, wie Fernsehen und/oder Spielen am Handy/Computer. Zugrunde liegt auch hier sehr häufig ein **Verdecken/Verdrängen** von aktuellen oder vergangenen Gefühlen, manchmal sind es jedoch auch **vorgelebte Verhaltensweisen** innerhalb der Familie.

Tipps für die Unterrichtspraxis

Sich als Lehrer über Essstörungen zu informieren, ist ein wichtiger erster Schritt – den Sie hiermit bereits getan haben. Je mehr Sie wissen, desto besser können Sie den betroffenen Schülern helfen.

Wenn Sie den **Verdacht** haben, dass einer Ihrer Schüler unter einer Essstörung leidet, sprechen Sie ihn nicht vor anderen Mitschülern oder Lehrern an, sondern suchen Sie ein **Vier-Augen-Gespräch**. **Fragen** Sie, wie es ihm geht, und berichten Sie von Ihren **Beobachtungen**. Sprechen Sie dabei unbedingt in der **Ich-Form**.

> *„Ich habe den Eindruck, dass es dir nicht gut geht."*

Haben Sie selbst wenig Kontakt zu dem Schüler, sprechen Sie den **Klassenlehrer** oder den Lehrer, der zu ihm den meisten Kontakt hat, auf Ihren Verdacht an.

Aufmunterungen, wie „Du hast doch eine gute Figur" oder „Das Äußere ist doch nicht so wichtig", bewirken oft eher das Gegenteil und kommen nicht als positive Nachricht an. Sinnvoller ist es, dem Schüler zu signalisieren, dass Sie **sehen**, dass es ihm nicht gut geht, und dass Sie die Probleme **ernst nehmen**.

Geben Sie ihm **Adressen** von **Beratungsmöglichkeiten** (siehe S. 78), denn Sie haben nicht die Ausbildung, Aufgabe und Zeit, den Schüler umfassend zu beraten. Übernehmen Sie keine therapeutische oder co-therapeutische Rolle.

Fragen Sie ihn, ob Sie mit seinen Eltern oder mit der Freundin oder dem Freund über die Probleme sprechen dürfen.

Sprechen Sie den Schüler **immer wieder** an, teilen Sie ihm immer wieder Ihre Beobachtungen mit – eine Essstörung ist oftmals auch ein stummer Hilferuf und wenn viele Menschen nicht auf ein **verändertes Verhalten** oder ein **verändertes Äußeres** (bei Magersucht) **reagieren**, deutet der Essgestörte dies indirekt als Zeichen zum Weitermachen („Wenn es keiner sieht, kann es ja nicht so schlimm sein, ich bin gar nicht krank!"). Die betroffenen Schüler möchten zwar nicht auf ihr Aussehen und auf Essen angesprochen werden, sehnen sich aber nach Anteilnahme. Auch wenn es ihm schwerfällt, zuzugeben, dass es ihm schlecht geht, und er sehr abweisend reagiert, wird der betroffene Schüler aller Wahrscheinlichkeit nach Ihre Aufmerksamkeit schätzen.

Bleiben Ihre Gespräche erfolglos und Sie bemerken dennoch (im Falle einer Magersucht) ein **Fortschreiten** der Gewichtsabnahme, sind Sie aus Fürsorgepflicht gezwungen, zu **handeln** und die **Eltern einzuschalten**. Falls das häusliche Umfeld nicht willens oder nicht in der Lage ist, professionelle Hilfe einzuschalten, ist weiteres Handeln seitens der Schule gefordert: Ist die Gewichtsreduktion so weit vorangeschritten, dass **ärztliches Eingreifen** nötig erscheint, kann das **Gesundheitsamt** über eine weitere Teilnahme am Unterricht entscheiden. Das mag drastisch klingen, aber in manchen Fällen kann die Dramatik dieser lebensbedrohenden Krankheit nur so vor Augen geführt werden und verdeutlichen, dass eine – dann meist stationäre – Behandlung dringend notwendig ist.
Kontrollieren Sie nicht das Essverhalten, geben Sie **keine Ernährungsratschläge**. Machen Sie, sofern möglich, gesundes Essverhalten und Essstörungen zum **Unterrichtsthema**. Dies können Sie auch präventiv tun.
Haben Sie oder Kollegen die Möglichkeit, eine **Informationsveranstaltung** zum Thema Essstörungen an Ihrer Schule durchzuführen? Es gibt – siehe die vorhergehenden Ausführungen – viele Kinder und Jugendliche, für die eine solche Veranstaltung wichtig sein könnte!
Gemeinsame Mahlzeiten sind für einen essgestörten Schüler eine Qual. Entlasten Sie ihn hier, so gut es geht, indem Sie das **gemeinschaftliche Beisammensein** betonen und nicht das gemeinsame Essen. Vor **Klassenfahrten** ist evtl. mit den behandelnden Fachleuten zu klären, wie und ob die Teilnahme konstruktiv gestaltet werden kann.
Kommt ein Schüler von einem **stationären Aufenthalt** zurück in Ihre Schule, entlasten Sie ihn zunächst unterrichtlich, z. B. auch mithilfe des **Nachteilsausgleichs** (siehe auch S. 15). Informationen zum Nachteilsausgleich finden Sie auch auf der Webseite des Schulministeriums Ihres Bundeslandes. Bedenken Sie dabei die Tatsache, dass anorektische Schüler großen schulischen Ehrgeiz und Perfektionismus hegen, der wiederum zum Teil des Problems geworden ist. Entlastung und realistische, nicht zu hohe Ziele sollten dabei im Fokus stehen.

Wo kann ich mir weitere Hilfe holen?

- ✓ **Schulsozialarbeiter** und **Vertrauenslehrer** sind wichtige Ansprechpartner zur Unterstützung essgestörter Schüler. Sie können Erstgespräche mit den betroffenen Schülern führen oder aber als weitere Ansprechpartner zur Verfügung stehen.

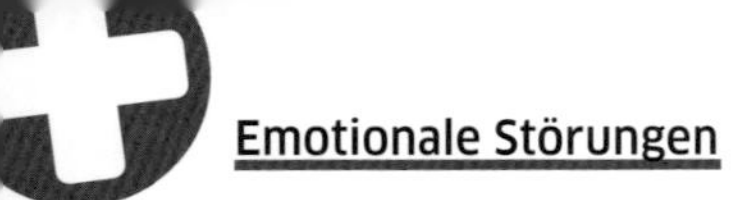

- ✓ **Schulpsychologische Beratungsstellen** in Ihrer Nähe finden Sie im Internet, i. d. R. auf der Website Ihrer Stadt.

Linktipps

- ✓ Die folgende Broschüre können Sie auf der Webseite des „Staatsinstituts für Schulqualität und Bildungsforschung Bayern (ISB)" unter „Materialien" herunterladen: *Staatinstitut für Schulqualität und Bildungsforschung Bayern (ISB) (Hrsg.): Prävention von Ess-Störungen in der Schule. München 2005*. Die Broschüre bietet eine gute Grundlageninformation für Lehrer zu diesem Thema. Darin finden Sie auch zwei Beispiele für **Unterrichtsprojekte** zum Thema Essstörungen.
- ✓ Die **Bundeszentrale für gesundheitliche Aufklärung (BZgA)** liefert Informationen zum Thema für Betroffene, Eltern und Angehörige sowie für Lehrer unter www.bzga-essstoerungen.de
- ✓ Auch unter www.anad.de (ANAD steht für Anorexia Nervosa and Associated Disorders, also Magersucht und verwandte Krankheiten) erhalten Betroffene und Helfer **Informationen** über verschiedene Formen von Essstörungen sowie **Beratung** (online, telefonisch oder persönlich).

Literaturtipp

Einen **Erfahrungsbericht** (nicht nur) für betroffene Mädchen schildert das folgende Buch: *S., Lena: Auf Stelzen gehen. Geschichte einer Magersucht. Balance Buch und Medien Verlag: Köln 2011, ISBN: 978-3-86739-014-9*

Lernen: Lernstörungen und Hochbegabung

© pict rider – Fotolia.com

Allgemeine Lernstörung

Schüler mit Lernbeeinträchtigungen bilden unter den Schülern mit diagnostiziertem sonderpädagogischen Förderbedarf den größten Anteil, nämlich knapp unter 40 %[23]. Dabei ist zu berücksichtigen, dass „Lernbehinderung" oder der heute häufiger verwendete Begriff der „Lernstörung" kein einheitliches Störungsbild ist und von verschiedenen Faktoren, wie Intelligenzminderung, problematischem Lernverhalten sowie benachteiligten sozialen Verhältnissen, abhängt. Unabhängig von den Ursachen geht es immer darum, dass konkrete Lernprozesse gestört sind und Sie als Lehrer die Aufgabe haben, den Schüler in seinen Lernmöglichkeiten bestmöglich zu unterstützen. Dafür ist es wichtig, umfassend über Lernstörungen und Unterstützungsmöglichkeiten Bescheid zu wissen.
Lauth u. a. haben eine hilfreiche Unterscheidung verschiedener Arten von Lernstörungen getroffen, von denen sich dieses Kapitel mit den überdauernden, allgemeinen Lernstörungen beschäftigt:[24]

Zeit ↓ Umfang →	Bereichsspezifisch	Allgemein
Vorübergehend	Lernrückstände in Einzelfächern	Schulschwierigkeiten neurotische Störung
Überdauernd	Legasthenie (Lese-Rechtschreib-Schwäche) Dyskalkulie (Rechenschwäche)	Lernschwäche Lernbehinderung Lernbeeinträchtigung

Diagnosekriterien

Die Ausbildungsordnung Sonderpädagogische Förderung[25] in NRW (AO-SF) definiert den Bedarf an sonderpädagogischer Unterstützung im Förderschwerpunkt Lernen ganz allgemein mit **schwerwiegenden**, **umfänglichen** und **langandauernden** Lern- und Leistungsausfällen. Ähnliche Definitionen gelten in allen Bundesländern.

[23] Vgl. kmk.org (Hrsg.): Statistische Veröffentlichungen der Kultusministerkonferenz vom Juni 2018: Sonderpädagogische Förderung in Schulen 2007 bis 2016, S. 16. Link: www.kmk.org/fileadmin/Dateien/pdf/Statistik/Dokumentationen/Dok_214_SoPaeFoe_2016.pdf, letzter Zugriff am 08.07.2019

[24] Quelle der Tabelle: Lauth, Gerhard W. u. a.: Interventionen bei Lernstörungen, Hogrefe-Verlag: Göttingen 2014, ISBN: 978-3-80172-486-3, S. 18

[25] Vgl. z. B. für NRW Ministerium für Schule und Weiterbildung (Hrsg.): Verordnung über die sonderpädagogische Förderung, den Hausunterricht und die Schule für Kranke (Ausbildungsordnung sonderpädagogische Förderung – AO-SF) vom 29. April 2005, zuletzt geändert durch die Verordnung vom 1. Juli 2016, Link: www.phv-nw.de/system/files/pdf_rechtsgrundlagen/ao-sf_bass_18-19.pdf, S. 2, letzter Zugriff am 08.07.2019

Für die Feststellung einer Lernstörung im Rahmen des sonderpädagogischen Förderbedarfs ist in der Praxis die Durchführung eines Intelligenztests nach wie vor üblich, z. B. WISC-IV, K-ABC, IDS, SON-R.

Entscheidend bei der Interpretation der Ergebnisse ist es, sich über die begrenzte Aussagekraft der Zahlen bewusst zu sein. Ein Intelligenztest oder auch ein Schulleistungstest gibt zwar Informationen zur allgemeinen Lernfähigkeit bzw. zum Leistungsstand; die Ergebnisse liefern jedoch keine Informationen zur individuellen Prognose oder zu geeigneten pädagogischen Maßnahmen.

Laut ICD-10 geht man davon aus, dass die IQ-Werte zwischen 85 und 115 den Bereich der durchschnittlichen Intelligenz abbilden und dass ein IQ unter einem Wert von 85 eine unterdurchschnittliche Lernleistung bedeutet. Die ICD-10 verwendet dabei nicht den Begriff der Lernstörung, Lernschwäche oder Lernbehinderung, sondern den Ausdruck der „umschriebenen Entwicklungsstörung schulischer Fertigkeiten" und umfasst dabei sowohl die Intelligenzminderung, den Mangel an Gelegenheit, zu lernen, als auch Lese- und Rechtschreibstörungen sowie Rechenstörungen. Auf die beiden Letzteren wird in gesonderten Kapiteln eingegangen (ab S. 98 und S. 92). Die ICD-10 grenzt die genannten Störungen nach unten weiter ab und spricht ab einem IQ von 69 von einer geistigen Behinderung.
Diagnostisch gelten zwei schulische Kriterien für das Vorliegen einer Lernstörung:[26]

- ✓ Es bestehen **erhebliche Rückstände** in einem oder mehreren **Unterrichtsfächern**.
- ✓ Der Schüler zeigt **problematisches Lernverhalten**, das über einen längeren Zeitraum (mehrere Monate) besteht. Dies kann sich beziehen auf:
  - Ausdauer
  - Informationsaufnahme und -verarbeitung
  - Kategorienbildung (also die Einteilung von Objekten in Untergruppen oder Begriffsklassen)
  - Konzentration
  - Merkfähigkeit
  - Motivation
  - Arbeitsverhalten (Ordnung, Lernorganisation)

[26] Vgl. z. B. Löser, Rainer: Rund um den Förderschwerpunkt Lernen: Hintergrundinformationen, Fallbeispiele, Strategien für die Sekundarstufe, Verlag an der Ruhr: Mülheim an der Ruhr 2013, S. 14ff.

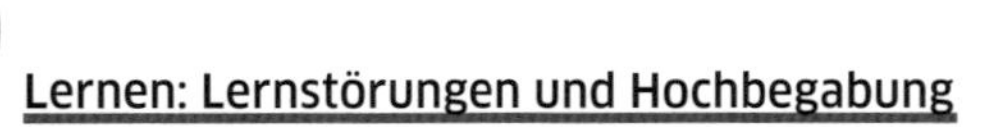

All dies führt in seiner **Auswirkung** häufig zu vermindertem **Selbstbewusstsein** und **Selbstvertrauen**.
Mögliche **weitere Beeinträchtigungen** der visuellen oder auditiven **Wahrnehmung** oder der **Motorik** können hinzukommen und stellen einen zusätzlichen Stolperstein beim Lernen dar, der unbedingt ebenfalls berücksichtigt werden muss.[27]
Fachleute sind sich einig darüber, dass eine wichtige Ursache für Lernstörungen eine unterdurchschnittliche Intelligenz darstellt, jedoch nicht jeder Schüler mit Lernstörungen auch zwangsläufig unterdurchschnittlich intelligent ist. Und: Eine durchschnittliche Intelligenz schützt nicht automatisch vor schulischen Lernproblemen.

Was sind die Besonderheiten der betroffenen Schüler?

Auf die Besonderheiten von Schülern mit Rückständen in Bezug auf die Unterrichtsfächer Deutsch und Mathematik wird in den beiden folgenden Kapiteln (ab S. 92) eingegangen. An dieser Stelle wird besonders das problematische Lernverhalten fokussiert. Da die Lernschwierigkeiten, wie zuvor beschrieben, sehr unterschiedlicher Natur sein können, wird jeder Aspekt im Einzelnen betrachtet.

Schüler mit **geringer Ausdauer**

- ✓ wollen wegen „Kopfschmerzen" oder „Bauchschmerzen" oftmals nicht zur Schule gehen,
- ✓ sind zufrieden, wenn sie nicht gefordert, sondern in Ruhe gelassen werden,
- ✓ trödeln und verzögern Arbeitsaufträge, müssen häufig zum Arbeiten/Weiterarbeiten aufgefordert werden,
- ✓ sehen sich Aufgaben oft nicht gründlich an,
- ✓ verlieren schnell die Lust, wenn sie Anforderungen nicht erfüllen können,
- ✓ legen viele Pausen ein,
- ✓ kontrollieren ihre Ergebnisse nur ungern,
- ✓ beenden ihre Aufgaben häufig nicht.

Schüler mit **Schwierigkeiten in der Informationsaufnahme und -verarbeitung**

- ✓ sind bei Anforderungen leicht ablenkbar,
- ✓ versuchen oft, ihre Schwächen zu überdecken, und leisten daher bei Anforderungen oft Widerstand oder verfallen in alberne Verhaltensweisen,

---

27 Subtests aus den o.g. Intelligenztests WISC-IV, IDS und SON-R geben Hinweise auf Wahrnehmungsprobleme; beim Beobachten von Schwierigkeiten der Fein- oder Grobmotorik, z.B. beim Schreiben, Malen, Schneiden oder Laufen, Ballwerfen, Springen, Balancieren usw., ist das Abklären durch Mediziner oder Therapeuten dringend zu empfehlen.

- wissen oft nicht, wie sie eine Aufgabe beginnen sollen,
- können oft Zusammenhänge nicht herstellen und vergessen daher viel,
- haben größte Schwierigkeiten bei problemlösenden, mehrschrittigen oder komplexen Aufgaben,
- können Anforderungen oft nicht auf ähnliche Aufgaben übertragen (mangelnde Transferfähigkeit),
- können sich die Zeit bei der Bewältigung verschiedener Aufgaben kaum sinnvoll einteilen,
- sind oft schon mit einer knappen Bestätigung (z. B. einem Nicken) zufrieden und interessieren sich wenig für die Richtigkeit der Aufgabe.

Schüler mit **Schwierigkeiten in der Kategorienbildung**

- tun sich schwer, gleiche/ähnliche Dinge zusammenzufassen,
- können kaum Überschriften/Oberbegriffe benennen,
- haben Schwierigkeiten beim Erstellen z. B. von Themenplakaten,
- benötigen häufig bildliche/grafische Erläuterungen,
- können Inhalte kaum strukturieren und Erklärungen nur schwer in vorhandenes Wissen einordnen, sie vergessen daher viel,
- verwenden bei Sachaufgaben oft nur bestimmte Einzelinformationen, statt den Gesamtzusammenhang zu sehen,
- zählen beim Rechnen einzeln ab und erlesen Wörter Buchstabe für Buchstabe oder raten nach dem Erlesen der Anfangsbuchstaben das Wort,
- brauchen daher beim Arbeiten länger als andere Kinder,
- fühlen sich häufig überfordert.

Schüler mit **Konzentrationsschwierigkeiten**

- sind bei Anforderungen leicht ablenkbar,
- zeigen meist großes Interesse an Ablenkungen, um sich der für sie so anstrengenden Konzentrationsleistung zu entziehen,
- können relevante von irrelevanten Reizen aus der Arbeitsumgebung nur schwer unterscheiden (reagieren auf alles),
- versuchen, die für sie besonders anstrengenden Arbeitsphasen durch albernes Verhalten oder Widerstände zu umgehen,
- benötigen häufige Pausen, weil sie beim Arbeiten schnell ermüden.

Schüler mit **Schwierigkeiten in der Merkfähigkeit**

- ✓ haben es in allen Unterrichtsfächern schwer, da sich viele schulische Inhalte auf auswendig Gelerntes stützen (z. B. Einmaleins, Rechtschreibung, Vokabeln),
- ✓ benötigen mehrere Kanäle (akustisch, visuell), um Informationen behalten zu können,
- ✓ sind ganz besonders darauf angewiesen, Dinge selbst zu tun, um sie zu erlernen,
- ✓ sind anfällig für Ablenkungen, um sich dem für sie ganz besonders anstrengenden Lernen zu entziehen,
- ✓ umgehen/unterbrechen Lernphasen des Unterrichts häufig durch Wutanfälle, z. B.: „Was für eine dumme Aufgabe!", „Das geht doch gar nicht!" oder auch „Was sind Sie für eine blöde Lehrerin!".

Schüler mit **Schwierigkeiten in der Motivation**

- ✓ haben bisher nur selten Freude am Lernen erlebt,
- ✓ sind oft wenig neugierig,
- ✓ melden sich selten,
- ✓ beginnen ihre Aufgaben nur selten von allein, meist erst nach Aufforderung,
- ✓ geben insbesondere bei Schwierigkeiten schnell auf,
- ✓ lassen sich leicht und gerne ablenken,
- ✓ sitzen oft teilnahmslos in der Klasse,
- ✓ können oft keine kurz- oder längerfristigen Ziele benennen,
- ✓ sind oft wenig selbstbewusst, misserfolgsorientiert und trauen sich wenig zu.

Schüler mit **Schwierigkeiten im Arbeitsverhalten**

- ✓ haben häufig viele Dinge auf dem Tisch liegen,
- ✓ führen Mappen und Arbeitsmaterialien nur geordnet, wenn sie kontrolliert werden,
- ✓ haben oft einen chaotisch sortierten Schulranzen,
- ✓ wissen häufig nicht, wie sie eine komplexe Aufgabe angehen sollen,
- ✓ beginnen oft unreflektiert mit einer Aufgabe; Handlungen zu planen und logische Abfolgen einzuhalten, fällt ihnen schwer,
- ✓ arbeiten oft oberflächlich und wenig sorgfältig,
- ✓ halten bevorzugt an einer ersten Idee fest und können meist nur widerstrebend aus mehreren zur Verfügung stehenden Methoden eine sinnvolle und effektive Methode begründet auswählen,
- ✓ haben Schwierigkeiten, Arbeitsergebnisse selbstständig realistisch einzuschätzen,
- ✓ nutzen entweder alle oder keine Hilfsmittel zur Unterstützung oder Kontrolle (Hilfekarten, Lösungsblätter).

Tipps für die Unterrichtspraxis

Wie beschrieben, gibt es nicht die eine Form der Lernstörung und so müssen Sie als Lehrer bei jedem Schüler gut hinschauen:

- ✓ Wo steht er?
- ✓ Was braucht er?
- ✓ Wie lernt er am besten?
- ✓ Welche Förderung hat er bisher bereits erhalten?
- ✓ Welche Informationen, z. B. aus dem Gutachten, aus Förderplänen, aus Elterngesprächen und Aktennotizen, stehen zur Verfügung?

Aus all diesen Informationen und Beobachtungen (die „Zone der aktuellen Leistung") ergeben sich nächste unterrichtliche Schritte (die „Zone der nächsten Entwicklung").[28]
Wiederholung und **Ritualisierung** sind wichtige Prinzipien für lernschwache Schüler. **Methodisch** hat sich, übrigens nicht nur für die Arbeit mit lerngestörten Schülern, eine **Drittelmischung** aus **direkter Instruktion** (siehe auch die folgenden Passagen), **individualisiertem Unterricht** (Wochenplan, Freiarbeit u. a.) sowie **kooperativen Unterrichtsformen** bewährt. Insbesondere beim **Erarbeiten von neuen Inhalten** hat sich für Schüler mit Lernschwierigkeiten die **direkte Instruktion** als besonders wirksam und hilfreich herausgestellt: Die Inhalte werden vom Lehrer präsentiert und vom Schüler unter Anleitung geübt, wobei die Anleitung in den Übungsphasen sukzessive zurückgenommen wird. Durch Fragen des Lehrers wird das Tun reflektiert, was ein wichtiger Bestandteil des Unterrichts sein sollte, um reines Reproduzieren zu verhindern: Denken und Nachdenken kann (und muss) man üben, z. B.: „Was tust du hier? Erkläre genau.", „Warum hast du das gemacht?", „Wieso ist das so?", „Welche Gemeinsamkeiten/Unterschiede entdeckst du?", „Sind das alle möglichen Lösungen? Warum?", „Vergleiche. Was fällt dir auf?".
Weitere Übungen, die **Anwendung des Gelernten**, das Herstellen von **Zusammenhängen** usw. können in **individualisiertem Unterricht** sowie in **kooperativen Lernformen** verfolgt und gefestigt werden.
Räumen Sie lernschwachen Schülern nicht alle möglichen unterrichtlichen Stolperfallen und Schwierigkeiten aus dem Weg, sondern stellen Sie **Fragen** und werfen Sie **Probleme** auf, die die Schüler auf ihrem derzeitigen Anforderungsniveau herausfordern. Nutzen Sie Fehler im Lernprozess, um Denkprozesse nachzuvollziehen. Insgesamt ist bei allen Formen des Unterrichts ein Höchstmaß an **Schüleraktivität** das Ziel, um durch eigene Tätigkeit das Nachdenken und Nachvollziehen über die

[28] Beide Begriffe wurden bereits in den 1920er- und 1930er-Jahren von dem Psychologen Lew Wygotski im Rahmen seiner Arbeit mit behinderten Kindern geprägt und sind bis heute aktuell.

Inhalte zu maximieren. Dabei ist zu bedenken, dass lernschwache Schüler durch zu große Methodenvielfalt schnell überfordert sind: Alle **Unterrichtsmethoden** müssen systematisch erlernt und regelmäßig trainiert werden, damit sie sinnvoll genutzt werden können. Im Zweifelsfall ist es am besten, wenige gute Methoden häufig und in verschiedenen Fächern zu nutzen. Denn das Ziel für alle Schüler ist es, Aufgaben **möglichst selbstständig** bewältigen zu können.

Zusätzlich ist das **Training exekutiver Funktionen** (siehe dazu S. 14 und **Trainingsplan** zum Download) eine Hilfe, Lern- und Problemlöseleistungen zu verbessern. Ein zu erreichendes Ziel könnte im hiesigen Fall z. B. auch sein: „Ich möchte meine Noten in den Vokabeltests verbessern." Hierzu werden Umsetzungsmöglichkeiten oder Teilaufgaben gesammelt und schriftlich festgehalten (z. B.: Vokabeln auf Karteikarten schreiben, Bilder zu jeder Vokabel malen, sich Beispielsätze zu jeder Vokabel überlegen, sich jede Vokabel 7-mal vorsagen, die Vokabeln schriftlich üben, die Vokabeln mündlich üben, sich abfragen lassen usw.).

Schüler mit Förderbedarf im Bildungsgang Lernen haben einen Anspruch auf **Nachteilsausgleich** in Unterricht und Prüfungen. Informationen dazu sowie konkrete Möglichkeiten finden Sie auf den Webseiten des Schulministeriums Ihres Bundeslandes und auf S. 15. Für **Zeugnisse** von Schülern aus dem Bildungsgang Lernen gibt es jeweils eine eigene Vorlage, da sie **beschreibend** sind. Eine Bewertung einzelner Leistungen mit Noten kann nur auf Beschluss der Schulkonferenz erfolgen und auch nur dann, wenn die Leistungen den Anforderungen der vorhergehenden Jahrgangsstufe der Grund- oder Hauptschule entsprechen.[29] Dies wird unter „Bemerkungen" entsprechend vermerkt. Verschiedene **Abschlüsse** sind möglich und von Bundesland zu Bundesland z. T. unterschiedlich; in NRW sind der Abschluss nach Klasse 10 im Bildungsgang Lernen sowie ein dem Hauptschulabschluss nach Klasse 9 gleichwertiger (nach der 10. Klasse erfolgender) Abschluss möglich.

Was tun bei reduzierter Ausdauer und Konzentration?

Wie können Sie mangelnder Ausdauer und Konzentration im Unterricht entgegenkommen?

- ✓ Achten Sie auf eine möglichst ablenkungsarme **Lernumgebung** mit wenig Ablenkungen an der Wand in Blickrichtung der Tafel und zu den Seiten und nur dem aktuell notwendigen Material auf den Tischen.

[29] Vgl. z. B. für NRW: Ministerium für Schule und Weiterbildung (Hg.): Verordnung über die sonderpädagogische Förderung, den Hausunterricht und die Schule für Kranke (Ausbildungsordnung sonderpädagogische Förderung – AO-SF) vom 29.April 2005, zuletzt geändert durch die Verordnung vom 1. Juli 2016, Link: www.phv-nw.de/system/files/pdf_rechtsgrundlagen/ao-sf_bass_18-19.pdf, S. 7, letzter Zugriff am 08.07.2019

- ✓ Stellen Sie sicher, dass der Schüler **beim Erteilen von Arbeitsanweisungen** aufmerksam ist. Suchen Sie Blick- oder sogar Körperkontakt (wenn der Schüler dies zulässt), um nicht schon hier Hürden zu schaffen, die das Arbeiten erschweren.
- ✓ Achten Sie darauf, dass Sie **präzise**, **kurz** und **prägnant** formulieren.
- ✓ Geben Sie **kleinschrittige** Aufgaben und Arbeitsweisen vor, die ggf. abgehakt werden können. Somit werden Fortschritte und Erfolge sichtbar.
- ✓ Üben Sie **Ausdauer** gezielt, z. B. mithilfe kleiner Sanduhren, die die Arbeitszeit vorgeben. Bauen Sie die Arbeitszeiten schrittweise aus.
- ✓ Kleine **Bewegungseinheiten** zwischendurch stärken Konzentration und Ausdauer.
- ✓ Führen Sie gezielte **Konzentrationsübungen** durch, z. B. mit Aufgaben aus dem Marburger Konzentrationstraining, siehe Literaturtipp auf S. 92.
- ✓ Machen Sie **Lerntechniken** sowie **lerntypenspezifisches** Arbeiten zum Unterrichtsthema.

Was tun bei reduzierter Kognitionsleistung?

Dieser Bereich umfasst Informationsaufnahme und -verarbeitung, Kategorienbildung und Merkfähigkeit.

- ✓ Wissen wird kontextabhängig erworben. Stellen Sie Informationen immer in sinnvolle **Zusammenhänge**. Vernetzen Sie das Wissen.
- ✓ Erstellen Sie mit Ihren Schülern **Lernplakate**, arbeiten Sie mit **Lernpostern** und **Merkzetteln**. Farben, besondere Schriften, Bilder unterstützen die Merkfähigkeit. Lassen Sie diese Hilfen aber nicht zu lange hängen, denn neue Impulse reizen das Gehirn.
- ✓ Arbeiten Sie **handlungsorientiert**, **schüleraktivierend**, **vielsinnig**, **lebenspraktisch**. Das Konzept der „**Leichten Sprache**“ gibt es vor: **Texte** für lernschwache Schüler sind dann gut, wenn ...
  - sie kurze Sätze enthalten,
  - komplizierte Nebensatzkonstruktionen vermieden werden,
  - sie Verben statt Substantivierungen enthalten (nicht: „Morgen ist ein Arbeitstag“, sondern: „Morgen arbeiten wir“),
  - sie aktive statt passiver Satzkonstruktionen enthalten,
  - Dinge positiv ausgedrückt werden (nicht: „Tim ist nicht klein“, sondern: „Tim ist groß“),
  - wichtige Begriffe fett gedruckt sind oder markiert werden müssen,
  - Zwischenüberschriften und Absätze den Text gliedern,
  - Bilder und Grafiken die wichtigen Aussagen des Textes veranschaulichen.

- ✓ Schneiden Sie die Informationen und Aufgaben auf Ihren Schüler zu: Wo ist die (bereits erwähnte) „Zone der nächsten Entwicklung", wie anspruchsvoll können und sollen die **Inhalte** und **Aufgaben** sein? Zu leichte Aufgaben und Texte langweilen schnell, zu schwere führen zur Überforderung: Finden Sie heraus, wie und womit Sie Ihren Schülern sozusagen eine „optimale Frustration" zumuten können.
- ✓ Denken Sie bei Ihrer **Differenzierung** jedoch auch daran, dass Sie nicht jedem Einzelnen ganz genau gerecht werden müssen (und können) und dass Hürden und Fehler auch zu Lernwachstum führen können, wenn sie als Teile des Lernprozesses verstanden werden.
- ✓ Geben Sie eindeutige, schriftliche **Anweisungen**.
- ✓ Lassen Sie **Arbeitsaufträge** von Schülern wiederholen.
- ✓ **Demonstrieren** Sie einmal selbst, was wie zu tun ist.
- ✓ **Transparenz** bei Zielen und Inhalten des Unterrichts hilft, diese besser zu verstehen.
- ✓ Vermeiden Sie Überforderung durch zu viele Informationen: **Portionieren** Sie das, was gelernt werden soll, sinnvoll, **fokussieren** Sie das Wichtige.
- ✓ Besprechen Sie mit Ihrem Schüler, was für ihn **realistische Ziele** sind und wie er diese erreichen kann („Was tust du für dein Ziel?" „Was brauchst du von mir für die Erreichung deines Ziels?" „Wann sprechen wir wieder über dein Ziel?").
- ✓ **Loben** Sie! Auch kritische Rückmeldung hilft, um Lob erstrebenswert und glaubwürdig zu machen. Achten Sie aber auf **echtes Lob**, loben Sie keine Selbstverständlichkeiten oder Banalitäten: Damit machen Sie sich unglaubwürdig und setzen Ihr Lob herab.
- ✓ Achten Sie darauf, wie Sie etwas **sagen**:
  - ⊙ Legen Sie **Sprechpausen** ein,
  - ⊙ **betonen** Sie abwechslungsreich,
  - ⊙ sprechen Sie lieber zu **langsam** als zu schnell,
  - ⊙ vermeiden Sie **überflüssige** schwierige Wörter,
  - ⊙ wiederholen Sie **wichtige Fachwörter**, so oft es geht,
  - ⊙ verwenden Sie, wo immer es geht, reale Gegenstände oder Bilder, die Ihr Gesagtes **veranschaulichen**,
  - ⊙ verzichten Sie auf unwichtige Nebeninformationen,
  - ⊙ setzen Sie Mimik und Gestik unterstützend ein.
- ✓ Humor sowie eigene Faszination und Freude am Lernen schaffen eine gute **Lernatmosphäre**.

Was tun bei reduzierter Motivation?

Natürlich muss sich jeder Lehrer, der unmotivierte Schüler vor sich sitzen hat, zunächst fragen, was diese Haltung mit dem dargebotenen Unterricht zu tun hat. Ist Ihr Unterricht hinreichend interessant und aktivierend aufbereitet, methodisch an den Schülern orientiert, fachlich angemessen anspruchsvoll? Um diese Form der reduzierten Motivation soll es hier nicht gehen, sondern um einzelne Schüler, die (u. a.) aufgrund ihrer **ablehnenden oder gleichgültigen Haltung** zum Lernen und zur Schule eine Lernstörung entwickelt haben.

- ✓ **Intrinsische** Motivation ist ein ebenso wichtiger Faktor für Lernen wie kognitive Fähigkeiten: Motivierte Schüler können kognitive Defizite gut kompensieren und gute Leistungen erbringen. Wer wenig intrinsisch motiviert ist, dem können **extrinsische**, also von außen gesetzte **Motivationshilfen** eine Brücke sein. Hierfür sind eindeutige **Ziele** und **Bedingungen**, ebenso klare Aussagen über den **Beginn** und das **Ende** (z. B. der Arbeitsphase) wichtig. Evtl. helfen kleine Belohnungen und sei es auch nur ein Smiley im Mitteilungsheft für Stunden der Mitarbeit.
- ✓ Vereinbaren Sie **realistische Ziele** und besprechen Sie mit dem Schüler, wie er diese erreichen kann („Was tust du für dein Ziel?" „Was brauchst du von mir für die Erreichung deines Ziels?" „Wann sprechen wir – möglichst zeitnah – wieder über dein Ziel?").
- ✓ Suchen Sie Lernaufgaben mit hohem **Aufforderungscharakter**, z. B. durch Einschätz-Aufgaben, die Möglichkeit des Auswählens von Aufgaben, Knobelaufgaben usw.
- ✓ Binden Sie **Selbstbewertung** der Arbeit und der Ergebnisse ein.
- ✓ Haben Sie den Schüler gut im Blick, suchen Sie **Blickkontakt** und **Nähe**, um dem Schüler Ihre Aufmerksamkeit zu versichern. **Beziehung motiviert**!
- ✓ **Loben** Sie schon kleine Fortschritte. Nicht Geschafftes kommentieren Sie sachlich und mit Ausblick auf einen neuen Versuch beim nächsten Mal/am nächsten Tag/in der nächsten Stunde.
- ✓ Halten Sie das **Arbeitspensum** nicht zu gering, aber gut schaffbar. Gewähren Sie individuelle **Pausen**. Das Arbeiten mit kleinen Sanduhren motiviert, weil die Arbeitszeit sichtbar verrinnt.
- ✓ Geben Sie individuelle **Lösungshilfen**.
- ✓ Sprechen Sie (bei älteren Schülern) ab: „Wie viel kannst du in den nächsten zehn Minuten/in dieser Stunde/heute **schaffen**?"
- ✓ Wenn **Fehler** auftreten: Lassen Sie diese vom Schüler direkt berichtigen und loben Sie erfolgreiche Korrekturen.

- ✓ Führen Sie regelmäßige (z. B. wöchentliche) **Leistungskontrollen** durch: häufige Rückmeldungen über überschaubare Inhalte machen Fortschritte sichtbar.
- ✓ Beziehen Sie **Entspannung** und **Belohnung** in den Arbeitsalltag mit ein.

Was tun bei problematischem Arbeitsverhalten?

Viele lernschwache Schüler haben Probleme mit dem **Arbeitsverhalten**, der **Ordnung** sowie der **Lernorganisation**. Oft zu finden ist dieses Problem bei Schülern, die aus bildungsfernen Haushalten stammen, da dort Wissen und Lernen eine untergeordnete Rolle spielen und Strukturen zum Lernen nicht oder kaum erworben werden konnten.

- ✓ Beobachten Sie das Arbeitsverhalten Ihrer Schüler:
  - ⊙ Wer arbeitet langsam? Wer arbeitet zügig?
  - ⊙ Wie sehr beeinflusst das **Arbeitstempo** Qualität und Ordnung?
  - ⊙ Wie sieht der **Arbeitsplatz** aus? Wie sieht es im **Mäppchen**, in der Schultasche aus?
  - ⊙ Wie wird mit **Arbeitsmaterial** umgegangen?
  - ⊙ Wie hoch ist der Anspruch an **Sorgfalt**? Wie hoch ist der Anspruch an die **Richtigkeit** der bearbeiteten Aufgaben?
- ✓ Sprechen Sie mit Ihren Schülern über Ihre Ansprüche an Ordnung und Sorgfalt. Etablieren Sie **Ordnungsroutinen**, z. B. nur das notwendige Material auf dem Tisch liegen zu haben, das Datum ins Heft einzutragen, Überschriften mit Lineal zu unterstreichen, mathematische Zeichnungen mit Bleistift und Lineal auszuführen, Arbeitsblätter in die entsprechende Mappe abzuheften usw. **Loben** Sie selbstständiges Einhalten der Ordnungsroutinen.
- ✓ Bieten Sie **Ordnungssysteme** in der Klasse an und halten Sie diese nach.
- ✓ Akzeptieren Sie keine Arbeitsergebnisse, die aus Mangel an Sorgfalt und fehlender Mühe unordentlich oder schwer lesbar sind. Lassen Sie diese direkt nacharbeiten.
- ✓ Seien Sie selbst ein **Vorbild** und achten Sie auf Ordnung auf Ihrem Schreibtisch, in Ihren Unterlagen und beim Erstellen von Tafelbildern – ein absichtlich fast unleserlicher Tafelanschrieb kann augenzwinkernd verdeutlichen, wie sinnvoll Ihre Ansprüche an Lesbarkeit sind.
- ✓ Eine Gefahr insbesondere bei offenen Unterrichtsmethoden ist das „**Aufgabenhopping**“: Achten Sie darauf, dass neue Aufgaben erst begonnen werden, wenn alte erledigt sind. Stolpersteine auf dem Weg sind (durch Nachdenken, Recherchieren, Mitschüler fragen, Lehrer um Hilfe bitten) auszuräumen, nicht durch Ausweichen zu umgehen.

- ✓ Etablieren Sie **Selbstkontrolle** durch Lösungsblätter und -folien. Vernachlässigen Sie darüber jedoch nicht, selbst auch einen Blick auf das Arbeitsergebnis zu werfen, um gute Ergebnisse und Sorgfalt zu loben bzw. absichtlich oder unabsichtlich Übersehenes zu bemerken.
- ✓ Planen Sie im Arbeitsalltag **Zeit** für Selbstkontrolle, Selbsteinschätzung, Aufräumen, Rückmeldung und Entspannung/Belohnung ein.
- ✓ Strukturiert an Aufgaben heranzugehen, muss man lernen. Achten Sie auf kleinschrittig vorstrukturierte **Aufgabenstellungen**. Weisen Sie immer wieder auf genaues Lesen und Befolgen von Aufgabenstellungen hin. Machen Sie vor, wie eine Aufgabe zu bearbeiten ist. Üben Sie Routinen ein, wie bestimmte Aufgabentypen bearbeitet werden. Der **Leseschlüssel** oder die **Regeln zum strukturierten Arbeiten**[30] (zu finden im Download) sind Beispiele für ein solches strukturiertes Vorgehen.

Wo kann ich mir weitere Hilfe holen?

- ✓ **Austausch** mit Kollegen, die ebenfalls lernschwache Schüler haben, entlastet und gibt oft neue Ideen.
- ✓ Welche **Schule**, welche **Schulform** ist für genau dieses Kind die richtige? Hier gibt es keine allgemeingültigen, nur individuelle Antworten. Diese sind sowohl vom Schüler als auch von den umliegenden Schulen abhängig, nicht zuletzt auch vom Willen der Eltern. Suchen Sie Gespräche und erfragen Sie Erfahrungen von Kollegen und Bekannten.
- ✓ In manchen Fällen kann eine **Schulbegleitung** beantragt werden (siehe S. 31 f.).

Literaturtipps

- ✓ Hier finden Sie **weiterführende Informationen** zum Thema:
  - *Löser, Rainer: Rund um den Förderschwerpunkt LERNEN: Hintergrundinformation – Fallbeispiele – Strategien für die Sekundarstufe, Verlag an der Ruhr: Mülheim an der Ruhr 2013, ISBN: 978-3-8346-2390-4*
  - *Matthes, Gerald: Individuelle Lernförderung bei Lernstörungen. Verknüpfung von Diagnostik, Förderplanung und Unterstützung des Lernens, Kohlhammer-Verlag: Stuttgart 2009, ISBN: 978-3-17-020531-4*

---

[30] aus: Fink, Christine: Strukturierungshilfen für den Schulalltag, Verlag an der Ruhr: Mülheim an der Ruhr 2015, ISBN 978-3-8346-2914-2

  - *Bundesministerium für Arbeit und Soziales: Leichte Sprache. Ein Ratgeber, Berlin 2014.* Über die Suchmaschine als Download erhältlich.
- ✓ Praktische Informationen zu **individuellen Lernzielen** finden Sie hier:
  - *Furmann, Ben: Ich schaffs! Spielerisch und praktisch Lösungen mit Kindern finden, Carl-Auer-Verlag: Heidelberg 2017, ISBN: 978-3-8967-0500-6*
  - *Bauer, Christiane und Hegemann, Thomas: Ich schaffs! – Cool ans Ziel: Das lösungsorientierte Programm für die Arbeit mit Jugendlichen, Carl-Auer-Verlag: Heidelberg 2018, ISBN: 978-3-8967-0643-0*
- ✓ Das **Marburger Konzentrationstraining** finden Sie hier:
  Krowatschek, Dieter u. a.: Marburger Konzentrationstraining (MKT) für Schulkinder, ISBN: 978-3-8080-0759-4 bzw. *Marburger Konzentrationstraining für Jugendliche (MKT-J), ISBN: 978-3-938187-58-6, Verlag Modernes Lernen: Dortmund 2017/2016*

Dyskalkulie/Rechenschwäche

Dyskalkulie ist eine spezifische Lernstörung (siehe S. 80) im **mathematischen** Bereich. Man spricht auch von Rechenstörung, in weniger schwerwiegenden Fällen von Rechenschwäche. Es handelt sich hierbei um eine Teilleistungsstörung – in anderen Fächern und Lernbereichen sind diese Schüler ganz normal begabt.
Etwa vier bis sechs Prozent aller Kinder sind von einer Dyskalkulie betroffen[31], das bedeutet, dass in einer Klasse mit 30 Kindern im Durchschnitt ein bis zwei Kinder eine solche aufweisen. Dyskalkulie ist unabhängig von äußeren Einflüssen und kommt in allen sozialen Schichten vor.

Diagnosekriterien

Jeder Schüler macht mal Fehler beim Rechnen und hat bei manchen Aufgaben größere Schwierigkeiten als bei anderen. Bei der Diagnose einer Dyskalkulie geht es jedoch nicht nur um das Vorhandensein von Rechenfehlern, sondern um deren Vielfalt, Stabilität und Häufigkeit. Das Problem liegt darin, dass Zahlen nicht als

[31] Verschiedene Studien machen schwankende Angaben und variieren sogar zwischen drei und acht Prozent betroffener Schüler. Nimmt man noch diejenigen hinzu, die zwar keine diagnostizierte Dyskalkulie haben, jedoch mindestens förderbedürftige Lernschwierigkeiten im Matheunterricht aufweisen, kommt man insgesamt auf etwa 15 Prozent aller Schüler.

Repräsentanten abstrakter Mengen erkannt werden. Die Schwierigkeiten im Zahlen- und Mengenverständnis, im Zählen und im Rechnen treten ab Beginn des Rechnenlernens auf. Falls ein Schüler also trotz allen Übens der gleichen Inhalte immer wieder Fehler macht und Erklärungen benötigt, sollte das Vorliegen einer Dyskalkulie überprüft werden. **Erste Anzeichen** können sich bereits im **Vorschulalter** zeigen, indem Schwierigkeiten beim **Vergleichen** von Zahlen und Mengen sowie beim **Zählen** und **Abzählen** auftreten. Die **Diagnose** einer tatsächlichen Dyskalkulie erfolgt jedoch erst in der **Grundschulzeit**, wenn konkrete Probleme beim Rechnen auffallen, **frühestens im 2. Schuljahr**, da im 1. Schuljahr die Rechenleistung noch nicht stabil genug ist.

Auch wenn nur Fachärzte bzw. Kinder- und Jugendpsychotherapeuten eine Dyskalkulie diagnostizieren können und dürfen, so ist es doch wichtig, dass wir Lehrer genau wissen, wovon die Rede ist.

Nach ICD-10 und DSM-5 liegt eine Dyskalkulie/Rechenstörung vor, wenn

- ✓ die Schwierigkeiten v. a. im Bereich grundlegender Rechenfertigkeiten, wie Addition, Subtraktion, Multiplikation und Division, liegen,
- ✓ sowohl die Rechenleistung eines Schülers unterhalb der zu erwartenden Leistungen der Altersgruppe liegt
- ✓ als auch eine Diskrepanz zwischen dem Intelligenzniveau des Schülers und seiner mathematischen Leistung besteht,
- ✓ zudem die Störung deutlich die schulischen Leistungen oder Aktivitäten des täglichen Lebens einschränkt, bei denen mathematische Fähigkeiten benötigt werden.[32]

Die **Ursachen** einer Dyskalkulie sind nicht klar einzugrenzen. Festgestellt werden kann eine eingeschränkte oder besondere Art der Wahrnehmung bzw. Informationsverarbeitung in bestimmten Gehirnarealen; genetische Faktoren sind wohl eine, aber nicht die ausschließliche Ursache dafür. Entwicklungsbedingte Ursachen (Anknüpfen an fehlerhaftes Vorwissen), psychische Probleme oder andere Störungen, wie z. B. eine AD(H)S, können die Schwierigkeiten verstärken.

Was sind die Besonderheiten der betroffenen Schüler?

Schüler mit einer Dyskalkulie

- ✓ machen Fehler beim **Zählen** oder **Abzählen**, vorwärts und rückwärts,

---

[32] Vgl. ICD-10-GM (Version 2019): Kapitel V, Link: www.dimdi.de/static/de/klassifikationen/icd/icd-10-gm/kode-suche/htmlgm2019/, letzter Zugriff am 08.07.2019; u. American Psychiatric Association (Autor), Falkai, Peter u. a. (Hrsg.): 2018, S. 87 ff. (Vollständige Quellenangabe, siehe S. 6)

- ✓ **verdrehen** Zahlen beim Vorlesen oder Schreiben,
- ✓ haben Schwierigkeiten beim **Übergang** zum nächsten Zehner, Hunderter usw.,
- ✓ wissen vermeintlich einfache, erlernte Ergebnisse, z. B. aus dem Einmaleins, oft nicht, sondern müssen sie **immer wieder neu** berechnen,
- ✓ rechnen häufig auch einfachste Aufgaben durch **Abzählen** mit den Fingern,
- ✓ **verrechnen** sich öfter **um eins** oder machen Fehler im Umgang mit der **Null**,
- ✓ vertauschen **Rechenzeichen** oder berücksichtigen sie nicht,
- ✓ tun sich sehr schwer mit **Kopfrechnen**, Schätzaufgaben, Aufgaben mit Platzhaltern sowie Textaufgaben,
- ✓ können **mathematische Regeln** und **Prinzipien** nicht verinnerlichen und wenden sie oft falsch an (z. B. 2 + 3 = 3 + 2),
- ✓ haben sowohl **rechnerisch** als auch **im Alltag** Probleme beim Umgang mit Geld, Zeit, Längen oder Gewichten.

Die Symptome einer Dyskalkulie beziehen sich auf **alle Bereiche** des Rechnens, wobei die betroffenen Schüler nicht in allen Aspekten gleiche Schwächen zeigen, es kann also unterschiedlich große Schwierigkeiten in den genannten Bereichen geben. Manchmal weitet sich die Dyskalkulie bis in die **Geometrie** aus, dann bestehen sogar Schwierigkeiten beim Zeichnen von Figuren oder beim Erkennen von Symmetrie.
Die Dyskalkulie **wächst sich nicht aus**, d. h., ohne mathematische Lerntherapie bleiben die Probleme bestehen und führen selbst nach dem Schulabschluss zu alltäglichen Stolpersteinen, z. B. beim Umgang mit Geld oder Zeit (Einhalten von Terminen).

Tipps für die Unterrichtspraxis

Eine Dyskalkulie entsteht nicht, weil ein Schüler zu wenig gelernt hat oder die Eltern ihn zu wenig unterstützt haben – daher ist es manchmal Ihr erster Auftrag, den Schüler und die Eltern in möglichen Schuldzuweisungen und schlechtem Gewissen zu **entlasten**. Mit Angst vor Versagen oder Spott kann kein Mensch gut lernen – vermitteln Sie dem Schüler zu allererst **Sicherheit** und **Akzeptanz**. Stellen Sie klar, dass Sie das Problem sehen, aber auch andere, positive Facetten des Kindes/Jugendlichen wahrnehmen.
Je nach Bundesland bestehen innerschulische Möglichkeiten einer Feststellung der Rechenprobleme, weniger um eine Diagnose zu stellen, die ja nur von Fachleuten durchgeführt werden darf, sondern um Umfang und Inhalte einer schulischen

Förderung festzulegen. In manchen Bundesländern muss eine Fachdiagnose gestellt werden, damit der Schüler Förderung und Anspruch auf **Nachteilsausgleich** (siehe auch S. 15, weitere Informationen finden Sie auf der Webseite Ihres Schulministeriums) in der Schule erhält. Auch der Anspruch auf eine außerschulische Dyskalkulie-Therapie, insbesondere die Übernahme der Kosten, besteht nur bei gestellter Diagnose. Wenn also der Verdacht auf das Vorliegen einer Dyskalkulie besteht, sollten die Eltern möglichst frühzeitig eine **fachkundige Diagnostik** durchführen lassen und eine **außerschulische Dyskalkulie-Therapie** beantragen.

Falls an Ihrer Schule eine Lehrkraft mit Qualifizierung in der Dyskalkulie-Förderung arbeitet, sollte diese unbedingt die **Förderstunden** mit dem Schüler übernehmen, da Einzelstunden mit reiner Stoffwiederholung einem Schüler mit einer Dyskalkulie nicht ausreichend helfen. Sollte es keinen qualifizierten Lehrer für derartige Förderstunden geben und Sie müssen selbst einzelne Förderstunden durchführen, so ist das **Wichtigste aus schulischer Sicht**: Rechenschwierigkeiten lassen sich nur durch konsequentes **Zurückgehen** und **Aufbauen** nicht verstandener grundlegender Vorstellungen bearbeiten. Ein reines Üben von Rechentechniken hilft dem Schüler nicht.

Nehmen Sie sich Zeit, die **Strategien** zu erkennen, mit denen Ihr Schüler seine Aufgaben zu lösen versucht. Dies ist der erste wichtige Schritt auf dem Weg zum Bearbeiten der Schwierigkeiten, da diese nicht in einem flüchtigen Sich-Verrechnen liegen, sondern das Ergebnis subjektiver Strategien sind. Analysieren Sie die Ergebnisse schriftlicher Übungen, Hausaufgaben und Tests und ermitteln Sie so den oder die **Fehlerschwerpunkte** des Schülers (siehe auch den Abschnitt zu den Besonderheiten der Kinder und Jugendlichen auf S. 93 f.). Lassen Sie den Schüler in Ihren Förderstunden laut denken, um zu erfahren, wie er vorgeht. Zudem sollten Sie auf die handelnde und bildliche Ebene des Rechnens zurückgehen, die für Schüler mit Rechenschwierigkeiten oft zu früh verlassen wurde.

Machen Sie Zählen, Vergleichen, Zerlegen, Verdoppeln und Halbieren wieder **sinnhaft**, indem Sie möglichst alltagsbezogen arbeiten, schätzen lassen, auf Vorkenntnisse und Erfahrungen zurückgreifen, Regeln und Sprechweisen automatisieren, mit Bildern arbeiten. Verwenden Sie möglichst viele **konkrete** Materialien; gerade in der Mathematik gibt es viele **Anschauungsmaterialien**, von Zählplättchen bis hin zu Kuchenformen zum Visualisieren von Brüchen. Lassen Sie Rechensituationen **nachspielen** oder **erzählen**, zeichnerisch **darstellen** oder mit Material **legen**, sodass die Aufgaben wieder nachvollziehbar und das Addieren, Subtrahieren, Multiplizieren oder Dividieren konkret erfahrbar werden. Dieses **Prinzip** sollte nicht nur zur Einführung genutzt werden, sondern sich durch die gesamte Förderung ziehen (z. B. so: „Zeige mir die Aufgabe 4 + 2 = 6 mit den Rechenplättchen und erkläre mir, was du tust", „Zeichne ein Bild zu deiner Aufgabe", „Erzähle mir eine Geschichte, bei der ich 4 + 2 rechnen müsste".).

Schüler, die noch zählend rechnen, also ihre Finger nutzen, brauchen (zumindest noch eine Zeitlang) dieses stets vorhandene Hilfsmittel – nutzen Sie es, um den Zahlenraum bis 10 intensiv zu festigen: „Zähle deine Finger – schüttle die Hand – sind es immer noch 5 an jeder Hand?", „Wie kann man die (An)Zahl 3 auf unterschiedliche Weise mit den Fingern zeigen (mit einer Hand, mit beiden Händen)?", „Ergeben 5 Finger an der linken Hand und 4 an der rechten Hand das gleiche wie 5 rechte und 4 linke Finger? Und wenn ich die Hände drehe, sind es trotzdem noch 9?" Daran anschließend, gehen Sie mehr und mehr zu einem „inneren Fingerbild" über, indem Sie z. B. beschreiben, was Sie zeigen würden, wenn Sie 7 Finger zeigen müssten. Weitere Aufgaben dieser Art finden Sie z. B. in dem unter den Literaturtipps auf S. 97 aufgelisteten Buch von Michael Gaidoschik.

Neben diesen mathematischen Prinzipien und Methoden gilt allgemein: Üben Sie mit dem Schüler Methoden ein, sich selbst **sprachlich** zu **instruieren**, wie bei den Aufgaben **Schritt für Schritt** vorgegangen werden soll. Sprechen Sie über **Lösungswege**, **fragen** Sie nach, statt Antworten zu liefern. Finden Sie heraus, welcher **Lerntyp** Ihr Schüler ist (visuell, auditiv ...).

Arbeiten Sie mit **Wortspeichern**, also dem Benennen und ggf. Visualisieren der Fachbegriffe auf einem Plakat.

Achten Sie auf sorgfältig **strukturiertes Arbeiten** im Heft, um Verwirrung durch Durcheinander zu vermeiden. Unterstützen Sie den Schüler, indem er Aufgaben von der Tafel nicht abschreiben muss (womit zusätzliche Stolperfallen, wie Zahlendreher und andere Abschreibfehler, entstehen können), sondern er ein **Arbeitsblatt** erhält, auf dem die Aufgaben bereits stehen.

Lassen Sie den Schüler den **Taschenrechner** oder **Rechentabellen** (z. B. Einmaleins-Tabellen) nutzen und sich so bei Rechnungen helfen, die ihm womöglich ein Leben lang Schwierigkeiten bereiten werden. Das entlastet, hält den Schüler bei der Stange an Stellen, an denen er sonst womöglich aussteigen würde, und ist zudem als Teil des **Nachteilsausgleiches** (siehe S. 15) erlaubt. Ebenso können die Zeitzugabe und/oder zusätzliche Pausen bei Prüfungen, differenzierte Aufgabenstellungen, spezifisch gestaltete Arbeitsblätter, lernstandgemäße Aufgaben oder das Aussetzen der Benotung Teil des Nachteilsausgleiches sein. Die Möglichkeit, mündliche statt schriftliche Leistungsüberprüfungen durchzuführen, besteht ebenfalls, ist jedoch bei Schülern mit Dyskalkulie i. d. R. aufgrund der Benötigung schriftlicher Darstellung wenig hilfreich. Der gewährte Nachteilsausgleich muss bei Prüfungen

dokumentiert werden; im Zeugnis wird er nicht vermerkt. Weitere Informationen zum Nachteilsausgleich finden Sie auf der Webseite des Schulministeriums Ihres Bundeslandes.
Binden Sie die **Mitschüler** ein, informieren Sie (in Absprache mit dem betroffenen Schüler und den Eltern) über Dyskalkulie und erklären Sie, dass es sich hierbei nicht um ein intellektuelles Problem handelt, sondern um eine Teilleistungsstörung. Ermutigen Sie die Mitschüler zur Unterstützung bei zeitlicher, räumlicher, struktureller und ggf. fachlicher Organisation.

Wo kann ich mir weitere Hilfe holen?

- ✓ Holen Sie sich Unterstützung bei **Experten**, z. B. örtlichen Dyskalkuliezentren oder -therapeuten. Auch der **Schulpsychologische Dienst** kann weiterhelfen.
- ✓ Informieren Sie die Kollegen über Teilleistungsstörung und Nachteilsausgleich.

Linktipps

- ✓ Der **„Bundesverband Legasthenie und Dyskalkulie e. V."** (c/o EZB Bonn, Postfach 201338, 53143 Bonn) informiert, berät und liefert hilfreiche Ratgeber und Broschüren: www.bvl-legasthenie.de/dyskalkulie.html
- ✓ Der **„Verein für Lerntherapie und Dyskalkulie e. V."** (Briennerstraße 48, 80333 München) bietet neben anderen hilfreichen Informationen unter „Symptome der Rechenschwäche" je einen Symptomfragebogen für Grundschulkinder sowie für Schüler der 5.– 9. Klasse: www.dyskalkulie.de

Literaturtipps

- ✓ Michael Gaidoschik widmet sich den **ersten Anzeichen wie auch den vertieften Schwierigkeiten** der Dyskalkulie: *Ders.: Rechenschwäche verstehen – Kinder gezielt fördern: Ein Leitfaden für die Unterrichtspraxis (1. bis 4. Klasse), Persen Verlag: Hamburg 2018, ISBN: 978-3-8344-3503-3*
- ✓ **Übungsmaterial** für alle wichtigen Förderbereiche für die Sekundarstufe bietet dieses Material: *Britta Schipperges: Fördermaterialien Dyskalkulie: Übungsaufgaben für die Sek. 1 (Besondere Schüler – Was tun?), Verlag an der Ruhr: Mülheim an der Ruhr 2016, ISBN: 978-3-8346-3059-9*

Legasthenie/Lese-Rechtschreib-Schwäche

Alle Kinder machen beim Lesen- und Schreibenlernen zu Beginn ähnliche Fehler in unterschiedlich ausgeprägtem Ausmaß. Üblicherweise nehmen diese bald ab. Schüler, die von einer Legasthenie betroffen sind, machen die Fehler jedoch erheblich **häufiger** und die Probleme bleiben über einen **längeren Zeitraum** nahezu unverändert. Es handelt sich hierbei um eine Teilleistungsstörung – in anderen Fächern und Lernbereichen sind diese Schüler ganz normal begabt.
Etwa 2–4 % aller Kinder und Jugendlichen sind von einer Legasthenie betroffen, in einer Klasse mit 30 Schülern also im Durchschnitt einer. Jungs sind häufiger betroffen als Mädchen, etwa 3:1.[33]
Legasthenie tritt unabhängig von äußeren Einflüssen und in allen sozialen Schichten auf.

Diagnosekriterien

Auch wenn **Legasthenie** (aus dem Lateinischen) übersetzt eigentlich „Leseschwäche" heißt, wird der Begriff synonym zur **kombinierten Lese-Rechtschreib-Störung (LRS)** verwendet.
Die Störungen können jedoch auch einzeln auftreten, dann spricht man von einer **isolierten Lesestörung** bzw. einer **isolierten Rechtschreibstörung**.
Mit den Begriffen der **Lese-Rechtschreib-Schwäche** oder **-Schwierigkeit** ist dagegen eine geringere Ausprägung verbunden, die demzufolge auch leichter zu beheben ist und auch bei nicht wahrnehmungsgestörten Kindern vorliegen kann.
Auch der Begriff **Dyslexie** (aus dem Altgriechischen, die „Schwierigkeit mit Wörtern") kursiert im Zusammenhang mit der LRS, gemeint ist die Schwierigkeit mit dem Lesen und dem Verstehen von Wörtern, Sätzen und Texten. Im Englischen und Französischen wird Dyslexie anstelle von LRS verwendet; auch im Deutschen wird der Begriff oft synonym verwendet – er ist nicht klar abgegrenzt.
Auch wenn nur Fachärzte bzw. Kinder- und Jugendpsychotherapeuten eine LRS diagnostizieren können und dürfen, so ist es doch wichtig, dass die Lehrer genau wissen, wovon die Rede ist.

---

[33] Solche statistischen Werte können je nach den zugrunde liegenden Diagnosekriterien und Erhebungen ggf. stark schwanken, sind also stets nur Orientierungswerte.

Die ICD-10 führt die Legasthenie unter den umschriebenen Entwicklungsstörungen schulischer Fertigkeiten. Sie liegt vor, wenn

- ✓ die Lese- und Rechtschreibleistungen eines Schülers **unterhalb der zu erwartenden Leistungen** der Altersgruppe liegen,
- ✓ **ausgeschlossen** werden kann, dass Sehprobleme, mangelnde Intelligenz oder unangemessene Beschulung für die Schwierigkeiten verantwortlich sind.[34]

Wenn Sie also beobachten, dass der Prozess des Lesen- und Schreibenlernens für einen Schüler **besonders mühsam ist** und **bleibt**, macht es Sinn, die Eltern auf die Möglichkeit einer LRS-Überprüfung durch Beratungsstellen oder Fachärzte hinzuweisen, um **frühzeitig** mit einer **gezielten Förderung** zu beginnen.
Die **Ursachen** einer Legasthenie sind nicht klar einzugrenzen. Vermutet wird eine Störung in den Bereichen der zentralen auditiven und/oder visuellen Wahrnehmung sowie des auditiven Gedächtnisses; genetische Faktoren sind eine mögliche, aber nicht die ausschließliche Ursache dafür. Psychische Probleme oder andere Störungen, wie z. B. eine AD(H)S, können die Schwierigkeiten verstärken.

Was sind die Besonderheiten der betroffenen Schüler?

Die Laut-Buchstaben-Zuordnung und Wortwahrnehmung und -verarbeitung sowie die Verinnerlichung von orthografischem Wissen sind gestört. Die Schwierigkeiten sind in unterschiedlichen Bereichen, wie im Folgenden skizziert, zu beobachten.

Im Bereich des Lesens

Folgende Schwierigkeiten tauchen auf:

- ✓ Es kommt zu **Wiederholungen, Zusätzen, Verschiebungen** oder **Auslassungen** von Buchstaben, Silben oder Wörtern,
- ✓ das **Verständnis** von Texten ist auch bei mehrmaligem Lesen oft nicht gegeben,
- ✓ Wörter im Text werden oft **erraten**,
- ✓ Wörter werden **Buchstabe für Buchstabe** erlesen, was besonders zu Schwierigkeiten beim Lesen von Lauten aus mehreren Buchstaben (sch, ph, st ...) führt,
- ✓ auch **häufig** vorkommende und somit oft gelesene Wörter (dann, und, aber ...) schleifen sich nicht ein, werden also immer wieder **wie neue Wörter** erlesen.

[34] Vgl. ICD-10-GM (Version 2019): Kapitel V, Link: www.dimdi.de/static/de/klassifikationen/icd/icd-10-gm/kode-suche/htmlgm2019/, letzter Zugriff am 08.07.2019

Im Bereich des (Recht-)Schreibens

Hier zeigen sich folgende Probleme:

- ✓ Buchstaben werden **ausgetauscht** oder **verdreht**,
- ✓ **Buchstabieren** fällt übermäßig schwer,
- ✓ das **Abschreiben** von der Tafel fällt schwer und dauert überdurchschnittlich lange,
- ✓ das **Aufschreiben** von **Gehörtem** bereitet Probleme; ähnlich klingende Laute (g/k, b/p, ö/ü ...) können nur schwer unterschieden werden,
- ✓ ähnliche **Wortbilder** (Beine/Biene, furchtbar/fruchtbar ...) und **Buchstaben** (b/d/p/q, m/w, n/u, o/c) werden häufig **verwechselt**,
- ✓ auch **geläufige Wortbilder** können nicht gut abgespeichert werden,
- ✓ **Rechtschreibregeln** werden immer wieder vergessen und können nicht angewendet werden,
- ✓ in Diktaten und geschriebenen Texten sind **unzählige Fehler**, gleiche sowie unterschiedliche, auch wenn der Text vorher geübt wurde.

Allgemein

Allgemein ergeben sich folgende Schwierigkeiten:

- ✓ Das **Erinnern von Reihenfolgen** fällt sehr schwer,
- ✓ das Aufmerksamkeits- und Leistungsniveau ist stark **schwankend**,
- ✓ die **Organisationsfähigkeit** ist wenig ausgeprägt,
- ✓ **links/rechts** oder **über/unter** werden oft verwechselt,
- ✓ das Langzeitgedächtnis für schulische Inhalte und Fakten ist schlecht, für Erlebtes, Orte und Gesichter dagegen oft sehr gut, da hauptsächlich in Bildern und Gefühlen, weniger mit dem Klang von Wörtern oder Geschriebenem gedacht wird.

Die Forschung schreibt Legasthenikern eine bestimmte Art von **Kreativität** zu, z. B. in den Bereichen Kunst, Musik, Theater, Architektur. Auch laterales Denken (also problemlösendes „Querdenken") fällt demnach vielen Legasthenikern leicht. Zudem entwickeln diese Kinder häufig besondere Begabungen auf anderen Gebieten, wie Sport, Technik oder im handwerklichen Bereich.

Tipps für die Unterrichtspraxis

Es gibt kein einheitliches Erscheinungsbild der Legasthenie und somit auch keine einheitliche Therapie und Förderung. Die Methoden richten sich also immer nach den individuellen Lernvoraussetzungen des Schülers.

Die Schwierigkeiten beim Lesen und Schreiben ziehen häufig Misserfolge in anderen Schulfächern nach sich, da Lesen und Schreiben in jedem Schulfach hohe Relevanz hat. Demzufolge ist es zunächst wichtig, alle **Kollegen**, die den Schüler unterrichten, über die LRS (oder zunächst einmal: die Lese- und Rechtschreibschwierigkeiten) zu **informieren**, ebenso über die Tatsache, dass es sich um eine Teilleistungsstörung handelt.

Menschen, die sich im Lesen und Schreiben schwertun, wird häufig eine geringe Intelligenz zugeschrieben, was in diesem Fall nicht zutrifft.

Legasthene Schüler leiden oft als Folge ihrer Schwierigkeiten unter einem negativen Selbstbild, Versagens- und Schulangst sowie Konzentrationsschwierigkeiten und mangelnder Ausdauer. Sie brauchen daher besonderen **Zuspruch** und **Geduld**. Legen Sie die Schwerpunkte bei der Arbeit mit dem legasthenen Schüler auf die **Stärken** und nutzen Sie häufig **Bilder**, **Modelle**, **Grafiken**. Jüngeren Schülern hilft ein bebilderter Stundenplan und Tagesablauf. Arbeiten Sie häufig auch **mündlich** und beziehen Sie diesen Schüler dann besonders ein. Auch das Integrieren von **digitaler Technik** macht Sinn, z. B. von Aufnahmegeräten und Videos, oder auch die Bereitstellung eines Laptops, Tablets o. Ä. zum Verfassen von Texten (denn hier kann die Auto- bzw. die Rechtschreibkorrektur helfen).
Reduzieren Sie die Arbeit an der **Tafel** auf das Nötigste und erleichtern Sie dem Schüler die Aufgaben, indem er nicht von der Tafel abschreiben muss, sondern **Arbeitsblätter** erhält, auf denen der Text bereits steht.
Das **Markieren** von **Schlüsselwörtern** unterstützt beim Lesen. Wenn das Lesen sehr schwerfällt, entlastet es von Zeit zu Zeit, wenn Sie oder Mitschüler dem Schüler die Aufgaben **vorlesen**.
Geben Sie dem Schüler viel **Zeit**; setzen Sie ihn beim Arbeiten nicht unter Druck, sondern loben Sie ihn so oft wie möglich.
Machen Sie **Schrift** zu einem persönlich bedeutsamen Element für den Betroffenen, um die **Motivation** zum Lernen (und Sich-Mühen) zu fördern, z. B. mit einer Leseecke mit interessanten Büchern, einer Schreibecke mit vielfältigem Material (z. B. Stiften, Lineaturen, Stempeln) sowie durch tägliches Vorlesen, passende Texte usw.
Strukturieren Sie Arbeitsblätter, z. B. durch Hervorhebungen, farbliche Markierungen, Bilder, Symbole, verschiedene Schriften und Schriftgrößen. Nutzen Sie bei **Leistungskontrollen** Aufgabentypen mit geringerem Schreibaufwand, z. B. Multiple-Choice-Aufgaben, Lückentexte, Zuordnungen, Nummerierungen, Markierungen. **Verbessern** Sie **Rechtschreibfehler** möglichst nicht in Rot – und in Fächern, in denen es um

sachliche Inhalte geht, ggf. gar nicht. Bei unzähligen **Rechtschreibfehlern** verbessern Sie nach Fehlerschwerpunkten **ausgewählt**, also z. B. nur die Fachbegriffe, nur lautgetreue Wörter, nur Wörter mit ie.
Suchen Sie frühzeitig den **Austausch** mit den **Eltern** und besprechen Sie inner- und außerschulische **Unterstützungs-, Förder- und Therapiemöglichkeiten**.
Machen Sie die Schwierigkeiten des Schülers sowie die Unterstützungsmaßnahmen – in Absprache mit ihm – in der Klasse **transparent** und nutzen Sie ein solches Gespräch konstruktiv zum Umgang mit individuellen Schwierigkeiten.
Falls an Ihrer Schule ein Lehrer mit Qualifizierung in der LRS-Förderung arbeitet, sollte dieser unbedingt die **Förderstunden** mit dem Schüler übernehmen, da Einzelstunden mit den herkömmlichen Lese- und Rechtschreibübungen einem Schüler mit einer LRS nicht ausreichend helfen. Wenn es keinen qualifizierten Lehrer für derartige Förderstunden gibt und Sie selbst einzelne Förderstunden durchführen, klären Sie zunächst, in welchem **Bereich** der Schüler vorrangig der Unterstützung bedarf:

- ✓ in der phonologischen Bewusstheit/Lautwahrnehmung
- ✓ in der Lesegenauigkeit
- ✓ in der Leseflüssigkeit
- ✓ im Leseverständnis
- ✓ im lautgetreuen oder dem orthografischen Schreiben

Der **Nachteilsausgleich** (siehe auch S. 15) ist in allen Bundesländern unterschiedlich geregelt, sieht aber oft für Schüler mit einer LRS vor, dass

- ✓ sie in schriftlichen Prüfungen mehr Zeit zur Bearbeitung erhalten,
- ✓ Aufgabenstellungen vorgelesen werden,
- ✓ Prüfungen mündlich statt schriftlich abgehalten werden können,
- ✓ leichtere Aufgaben gegeben werden, die dem individuellen Leistungsstand entsprechen,
- ✓ Wörterbücher auch in Klassenarbeiten verwendet werden dürfen,
- ✓ die Schüler zeitweise im Fach Deutsch, in den Fremdsprachen und, wenn nötig, auch in weiteren Fächern von der Benotung freigestellt werden,
- ✓ die Benotung ohne Berücksichtigung der Lese- und Rechtschreibleistung stattfindet (Notenschutz)
- ✓ oder aber eine individuelle Bezugsnorm angesetzt wird, die die individuellen Fortschritte des Schülers statt die Leistungsansprüche an den Rest der Klasse berücksichtigt.

Gegebene Nachteilsausgleiche müssen in Prüfungen dokumentiert werden; auf dem Zeugnis werden sie nicht vermerkt.

Wo kann ich mir weitere Hilfe holen?

✓ Holen Sie sich Rat und Unterstützung bei **Experten**, z. B. bei Kollegen oder Therapeuten. Auch der **Schulpsychologische Dienst** oder ein Legasthenie-zentrum in Ihrer Nähe kann weiterhelfen.

✓ **Schulsozialarbeiter** und **Vertrauenslehrer** sind wichtige Ansprechpartner in der Schule zur Unterstützung des Schülers, wenn dieser unter seinem negativen Selbstbild oder Schul- und Versagensängsten leidet.

Linktipps

✓ Der **„Bundesverband Legasthenie und Dyskalkulie e. V."** (c/o EZB Bonn, Postfach 201338, 53143 Bonn) informiert, berät und hält auch im Internet hilfreiche Ratgeber und Broschüren bereit: www.bvl-legasthenie.de

✓ Die unterschiedlichen rechtlichen Rahmenbedingungen des **Nachteilsausgleichs für legasthenische Schüler** finden Sie auf der Webseite des „Instituts für integrative Lerntherapie und Weiterbildung" unter www.iflw.de/service/legasthenieerlasse.htm sowie auf den Webseiten des Schulministeriums Ihres Bundeslandes.

✓ Eine **Übersicht** über die einzelnen Förderbereiche finden Sie z. B. auf der Webseite des „Bundesverbands Legasthenie und Dyskalkulie e. V." unter: www.bvl-legasthenie.de > Bundesverband > Foerderung > Legasthenie

Literaturtipps

✓ Hintergründe und Praxisvorschläge erhalten Sie hier: *Mayer, Andreas: Gezielte Förderung bei Lese- und Rechtschreibstörungen, Ernst Reinhardt Verlag: München 2018, ISBN: 978-3-4970-2753-8*

✓ Unterrichtsmaterial für Grund- und Förderschule enthält der folgende Band: *Raschendorfer, Nicole und Schultze-Moderow, Stefanie: Kinder mit LRS individuell und differenziert fördern, Verlag an der Ruhr: Mülheim an der Ruhr 2018, ISBN: 978-3-8346-3791-8*

Hochbegabung

Was hat Hochbegabung in einem Buch über Störungsbilder, Beeinträchtigungen und Behinderungen zu suchen? Aus meiner Sicht darf sie hier nicht fehlen, denn sie stellt besondere Anforderungen an Sie als Lehrer. Sie müssen wissen, wie damit umzugehen ist, wenn Sie nicht wollen, dass Hochbegabung zu einem Grund für auffälliges Verhalten wird.

Diagnosekriterien

Etwa 2–3 % aller Schüler sind weit überdurchschnittlich intelligent und somit hochbegabt.[35] Als hochbegabt gilt, wer einen **IQ von 130 oder mehr** hat. Doch nicht jedes intelligente Kind muss direkt einen IQ-Test durchlaufen, damit über Hochbegabung (oder nicht) entschieden wird. Wichtig bei der **Entscheidung**, ob Hochbegabung tatsächlich durch eine **Testung** festgestellt werden soll, ist die Frage nach den **Konsequenzen** – wenn also konkrete Entscheidungen für den Schüler anstehen, z. B. die Frage nach vorzeitiger Einschulung, dem Überspringen von Klassen, einem Schulwechsel, oder aber wenn Probleme in der Schule auftreten, die eine Unterforderung als Auslöser vermuten lassen. Dabei ist die Berücksichtigung der über die schulischen Leistungen hinausgehenden Kriterien, wie die soziale Reife, das Selbstbild sowie der Kontakt zu den Mitschülern, zusätzlich von großer Bedeutung. Wenn sich ein Schüler in seiner Klasse wohlfühlt und ihm der Kontakt zu seinen (gleichaltrigen) Mitschülern und die Sicherheit des Bestehenden wichtiger ist als schulische Herausforderung und Bestleistung, sollte man den Druck einer Hochbegabtendiagnose („Du bist hochbegabt, also musst du auch ganz viel erreichen") und den Wechsel der Klasse oder Schule gut bedenken und sich ggf. dagegen entscheiden.

Was sind die Besonderheiten der betroffenen Schüler?

Es gibt verschiedene **Merkmale**, die darauf hindeuten können, dass ein Kind oder Jugendlicher hochbegabt ist:

- ✓ ein außergewöhnlich gutes **Gedächtnis**, eine schnelle **Auffassungsgabe** sowie ausgeprägte Fähigkeiten im Bereich des **schlussfolgernden Denkens**
- ✓ eine ausgeprägte Fähigkeit, **Strukturen** zu erkennen und **komplexe Probleme** richtig und schnell zu **lösen**

[35] Solche statistischen Werte können je nach den zugrunde liegenden Diagnosekriterien und Erhebungen ggf. stark schwanken, sind also stets nur Orientierungswerte.

- ✓ ein großer **Wissensdrang** und eine vertiefte Beschäftigung mit einzelnen Interessensbereichen (insbesondere „Erwachsenenthemen“, wie z. B. Philosophie oder Umwelt), die über das alterstypische Maß hinausgeht
- ✓ ein sehr gutes **Sprachverständnis** sowie sehr großer Wortschatz
- ✓ Kontakt besonders zu älteren und erwachsenen Mitmenschen, die eher dem kognitiven Entwicklungsstand entsprechen
- ✓ ein hohes Maß an zeichnerischen Fähigkeiten (aufgrund **differenzierter visueller Wahrnehmung**) sowie ein hohes Maß an Kreativität besonders in der Problemlösung
- ✓ ein starker Drang zur **Selbstständigkeit** aufgrund genauer Vorstellungen davon, wie etwas sein soll

Ein einzelnes Merkmal ist dabei noch kein Zeichen für Hochbegabung; wenn jedoch mehrere Merkmale über einen längeren Zeitraum zu beobachten sind, ist das häufig ein Hinweis auf Hochbegabung.

Tipps für die Unterrichtspraxis

Hochbegabte Schüler sind ihren Mitschülern meist weit voraus, da sie Wissen in allen für sie interessanten Bereichen aufsaugen, sich Informationen schnell merken können, Zusammenhänge erkennen und ihr Wissen gut vernetzen können. Zu vielen Themen haben sie ein größeres Vorwissen als ihre gleichaltrigen Mitschüler. Daher gilt: Unterfordern Sie Ihren Schüler nicht mit **Wiederholungen** zu Themenbereichen, die er bereits beherrscht, sondern geben Sie ihm **Knobelaufgaben** sowie **vernetzte, komplexere Aufgaben**. Dazu bieten sich offene Unterrichtsformen, Projekte etc. an. Fordern Sie die Kreativität des Schülers heraus. Vermeiden Sie Langeweile, weil diese zu Unterrichtsstörungen oder Verweigerung führt. Manche Hochbegabten **zeigen ihre Leistung nicht**, wenn es zu einfach ist – sie suchen Schwierigkeiten in Aufgabenstellungen, obwohl nur „simple“ Zusammenhänge abgefragt werden, oder sie strengen sich nicht an, weil es ihnen zu einfach ist, und machen dann Flüchtigkeitsfehler. **Differenzierung** nach oben ist für Hochbegabte wichtig: Orientieren Sie sich z. B. an den Aufgaben höherer Klassenstufen oder suchen Sie nach weiterführenden oder vertiefenden Aufgaben.
Hochbegabte brauchen ab und zu die Möglichkeit, ihr **Wissen präsentieren** zu können, z. B. mit einer Buchvorstellung oder einem Vortrag zu einem selbst gewählten Thema. Gleichzeitig müssen diese Schüler aber auch lernen, dass Besserwisserei keine angenehme Eigenschaft ist – die Gratwanderung zwischen Wissen präsentieren und

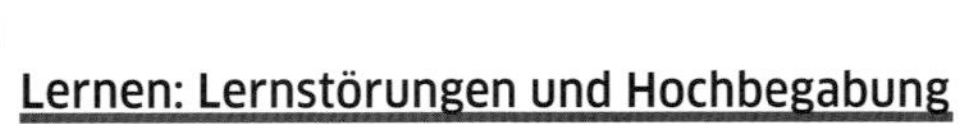

sich zurückhalten ist oft schwierig und braucht Unterstützung durch sensibles Lehrerverhalten. Achten Sie auch selbst darauf, dass der Schüler keine Sonderrolle in der Klasse bekommt, indem z. B mehrere Schüler die komplexeren oder kreativeren (Zusatz-)Aufgaben erhalten und das Thema Vielfalt in jeder Hinsicht im Klassenverbund etabliert und gelebt wird.

Hochbegabte Schüler können mit ihrem Verhalten, Nachfragen und ihrem großen Wissen sehr anstrengend sein. **Anordnungen Folge** zu **leisten**, fällt ihnen zudem oft schwer, da sie sie **hinterfragen** und wissen wollen, warum etwas nicht geht oder sie etwas nicht dürfen. Bleiben Sie hier geduldig und erklären Sie Zusammenhänge, Ge- und Verbote, so gut es geht. Begrenzen Sie das Hinterfragen jedoch auch, wenn manche Regeln einfach zu befolgen sind, weil sie z. B. Teil der Schulordnung sind oder Gefahren mit sich bringen.

Manche hochbegabten Kinder und Jugendlichen sind unordentlich, weil sie „Wichtigeres im Sinn" haben. Fordern Sie **Ordnung** ein und vermitteln Sie, warum das Äußere auch eine Rolle spielt. Manche hochbegabten Schüler können zudem schneller denken, als sie schreiben können. Das führt manchmal zu **Frust** und **Wut** gegenüber anderen oder sich selbst. Stehen Sie dem Schüler tröstend zur Seite und ermuntern Sie ihn z. B., das Tippen mit zehn Fingern zu erlernen – auf einer Tastatur kann man schneller schreiben als mit der Hand, das kann entlasten. Begrenzen Sie gleichzeitig Wutausbrüche gegen Dinge oder Mitmenschen – hier gilt die Null-Toleranz-Grenze (siehe dazu das Kapitel „Aggressives Verhalten" ab S. 19).

Akzeptieren Sie, wenn Hochbegabte zu bestimmten Themen mehr wissen als Sie selbst. Bleiben Sie souverän und reagieren Sie mit **Humor** und/oder **Lob**. Wenn Sie eine Frage nicht beantworten können, fragen Sie in die Klasse, wer die Antwort zur nächsten Stunde recherchieren möchte, oder geben Sie diese Aufgabe dem Schüler selbst. Und last but not least:

> **Kein Lehrer schafft es zu jeder Zeit, jeden Schüler auf seinem Niveau gleichermaßen zu fördern**. Schüler müssen auch aushalten lernen, dass im Leben nicht immer alles nur auf sie zugeschnitten ist und es auch mal langweilig sein kann.

Wenn der Schüler sich in der Klasse **dauerhaft unterfordert** fühlt und langweilt, ist die (zunächst probeweise) Teilnahme am Unterricht höherer Klassen in einzelnen Fächern oder auch das Überspringen einer Klasse (zunächst probeweise) möglich. Auch die Freistellung vom Unterricht für einzelne Stunden oder Tage, um Förderkurse oder auch Uni-Kurse zu besuchen, kann eine Möglichkeit sein.

Wo kann ich mir weitere Hilfe holen?

Der **Schulpsychologische Dienst** hat i. d. R. Mitarbeiter, die sich auf den Bereich Hochbegabung spezialisiert haben.

Linktipp

Die **„Deutsche Gesellschaft für das hochbegabte Kind e. V. (DGhK)"** hat ihren Hauptsitz in Berlin (Wittestraße 30 K, 13509 Berlin, Telefon: 030/57 70 09 99-0) und hält auf ihrer Webseite unter www.dghk.de viele Informationen für Eltern und Lehrer bereit.

Literaturtipps

- ✓ **Vertiefende Aufgaben** und **Knobelaufgaben** für hochbegabte Schüler finden Sie mittlerweile bei vielen Buchverlagen, z. B. dieses: *Kopf, Yvonne: Mathematik für hochbegabte Kinder: Vertiefende Aufgaben für die 4. Klasse, BRIGG-Verlag: Friedberg 2010, ISBN: 978-3-871-01649-3*
- ✓ Mehr **Tipps zur Unterstützung im Unterricht** erhalten Sie hier: *Rohrmann, Sabine und Tim: Hochbegabte Kinder und Jugendliche. Diagnostik – Förderung – Beratung, Ernst-Reinhardt-Verlag: München 2010, ISBN: 978-3-497-02189-5*
- ✓ Speziell um **Schüler der Sek 1** geht es hier: *Lehfeldt, Birgit: Hochbegabung in der Sek. 1: Diagnose, Handlungsstrategien und Förderung, Verlag an der Ruhr: Mülheim an der Ruhr 2018, ISBN: 978-3-834-63231-9*

Sprach- und Sprechstörungen

© pict rider – Fotolia.com

Die Sprachentwicklung verläuft bei allen Kindern unterschiedlich und manchmal entwickeln sich die Sprache und das Sprachverhalten nicht so wie erwartet. Etwa 6 % aller Kinder haben zu einem Zeitpunkt ihres Lebens Probleme mit dem Sprechen oder der Sprache. Nur ein Teil davon hat jedoch langfristige und schwerwiegende Sprachprobleme, in der Fachsprache als **umschriebene** bzw. **spezifische Sprachentwicklungsstörungen** (USES bzw. SSES) bezeichnet. Die Trennung zwischen Sprach- und Sprechstörungen ist nicht immer eindeutig, oft sind es Mischproblematiken. Man unterscheidet zwischen Störungen der **Aussprache**, des **Wortschatzes**, der **Grammatik** und der **Kommunikation**. Unser besonderes Augenmerk benötigen zudem die Schüler, die mit dem **Sprachverstehen** Schwierigkeiten haben, da diese nicht direkt auffallen. Solche Störungen im Sprachverstehen sind oftmals eine Folge der oben genannten Störungen. Da diese Beeinträchtigung jedoch in der Schule von großer sprachheilpädagogischer Bedeutung ist, habe ich sie gesondert aufgeführt.
Die **Kommunikationsstörung** (auch: Kommunikativ-pragmatische Störung; pragmatisch = Sprache im Kontext richtig anwenden können) ist vielfältig, bezeichnet eine anhaltende Schwierigkeit im Bereich der verbalen und nonverbalen Kommunikation. Sie beinhaltet Kontaktaufnahme, Sprache und Vorstellungskraft. Informationen einer Situation können nicht adäquat verarbeitet werden, die Schüler reagieren oft nicht angemessen. Nonverbale Signale und mehrdeutige Sprache werden häufig nicht verstanden. Auch die Fähigkeit, über Sprechen und Sprache zu sprechen, ist oft eingeschränkt. Zu den Kommunikationsstörungen zählen die **Redeflussstörungen**, die **Störungen im Sprachverstehen** sowie der **Mutismus** und das situativ unangemessene Sprachverhalten, wie es häufig bei Autismus-Spektrum-Störungen vorkommt (S. 26 ff.). Ein eigenes Unterkapitel nehmen ebenso die **Sprachschwierigkeiten bei Mehrsprachigkeit** ein, da wir uns in unserer multikulturellen Gesellschaft immer häufiger mit dieser Form der Spracheinschränkung auseinandersetzen müssen. Es handelt sich hierbei zwar nicht um eine Sprachentwicklungsstörung, dennoch sind die Prinzipien für sprachförderlichen Unterricht überwiegend die gleichen.
Im vorliegenden Kapitel zu den Sprach- und Sprechstörungen werden teilweise zunächst die einzelnen Störungsbilder beschrieben, um dann **zusammenfassend für diese Störungen** zu klären, was für Lehrer zu tun ist, sofern die Strategien die gleichen sind. Lediglich dem Mutismus und dem Thema Schwierigkeiten durch Mehrsprachigkeit habe ich in praktischer Hinsicht ein eigenes Unterkapitel gewidmet, da die Konsequenzen für den Schulalltag über die Prinzipien des sprachförderlichen Unterrichts hinausgehen.
Die meisten Probleme der Sprachentwicklung lassen sich mit einer Sprachtherapie gut behandeln oder zumindest vermindern. Dennoch hat auch die Schule einen

Auftrag zur Förderung und Sie als Lehrer müssen Bescheid wissen, wie Sie diese Kinder und Jugendlichen bestmöglich unterstützen können.

Aussprachestörungen

Auch wenn Schüler mit einer Aussprachestörung (auch: Phonetisch-phonologische Störung) i. d. R. keine sonderpädagogische Förderung benötigen, da die Sprechproblematik außerschulisch durch Sprachtherapie zu bearbeiten ist, sind aus schulischer Sicht einige Punkte anzumerken.

Diagnosekriterien

Aussprachestörungen unterscheiden sich in phonetische und phonologische Störungen.

- ✓ **Phonetische Störungen** beeinträchtigen das Sprechen, nicht jedoch das Sprachverständnis oder das Sprechvermögen. Es handelt sich hierbei lediglich um ein **sprechmotorisches Problem**, es können auch organische Ursachen hineinspielen. Lispeln, in der Fachsprache **Sigmatismus** genannt, ist die **häufigste Aussprachestörung**. Beim Aussprechen der Laute [s] und [z] stößt die Zunge an die Zähne. Sigmatismus tritt in der kindlichen Sprachentwicklung häufig auf und ist erst ab etwa acht Jahren als Entwicklungsauffälligkeit zu behandeln; davor ist er häufig Teil der kindlichen Sprachentwicklung und verschwindet oft von selbst wieder. 35 % aller 6-jährigen Kinder bilden den [s]-Laut nicht korrekt; bei den 8–10-Jährigen sind es noch 25 %.[36] Ein weiteres Beispiel ist der Schetismus, eine Fehlbildung des [ʃ]-Lautes.
- ✓ Bei einer **phonologischen Störung** (Lautverwendungsstörung) kann der Schüler den Laut an sich zwar korrekt bilden (z. B. [k] oder [t]), verwendet ihn aber im Wort falsch und sagt z. B. [tasə] sowohl für „Kasse" als auch für „Tasse". Bei einer phonologischen Störung werden Konsonanten ersetzt ([grai] statt [drai]), ausgelassen ([na:nə] statt „Banane") oder verdoppelt ([dada] statt „da").

Die meisten Sprechprobleme lassen sich mit einer Sprachtherapie gut behandeln oder zumindest vermindern.

[36] Solche statistischen Werte können je nach den zugrunde liegenden Diagnosekriterien und Erhebungen ggf. stark schwanken, sind also stets nur Orientierungswerte.

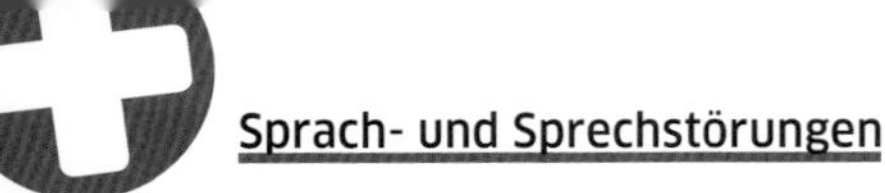

Was sind die Besonderheiten der betroffenen Schüler?

Kinder und Jugendliche mit leichten Aussprachestörungen fallen i.d.R. in der Schule nicht weiter auf. Hier ist es Ihre Aufgabe, zu beobachten,

- ✓ wie der Schüler sich in der **Klassengemeinschaft** bewegt,
- ✓ ob er sich durch seine Aussprachestörung **gehemmt** fühlt oder sie selbst als **unproblematisch** betrachtet,
- ✓ ob er **gehänselt** wird oder ob seine Sprache kein Thema für die Mitschüler ist.

Schwerwiegendere Aussprachestörungen haben meist Auswirkungen auf das **Selbstbewusstsein** des Schülers und oft auch auf das **Verhalten** der **Mitschüler** bis hin zum Mobbing (siehe S. 33). Unterrichtlich gesehen, können Aussprachestörungen, insbesondere phonologische Störungen, Auswirkungen auf den **Schriftspracherwerb** haben, da das Schreiben nach Sprechen Fehler produzieren kann. Auch gehen bei manchen Schülern Aussprachestörungen einher mit einem eingeschränkten **auditiven Gedächtnis**, Schwierigkeiten in der **Unterscheidung von Lauten**, von **Rhythmus** und von **Laut**- bzw. **Buchstabenreihenfolge** sowie einer eingeschränkten **phonologischen Bewusstheit**, also ggf. Schwierigkeiten bei Reimen, dem Segmentieren von Silben, dem Identifizieren von An- und Endlauten. Sie sollten, neben der Aussprachestörung, auch die Auswirkungen der beeinträchtigten Sprache im Blick haben.

Tipps für die Unterrichtspraxis

Für Hinweise zur Unterrichtspraxis beachten Sie bitte S. 120ff.

Wo kann ich mir weitere Hilfe holen?

Entsprechende Hinweise finden Sie auf S. 123f.

Wortschatzstörungen

Kinder und Jugendliche erweitern kontinuierlich ihren Wortschatz und verfügen im Alter von 16 Jahren über ein mentales Lexikon von etwa 60 000 Wörtern. Dieser Wortschatzerwerb verläuft jedoch nicht bei allen Kindern mühelos. Gründe für eine Wortschatzstörung (auch: Semantisch-lexikalische Störung) kann neben einer umschriebenen Sprachentwicklungsstörung auch die Mehrsprachigkeit bieten.

Diagnosekriterien

Wortschatzstörungen zählen in der ICD-10 zu den umschriebenen Sprachentwicklungsstörungen; die sprachlichen Fähigkeiten liegen unterhalb des Intelligenzalters.[37] Bei einer Wortschatzstörung handelt es sich um eine Einschränkung des Erwerbs von **Wortbedeutungen** (semantisch), also die eingeschränkte Festigung und Vernetzung von Wörtern im mentalen Lexikon, oder aber um Schwierigkeiten im **Wortabruf** (lexikalisch), also dem Zugriff auf die gespeicherten Wörter im mentalen Lexikon. Beide Formen können sowohl Sprachverständnisprobleme (siehe S. 117 ff.) als auch Leseverständnisstörungen zur Folge haben.
Verwendet ein Schüler also statt passender oder differenzierter Begriffe häufig **Umschreibungen** oder **Allzweckwörter** („Dings") oder fällt dadurch auf, dass er oft nach Begriffen und Wörtern **suchen** muss, sollten Sie aufmerksam werden und den Eltern eine sprachheilpädagogische Untersuchung anraten.

Was sind die Besonderheiten der betroffenen Schüler?

Schüler mit Wortschatzstörungen verstehen, wie zuvor angerissen, Begriffe und Wörter oft nicht richtig oder können sie nicht differenziert benennen. Schwierigkeiten im Wortschatz, besonders Wortfindungsprobleme, zeigen sich durch das Verwenden von **Platzhaltern** (z. B. „Du weißt schon") und **Metakommentaren** (z. B. „Wie heißt das noch?" oder „Hab ich vergessen") oder durch das häufige Verwenden von sogenannten „**Vielzweckwörtern**" (z. B. „Dings", „tun", „und dann" usw.). Außerdem werden vorrangig konkrete und wenig abstrakte Wörter verwendet. Manchmal **umschreiben** sie Wörter auch (z. B. „das Ding auf der Nase" statt „Brille") oder benutzen **Gesten** (z. B. Andeuten einer Brille mit den Fingern um die Augen). Auch werden häufig **Ersatzwörter** verwendet, die dem, was der Schüler eigentlich meint, im Inhalt ähnlich, jedoch nicht wirklich treffend sind, z. B. „Tier" statt „Hund", „Ast" statt „Baum", „Haus" statt „Schule". Oder es werden Wörter gebildet, die klanglich statt inhaltlich ähnlich sind (z. B. „feletonieren" statt „telefonieren"), oder Teile innerhalb des Wortes werden vertauscht: „Wortstörungsfindung" statt „Wortfindungsstörung". Viele Kinder und Jugendliche **antworten** häufig nur mit Ja oder Nein, um ihrem Gesprächspartner zu vermitteln, sie hätten ihn verstanden.

[37] Vgl. ICD-10-GM (Version 2019): Kapitel V, Link: www.dimdi.de/static/de/klassifikationen/icd/icd-10-gm/kode-suche/htmlgm2019/, letzter Zugriff am 08.07.2019

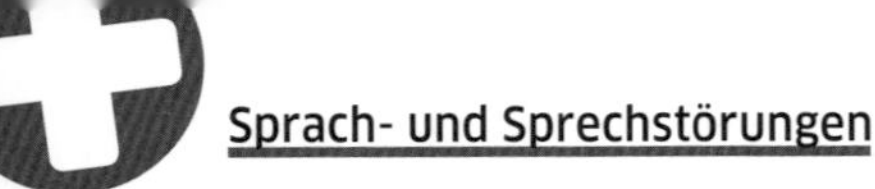

Tipps für die Unterrichtspraxis

Für Hinweise zur Unterrichtspraxis beachten Sie bitte S. 120 ff.

Wo kann ich mir weitere Hilfe holen?

Entsprechende Hinweise finden Sie auf S. 123 ff.

Grammatische Störungen

Wie die Bezeichnung schon sagt, handelt es sich um eine Störung des grammatikalischen Ausdrucks; Sätze werden grammatikalisch nicht korrekt gebildet (auch: Syntaktisch-morphologische Störung). Dies kann sowohl die **Satzebene** betreffen, also z. B. die nicht korrekte Verbstellung im Haupt- und Nebensatz, als auch die **Wortebene**, wenn z. B. nicht richtig konjugiert oder dekliniert wird.

Diagnosekriterien

Grammatische Störungen werden in der ICD-10 als expressive Sprachstörung unter den umschriebenen Entwicklungsstörungen des Sprechens und der Sprache geführt.[38] Von grammatischen Störungen spricht man, wenn der Grammatikerwerb deutlich **verzögert** und zeitlich **langsamer** und **mühevoller** als bei normal sprechenden Kindern erfolgt; der Satzbau sowie die Beugung von Wörtern ist nicht altersentsprechend. Grammatische Fehler tauchen in jeder kindlichen Sprachentwicklung auf und sind erst ab dem Alter von vier bis fünf Jahren Anzeichen einer Sprachentwicklungsstörung. Grammatische Störungen können das Leitsymptom einer Sprachentwicklungsstörung sein und sind dann als Folge eines auditiven (also das Gehör betreffenden) **Wahrnehmungsproblems** sowie einer Entwicklungsstörung in der **Verarbeitung** von **Sprache** und **Struktur** zu sehen. Aber auch Mehrsprachigkeit oder kognitive Beeinträchtigung können Gründe für grammatische Störungen sein (vgl. S. 127 ff. bzw. S. 131 ff.).
Laut Remschmidt[39] zeigen etwa 3 % der 6-jährigen Jungen und 1,5 % der 6-jährigen Mädchen grammatische Auffälligkeiten.

---

[38] Vgl. ICD-10-GM (Version 2019): Kapitel V, Link: www.dimdi.de/static/de/klassifikationen/icd/icd-10-gm/kode-suche/htmlgm2019/, letzter Zugriff am 08.07.2019

[39] Vgl. Remschmidt, Helmut (Hrsg.): Kinder- und Jugendpsychiatrie: Eine praktische Einführung, Thieme-Verlag: Stuttgart 2011, ISBN: 978-3-13576-606-5, S. 185

Was sind die Besonderheiten der betroffenen Schüler?

Bei grammatischen Störungen zeigen sich folgende Auffälligkeiten:

- ✓ Die **Reihenfolge** der Wörter im Satz wird vertauscht (z. B.: „Der Hund nicht an der Leine geht.“).
- ✓ Falsche **Artikel**, **Grammatikformen** oder **Wortendungen** werden verwendet (z. B. „Kind über das Straße gegeht“, „Ich malst das Bild.“).
- ✓ Bestimmte Wörter werden **ausgelassen** („Ich nehme blaues Blatt, nicht grünes Blatt.“).

Hierbei gibt es **unterschiedliche Schweregrade** der Sprachstörung. In vielen Fällen kommt zu den Problemen bei der Sprachproduktion eine eingeschränkte Fähigkeit des **Sprachverständnisses** dazu, weil grammatische Strukturen nicht korrekt entschlüsselt werden können. Die Schüler weichen auf Hilfsstrategien aus, sodass die Verständnisprobleme häufig übersehen werden, wenn der Lehrer nicht genau hinsieht (siehe hierzu das Kapitel zu Störungen im Sprachverstehen, S. 117 ff.).
Häufig haben Kinder und Jugendliche mit grammatischen Schwierigkeiten zusätzlich Aufmerksamkeits- und Konzentrationsschwierigkeiten, eine begrenzte Merkspanne und Speicherfähigkeit.
Wenn Sie feststellen, dass ein Schüler in seiner **sprachlichen/grammatischen Entwicklung** seinen Altersgenossen „hinterherhinkt“ und immer wieder an die Grenzen seiner **Kommunikation** stößt, sollten Sie ein Gespräch mit den Eltern über eine mögliche Sprachtherapie suchen, denn je früher die Störung erkannt und behandelt wird, desto besser ist es.

Tipps für die Unterrichtspraxis

Für Hinweise zur Unterrichtspraxis beachten Sie bitte S. 120 ff.

Wo kann ich mir weitere Hilfe holen?

Entsprechende Hinweise finden Sie auf S. 123 f.

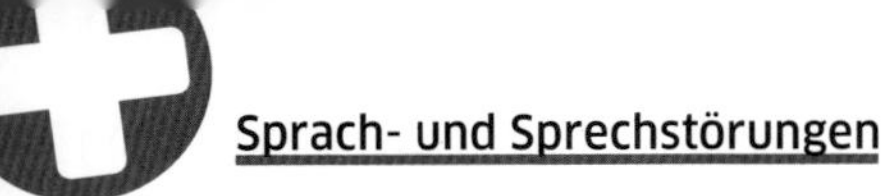

Redeflussstörung: Stottern

Die Redeflussstörung wird zu den Störungen der Kommunikation gezählt (siehe auch S. 110). Hierbei handelt es sich um eine Sprechstörung, die die **Flüssigkeit des Sprechens** beeinträchtigt. Das **Sprachverständnis** sowie das **Sprachvermögen** als solche sind bei dieser Sprechstörung völlig intakt. Das **Stottern** ist die häufigste Redeflussstörung. Die meisten Sprechprobleme lassen sich mit einer Sprachtherapie gut behandeln oder zumindest vermindern.

Diagnosekriterien

Beim **Stottern** werden ein oder mehrere **Anfangslaute** beim Sprechbeginn **wiederholt** oder der **Sprechablauf** wird völlig **blockiert**. Ebenso wie das Lispeln sind auch Redeflussstörungen manchmal nur ein Teil der Sprachentwicklung und nicht immer pathologisch. Stottern im eigentlichen Sinne liegt erst dann vor, wenn das Kind/der Jugendliche länger als sechs Monate lang durch Sprechblockaden, Dehnungen (länger als eine Sekunde) und/oder mehr als 3-malige Wiederholungen von Silben oder Lauten in seinem Sprechen gehemmt wird. Häufig gehen motorische **Begleitsymptome** mit dem Stottern einher und ein oder mehrere Körperteile (z. B. Hände oder Augen) werden krampfartig beim Sprechen mitbewegt. Die **Diagnose** des Stotterns stellt ein **Sprachtherapeut**; er bezieht dabei die Entwicklung des Kindes und sein familiäres Umfeld mit ein.
Die **Häufigkeit** echten Stotterns wird mit ca. einem Prozent angegeben[40], davon stottern 3- bis 4-mal mehr Jungen als Mädchen. Die Gründe hierfür sind nicht eindeutig geklärt und können genetischer, psychischer, physischer, sozialer oder hirnorganischer Natur sein. Die Belastung durch das Stottern zieht eine Reihe von Sekundärsymptomen nach sich, z. B. Atem- und Stimmprobleme, Sprechängste oder Verhaltensauffälligkeiten.

Was sind die Besonderheiten der betroffenen Schüler?

Kinder und Jugendliche mit leichten Redeflussstörungen sind in ihrem schulischen Lernen i. d. R. nicht beeinträchtigt. Hier ist es Ihre Aufgabe, zu beobachten,

- ✓ wie der Schüler sich in der **Klassengemeinschaft** bewegt,
- ✓ ob er durch sein Stottern **gehemmt** ist oder es als **unproblematisch** betrachtet,
- ✓ ob er **gehänselt** wird oder ob seine Sprache kein Thema für die Mitschüler ist.

---

[40] Vgl. z. B. Bundesvereinigung Stottern und Selbsthilfe e. V., Link: www.bvss.de, letzter Zugriff am 08.07.2019

Insbesondere stotternde Schüler leiden jedoch oft unter zum Teil heftigen **Sekundärsymptomen**: Sie fühlen sich **angespannt**, wenn sie sprechen sollen, insbesondere vor der Klasse, vermeiden Sprechsituationen und Blickkontakt, erröten und/oder schwitzen beim Sprechen, bis hin zu körperlicher Anspannung, die sich in der Mimik oder in ganzkörperlichen Mitbewegungen beim Sprechen äußert. Das **Selbstbewusstsein** ist oft gering, Sozialkontakte werden zunehmend vermieden. Bemühungen, weniger zu stottern, bewirken oft das Gegenteil, da die Sprache **nicht bewusst gesteuert** werden kann. Es ist aber zu beobachten, dass beim **Reimen** oder **Singen** weniger oder gar nicht gestottert wird.

Tipps für die Unterrichtspraxis

Für Hinweise zur Unterrichtspraxis beachten Sie bitte S. 120 ff.

Wo kann ich mir weitere Hilfe holen?

Entsprechende Hinweise finden Sie auf S. 123 ff.

Störungen im Sprachverstehen

Bei den Störungen im Sprachverstehen handelt es sich um eine Kommunikationsstörung. Die entsprechenden Schüler **fallen im Unterricht** oft zunächst **nicht auf**, da sie sich **Hilfsstrategien** erarbeitet haben, mit denen sie ihre Schwierigkeiten überdecken. Sie antworten oft nur mit Ja oder Nein, auch wenn sie eine Aussage nicht differenziert verstanden haben. Sie verwenden Floskeln (z. B. „Passt schon", „Hab ich vergessen") oder geben ungenaue Antworten, fragen nicht nach, hören oft scheinbar nicht zu und orientieren sich dann beim Befolgen von Anweisungen an ihren Mitschülern oder wirken zurückgezogen. Häufig wird dieses Verhalten als kindliche Impulsivität oder Unaufmerksamkeit gedeutet, oftmals auch als oppositionelle Verhaltensstörung oder verminderte Intelligenz, dabei steckt eigentlich ein tiefer greifendes Problem dahinter. Oft verstehen die Schüler selbst nicht, was mit ihnen los ist, was eine Diagnose zusätzlich erschwert. Fast die Hälfte der Kinder und Jugendlichen mit Sprachentwicklungsstörungen haben auch Störungen im Sprachverstehen.[41]

---

[41] Vgl. Reber, Karin und Schönauer-Schneider, Wilma: Bausteine Sprachheilpädagogischen Unterrichts, Ernst Reinhardt-Verlag: München 2009, ISBN: 978-3-497-02758-3, S. 165

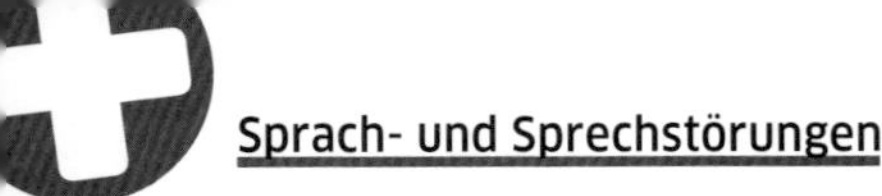

Diagnosekriterien

In der ICD-10 wird die Störung im Sprachverstehen unter den umschriebenen Entwicklungsstörungen der Sprache als rezeptive Sprachstörung benannt, bei der das Sprachverständnis des Kindes unterhalb des Intelligenzalters liegt.[42]
Das Sprachverstehen kann nie direkt beobachtet werden, da es sich um eine Reaktion auf Sprache handelt. Seien Sie also sensibel und vorsichtig mit Interpretationen und beobachten Sie genau, unter welchen Bedingungen der Schüler Äußerungen versteht. Eine **differenzierte Einzeldiagnostik**, die das Verstehen auf der Wort-, Satz- und Textebene überprüft, kann hier weiterhelfen, z.B. mithilfe des **Tests zur Überprüfung des Grammatikverständnisses** (TROG-D), der Untertests zur Sprache aus den **IDS** (Intelligence and Development Scales, mittlerweile an vielen Schulen im Einsatz), des **Marburger Sprachverständnistests für Kinder** (MSVK) oder anderer Tests/Subtests, i.d.R. erhältlich über die Testzentrale: www.testzentrale.de
Da es sich bei einer Störung des Sprachverstehens selten um eine isolierte Beeinträchtigung handelt, sondern diese häufig mit motorischen oder psychiatrischen Störungen, Legasthenie oder anderen Sprachentwicklungsstörungen einhergeht, ist eine umfassende Diagnostik von Fachleuten i.d.R. unumgänglich.

Was sind die Besonderheiten der betroffenen Schüler?

Kinder und Jugendliche mit Entwicklungsstörungen des Sprachverstehens haben nicht gelernt, dass man Sprache genau verstehen kann. Deshalb antworten sie auf die Frage, ob sie eine Aussage, Aufgabe oder Anweisung verstanden haben, i.d.R. mit Ja, da sie der Auffassung sind, sie hätten sie verstanden, so gut man sie eben verstehen kann. Meist merken sie irgendwann, dass sie anders sind als ihre Mitschüler, wissen aber nicht warum und halten sich für unintelligent. Mitschüler und Lehrer wiederum sind ebenfalls verunsichert vom Verhalten der Kinder oder Jugendlichen, weil sie deren Verhalten und Reaktionen oft nicht einschätzen können.
Beobachten Sie den Schüler in seinem Sprachverstehen genau, um sein Verhalten und seine Reaktionen besser verstehen zu können – nutzen Sie hierfür auch und besonders 1:1-Situationen.
Folgende **Kriterien** können bei der Beobachtung zum Sprachverständnis helfen:
- ✓ Nimmt der Schüler beim Zuhören **Blickkontakt** auf, sitzt er **zugewandt**?

[42] Vgl. ICD-10-GM (Version 2019): Kapitel V, Link: www.dimdi.de/static/de/klassifikationen/icd/icd-10-gm/kode-suche/htmlgm2019/, letzter Zugriff am 08.07.2019

- ✓ Welchen Eindruck macht der Schüler beim **Vorlesen** von Geschichten? Kann er Inhalte schlüssig wiedergeben?
- ✓ Gibt er differenzierte **Antworten**?
- ✓ Kann er **Wortbedeutungen** genau erfassen (z. B. „kaufen – verkaufen"), deutet er **zeitliche Aussagen** richtig (z. B. „schrieb – schreibt – wird schreiben"), versteht er die **Vorsilben von Verben** (z. B. „wegfahren – hinfahren – zurückfahren")?
- ✓ Kann er Sätze mit **Haupt- und Nebensatz** richtig deuten (z. B. Bevor-, Nachdem- oder Wenn-Sätze, Relativsätze)?
- ✓ Kann er **Aktiv- und Passivaussagen** unterscheiden?
- ✓ Versteht er auch längere **Anweisungen** oder solche ohne Mimik und Gestik?
- ✓ **Fragt** er bei Nichtverstehen gezielt **nach**?

Wichtig ist es, dass Sie das Problem erkennen und nicht darüber hinweggehen, damit Überforderung und Schulfrust verhindert oder vermindert werden können.

Tipps für die Unterrichtspraxis

Für Hinweise zur Unterrichtspraxis beachten Sie bitte S. 120 ff.

Wo kann ich mir weitere Hilfe holen?

Entsprechende Hinweise finden Sie auf S. 123 f.

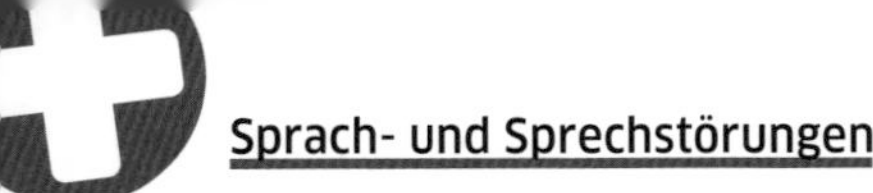

Tipps für die Unterrichtspraxis

Es gibt vielfältige **Prinzipien sprachförderlichen** bzw. **sprachsensiblen Unterrichts**, die letztlich für alle Formen von Sprach- und Sprechbeeinträchtigungen gelten, weshalb sie an dieser Stelle zusammenfassend für alle in diesem Kapitel behandelten Störungen beschrieben werden.
Beobachten Sie den Schüler und sein schulisches Umfeld gut und sprechen Sie ihn und/oder die Eltern rechtzeitig an, falls Sie Schwierigkeiten bemerken (falls es **Mobbing-Probleme** gibt, lesen Sie hierzu bitte das Kapitel ab S. 33).

Die Hauptmaßnahme bei Sprachstörungen sollte stets eine **Sprachtherapie** sein. Sie können die Sprachentwicklungsstörung Ihres Schülers nicht aufarbeiten. Die **Eltern** entsprechend zu **beraten**, ist demnach eine wichtige Aufgabe.

Für den **Unterricht** gilt:
Führen Sie positiv formulierte **Kommunikationsregeln** ein (z. B.: „Ich höre gut zu. Ich bin leise. Ich melde mich."). Schaffen Sie ein **Klassenklima**, in dem angstfrei gesprochen werden kann und keiner ausgelacht werden darf (durch Verstärken positiven Verhaltens, durch gelassenen Umgang mit Fehlern, durch Förderung von Vielfalt und Unterschiedlichkeit). Achten Sie darauf, dass alle Schüler gleichermaßen zu Wort kommen können. Ermuntern Sie den Schüler zum **Sprechen**, gehen Sie über seine Fehler hinweg und vermitteln Sie so auch den Mitschülern, dass Ihnen die Persönlichkeit des Schülers sowie die gesprochenen **Inhalte** wichtiger sind als korrekte Aussprache, Wörter oder Grammatik. Verwenden Sie hierbei die sogenannten sprachlichen **Modellierungstechniken**: Wenn Sie denken, dass eine Korrektur für den Schüler in Ordnung wäre, **verbessern** Sie die Sprache des Schülers auf **indirekte** Weise, indem Sie **korrigierend antworten**, ohne dabei den Fehler zu kommentieren (z. B.: zeigt der Schüler auf einen Ball und sagt: „rund", antworten Sie: „Ja, der Ball ist rund."). Und: Nutzen Sie **Rituale** als **Sprechanlässe**, indem Sie Satzbausteine vorgeben, z. B. im Morgenkreis („Mir geht es heute gut/schlecht/..., weil ..."), beim Besprechen des Tages und des Tagesablaufes („Heute ist Montag, der 11. März. Gestern war Sonntag, der ..., morgen ist ... Wir haben heute zuerst Mathe, danach haben wir Sport in der Sporthalle ..."). Ebenso bei gegenseitigen Rückmeldungen:

„Ich fand gut, dass du ... Mein Tipp für dich ist, dass du ..."

Loben Sie, so oft es geht. Wecken Sie bei den Mitschülern **Verständnis** für sprachliche Schwierigkeiten und bauen Sie Vorurteile ab. Entscheiden Sie im Einzelfall, ob es Sinn macht, die Klasse über die Sprach- oder Sprechstörung genauer zu informieren. Besonders mit älteren Schülern sollten Sie zunächst einzeln und im geschützten Rahmen über ihre sprachlichen Probleme sprechen.
Seien Sie ein nachahmenswertes **Sprachmodell**. Formulieren Sie eindeutig, direkt und genau (nicht: „Du brauchst deine Mathesachen", sondern: „Hole einen Bleistift, einen Radiergummi und dein Matheheft heraus."). Sprechen Sie erst, wenn es **ruhig** in der Klasse ist, besonders dann, wenn es um wichtige Informationen oder Arbeitsaufträge geht. Achten Sie darauf, dass Sie dabei der Klasse **zugewandt** sind, um Schülern mit Verständnisschwierigkeiten eine zusätzliche Unterstützung zu geben, sowie darauf, dass die Schüler Ihnen zugewandt sind, wenn Sie sprechen. Suchen Sie beim Sprechen gezielten **Blickkontakt** bei den Schülern mit Schwierigkeiten. Unterstützen Sie Ihre Worte mit **Gesten** und **Mimik**, arbeiten Sie mit **Bildern**, **Piktogrammen** oder **Gegenständen**, wo immer es geht, visualisieren Sie besonders längere Arbeitsaufträge z. B. durch Stichpunkte an der Tafel.
Verwenden Sie **leichte Sprache**:
Achten Sie nicht nur darauf, was, sondern auch, wie Sie etwas sagen.

- ✓ Legen Sie Sprechpausen ein,
- ✓ betonen Sie abwechslungsreich,
- ✓ sprechen Sie lieber zu langsam als zu schnell,
- ✓ vermeiden Sie überflüssige, schwierige Wörter,
- ✓ halten Sie den Satzbau möglichst einfach,
- ✓ wiederholen Sie wichtige Fachwörter, so oft es geht,
- ✓ verwenden Sie, wo möglich, reale Gegenstände oder Bilder, die Ihr Gesagtes veranschaulichen,
- ✓ verzichten Sie auf unwichtige Nebeninformationen,
- ✓ achten Sie auf die Reihenfolge, in der Sie Informationen geben (was zuerst gesagt wird, passiert auch zuerst).

Achten Sie auf eine möglichst ruhige und strukturierte **Arbeitsumgebung**.
Geben Sie dem Schüler **Zeit** zum Melden und zum Antworten.
Erklären Sie **Sprachbilder**, **Ironie** und **Mehrdeutigkeiten**, da diese oft nicht von allen Schülern verstanden werden.
Fragen Sie nach, ob Gesagtes verstanden wurde, lassen Sie Arbeitsaufträge wiederholen, auch mehrfach. Entwickeln Sie eine **Nachfragekultur** (sog. **„Monitoring"** mit den Leitfragen: „Was habe ich verstanden? Wie kann ich nachfragen?"

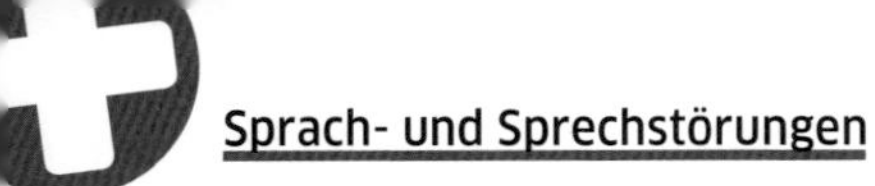

Wichtig ist dabei auch Ihre Haltung: „Schön, dass du nachfragst!") und geben Sie dafür Zeit. Schulen Sie das **bewusste Zuhören** durch Notieren von **Fragen** oder Stichpunkten. Stellen Sie Fragen, statt Antworten zu geben. Für Sprechanfänger oder schwächere Sprecher sind Fragen, die nur kurze Antworten erfordern, zunächst hilfreich. Ziel des Unterrichts sollte es jedoch sein, längere Antworten einzufordern, indem Sie offene Fragen (z.B.: „Was weißt du über den Igel?") oder Warum-Fragen (z.B.: „Warum hat der Igel Stacheln?") stellen.

Scaffolding (der Sprache ein Gerüst = „scaffold" geben) bedeutet für den sprachförderlichen Unterricht, dass Sie sowohl auf der Wortebene **Fachbegriffe** bereitstellen (z.B. mit einem **Wortspeicher**-Plakat, das im Rahmen einer Unterrichtsreihe gefüllt wird) als auch **Satzbausteine** vorgeben (siehe S. 120).

Da sprachbeeinträchtigte Schüler meist nicht so ausdauernd arbeiten können, bauen Sie immer wieder mal Pausen ein: **Entspannungs**- und **Atemübungen** tun allen Schülern gut (siehe dazu auch den entsprechenden Literaturtipp auf S. 124). Fördern Sie die **Aussprache** durch das Verwenden von Reimen, Sprachspielen und Liedern. Auch das Sprechen im **Chor**, mag es noch so antiquiert erscheinen, hat eine hohe Bedeutsamkeit für die Aktivierung aller Schüler und bietet den Schutz der Gruppe besonders z.B. für Stotterer oder Mutisten. Führen Sie regelmäßig **Übungen** zur **akustischen Analyse** („Ohrenübungen") durch, bei denen sowohl das „Fremdhören" (anderer Stimmen) als auch das „Eigenhören" (der eigenen Stimme) geschult wird. Über die Suchmaschine finden Sie zahlreiche entsprechende Übungen. Trainieren Sie besonders im Anfangsunterricht die **phonologische Bewusstheit**, also das Wahrnehmen und Produzieren von Lauten und Lautverbindungen (z.B. mithilfe des Programms *Leichter lesen und schreiben lernen mit der Hexe Susi,* siehe Literaturtipp auf S. 124, sowie dem *Rundgang durch Hörhausen*, ebenda). Überlegen Sie möglichst gemeinsam mit dem Schüler, unter welchen **Bedingungen** er angstfrei(er) in der Schule sprechen kann. (Möchte er sich selbst melden oder lieber aufgerufen werden? Hilft es, vom Platz aus zu sprechen, oder klappt es besser frontal vor der Klasse? Möchte er dabei lieber stehen oder sitzen? ...)

Wortschatzarbeit sollte ein grundlegendes Unterrichtsprinzip nicht nur im Deutschunterricht sein. Wörter sind Schätze. Machen Sie sich mit Ihren Schülern auf die Suche nach Lieblingswörtern, unbekannten, interessanten oder schwierigen Wörtern und besprechen Sie diese („Was ist eigentlich ein ...?"), auch ritualisiert im Rahmen eines „Wortes des Tages/der Woche". Den Wortschatz fördern Sie auch durch **Vernetzung** von Wörtern mithilfe von Mindmaps zu Wortfeldern oder zentralen Begriffen, durch das Sammeln von Ober- und Unterbegriffen, Gegenteilen,

Synonymen usw. Klären Sie **Wortbedeutungen** häufig verwendeter Begriffe und Fachwörter genau.

Grammatikförderung bedeutet das Schaffen von sinnvoller Kommunikation im Unterricht. Dabei helfen die auf S. 120 angesprochenen **Modellierungstechniken**, um z. B. die korrekte Verbstellung in Nebensätzen zu üben („Ich finde es gut, dass du ...“).[43]

Da Schüler mit Sprachstörungen häufig nicht nur mündlich Schwierigkeiten haben, Informationen und Anweisungen zu verstehen, kommt der Adaption von Texten eine wichtige Rolle zu. Lesen Sie hierzu die Kriterien zur Gestaltung von leichten Texten auf S. 87.

Sprach- und Sprechstörungen sind anerkannte Gründe zum Stellen eines **Nachteilsausgleichs**. Der Nachteilsausgleich ist in allen Bundesländern unterschiedlich geregelt, sieht aber fast überall

- ✓ Zeitzugabe,
- ✓ mündliche statt schriftliche Prüfungsmöglichkeit,
- ✓ Veränderung mündlicher Leistungsüberprüfung (z. B. indem ein Referat nicht vor der Klasse gehalten werden muss),
- ✓ individuelle Aufgabenstellungen,
- ✓ Hilfsmittel,
- ✓ Aussetzen oder Verändern der Benotung

u. v. m. vor. Gegebene Nachteilsausgleiche müssen in Prüfungen dokumentiert werden; auf dem Zeugnis werden sie nicht vermerkt. Informationen hierzu finden Sie auf S. 15 und auf der Webseite des Schulministeriums Ihres Bundeslandes. Ist der Förderschwerpunkt Sprache festgestellt, wird er im **Zeugnis** z. B. wie folgt unter Bemerkungen dokumentiert: „Anna wird (1. Halbjahr)/wurde (2. Halbjahr) im Schuljahr X/Y im Förderschwerpunkt Sprache sonderpädagogisch im Bildungsgang Primarstufe/Hauptschule/Realschule/Gymnasium unterstützt.“ Bei zielgleicher Beschulung kann diese Bemerkung auf Wunsch der Eltern im Abschlusszeugnis wegfallen.

Wo kann ich mir weitere Hilfe holen?

- ✓ Holen Sie sich Rat und Unterstützung bei **Experten**, z. B. bei Kollegen oder Therapeuten. Auch der **Schulpsychologische Dienst** oder ein **Sprachheilzentrum** in Ihrer Nähe kann weiterhelfen.

---

[43] Wer sich tiefgreifender mit der Förderung grammatischer Fähigkeiten beschäftigen möchte, dem sei das folgende Buch empfohlen: Berg, Margit: Kontextoptimierung im Unterricht. Praxisbausteine für die Förderung grammatischer Fähigkeiten, Reinhardt-Verlag: München 2018, ISBN: 978-3-497-02755-2

- **Schulsozialarbeiter** und **Vertrauenslehrer** sind wichtige Ansprechpartner in der Schule zur Unterstützung des Schülers, wenn dieser unter seiner Sprach- oder Sprechstörung leidet.

Linktipps

- Auf folgender **Webseite** finden sich viele hilfreiche Informationen und Tipps zu verschiedenen logopädischen Störungsbildern sowie die Möglichkeit, Logopäden in der Nähe zu finden: www.logopaedie.com
  Diese Seite können Sie auch Eltern empfehlen.
- Die **„Deutsche Gesellschaft für Sprachheilpädagogik e. V. (dgs)“** hat eine Broschüre zum Thema **„Sprachliche Bildung und Sprachförderung in der Schule“** herausgegeben. Die Inhalte sowie viele Materialien und einen Beobachtungsbogen zu sprachlichen Fähigkeiten können Sie herunterladen unter www.sprachfoerderung.dgs-ev.de
- Die Bezirksregierung Düsseldorf hat folgende Publikation herausgegeben, zu finden über die Suchmaschine und auf der Webseite: „Themenheft Inklusion – Grundlagen und Hinweise für die Förderung von sprachentwicklungsgestörten Kindern in der Schuleingangsphase der Grundschule“.

Literaturtipps

- Wie Schüler mit und ohne Sprachstörungen **optimal gefördert** werden können, lesen Sie hier: *Reber, Karin und Schönauer-Schneider, Wilma: Sprachförderung im inklusiven Unterricht: Praxistipps für Lehrkräfte, Reinhardt-Verlag: München 2017, ISBN: 978-3-497-02714-9*
- Tipps für **Atem- und Entspannungsübungen** im Klassenzimmer erhalten Sie hier: *Stöhr-Mäschl, Doris: 10 Minuten für meine Schüler – Stress bewältigen, Verlag an der Ruhr: Mülheim an der Ruhr 2019, ISBN: 978-3-8346-4047-5*
- Trainings zur **phonologischen Bewusstheit** gibt es hier:
  - *Forster, Maria und Martschinke, Sabine: Leichter lesen und schreiben lernen mit der Hexe Susi, Auer-Verlag: Augsburg 2008, ISBN: 978-3-403-03483-4*
  - *Martischinke, Sabine u. a.: Der Rundgang durch Hörhausen, Auer-Verlag: Augsburg 2016, ISBN: 978-3-403-03484-1*

Mutismus

Eine besondere Form der Sprechstörung ist der Mutismus als sprachlicher Ausdruck von sozialer Angst. Diese Schüler sprechen nicht oder kaum; dahinter stecken meist tiefer liegende emotionale und/oder soziale Schwierigkeiten.

Diagnosekriterien

Mutistische Schüler sprechen nicht (**totaler Mutismus**) oder nur mit ausgewählten Personen, an bestimmten Orten oder in besonderen Situationen (**selektiver Mutismus**), häufig mit leiser Stimme oder flüsternd. Anliegen werden ersatzweise gestisch oder mimisch ausgedrückt.
Das Hören sowie das grundsätzliche **Sprechvermögen** sind dabei nicht eingeschränkt. Die Diagnose Mutismus wird gestellt, wenn ein Kind oder Jugendlicher mindestens vier Wochen lang nicht spricht. Eine direkte **Ursache** ist nicht bekannt; sich ergänzende psychische und hirnorganische/genetische/soziale Faktoren können zu mutistischen Verhaltensweisen führen.

Was sind die Besonderheiten der betroffenen Schüler?

Schüler mit **totalem Mutismus verweigern Lautsprache** komplett gegenüber allen Personen, in allen Situationen und an allen Orten. Auch **Körpergeräusche,** wie Husten, Niesen, lautes Weinen oder Lachen, werden komplett vermieden. **Mimik** und **Körperhaltung** sind i. d. R. starr und abweisend.
Im Gegensatz dazu gibt es bei Schülern mit **selektivem Mutismus** Ausnahmen und der Schüler spricht nur im Zusammenhang mit bestimmten **Orten**, **Situationen** oder **Personen** nicht. Auch die Gestik und Mimik sind nicht starr, sondern werden im Gegenteil als **Ersatzkommunikation** genutzt.

Tipps für die Unterrichtspraxis

Die meisten selektiv mutistischen Schüler wollen eigentlich sprechen, aber die Angst vor dem Sprechen ist größer als der Wunsch danach. **Sicherheit** zu vermitteln, ist hier oberstes Ziel. **Erzählen** Sie dem Schüler davon, wie es Ihnen schon einmal „die Sprache verschlagen" hat. Zeigen Sie **Verständnis** für die Angst und erklären Sie, dass das Sprechen in der Schule vor einer größeren Gruppe manchmal Überwindung kostet. Sichern Sie ihm Ihre **Unterstützung** zu. Machen Sie dem

Schüler Mut, es zu versuchen, aber bauen Sie keinen Druck auf und seien Sie **geduldig**. Versuchen Sie, herauszufinden, in welchen **Situationen** Sprechversuche am unkompliziertesten sein könnten, wann, wo und wie sich der Schüler also sicher fühlt. Fördern Sie alle Situationen, in denen der Schüler mit anderen interagiert, und binden Sie ihn in alle **Aktivitäten** ein. Spielen Sie **Spiele**, in denen der Schüler sprechen kann, aber nicht muss. **Akzeptieren** Sie zunächst die nonverbale Ersatzsprache des Schülers (z. B. Zeigen oder Nicken) und **erhöhen** Sie bei **zunehmendem Vertrauen** die Anforderungen, zu sprechen, z. B. durch das Fordern von Ja-Nein-Antworten, des Formens des Wortes mit dem Mund, ohne es laut auszusprechen, von Ins-Ohr-Flüstern, vom Sprechen über eine Handpuppe. Manche Schüler singen lieber, anstatt zu sprechen. **Reagieren** Sie auf alle sprachlichen Äußerungen positiv, aber unaufgeregt. Bestehen Sie nicht auf **Blickkontakt** beim Sprechen.
Mutismus ist eine anerkannte Sprechbehinderung: Über den **Nachteilsausgleich** kann es z. B. möglich sein, die mündliche Benotung (zeitweise) auszusetzen oder die Bedingungen in Absprache mit dem Schüler oder den Eltern zu verändern. Z. B. kann mündliches Abfragen ohne Beisein der Klasse stattfinden, schriftliche Stundenprotokolle können mündliche Zusammenfassungen ersetzen, Referate können zu Hause aufgenommen werden. Genauere Informationen zum Nachteilsausgleich finden Sie auf S. 15 und auf den Seiten des Schulministeriums Ihres Bundeslandes. **Informieren** Sie **alle beteiligten Lehrer** darüber.

Wo kann ich mir weitere Hilfe holen?

- ✓ Holen Sie sich Rat und Unterstützung bei **Experten**, z. B. bei Kollegen oder Therapeuten. Auch der **Schulpsychologische Dienst** oder ein **Sprachheilzentrum** in Ihrer Nähe kann weiterhelfen.
- ✓ **Schulsozialarbeiter** und **Vertrauenslehrer** sind wichtige Ansprechpartner in der Schule zur Unterstützung des Schülers, wenn dieser unter seinem Mutismus leidet.

Linktipps

- ✓ Der „**Evaluationsbogen** für das sozialinteraktive Kommunikationsverhalten bei Mutismus" (E-S-K-M) hilft beim Erfassen der Situationen, in denen das Sprechen für Ihren Schüler am schwierigsten bzw. am leichtesten ist (am einfachsten zu finden über die Suchmaschine).
- ✓ Der Verein „**Mutismus Selbshilfe Deutschland e. V.**" (c/o Dominik Apel, Oberpleiser Straße 25, 50939 Köln) bietet hilfreiche Informationen über Mutismus

sowie Leitlinien für Pädagogen und Lehrer auf seiner Internet-Plattform: www.mutismus.de

- ✓ Auf der **Webseite** www.selektiver-mutismus.de finden Sie (bzw. Eltern) zahlreiche Informationen und ein nach Postleitzahlen geordnetes Verzeichnis mit erfahrenen Mutismus-Therapeuten.

Sprachschwierigkeiten durch Mehrsprachigkeit

Grundsätzlich kann man davon ausgehen, dass das Aufwachsen mit mehreren (meist sind es zwei) Sprachen eine **Bereicherung** darstellt und **interkulturelle Vielfalt** für die Kinder und Jugendlichen gewinnbringend ist. **Stolpersteine** können allerdings entstehen, wenn die Erstsprache im Unterricht nicht genutzt werden kann bzw. die Schule keine Anknüpfungspunkte kennt oder schafft. Zudem sind bei manchen Flüchtlingskindern aus Krisen- oder Kriegsgebieten **traumatische Erfahrungen** als zusätzliche Belastung vorhanden, die ein weiteres Hindernis auf dem Weg zur Integration des Kindes oder Jugendlichen darstellen (siehe hierzu das Kapitel zu Angststörungen ab S. 57). Erschwerend kann hinzukommen, dass auch mehrsprachige Kinder eine **Sprachentwicklungsstörung** aufweisen können. In diesem Fall verläuft die Entwicklung der Erst- sowie der Zweitsprache verzögert. Zur Abgrenzung der Problematik müssen hier zusätzlich zu einer Sprachdiagnostik sonderpädagogische/sprachtherapeutische und/oder logopädische Fachleute mit Sprachkenntnissen auch der Erstsprache des Schülers hinzugezogen werden.

Was sind die Besonderheiten der betroffenen Schüler?

Die **Erstsprache** ist ein wichtiger Bestandteil der Herkunft und damit der Identität und Emotionalität mehrsprachiger Kinder und Jugendlicher. In dieser Sprache wird mit den Eltern oder zumindest mit einem Elternteil privat kommuniziert, der Alltag gestaltet und werden Gefühle ausgetauscht; hier fühlen sich die Kinder und Jugendlichen verwurzelt, oft auch außerhalb der Kernfamilie in einer kulturell und sprachlich verbindenden Gemeinschaft.

Die **Zweitsprache** wiederum steht im Zentrum des außerfamiliären, mindestens des schulischen Lebens und Lernens und ist notwendig, um den schulischen Alltag zu bewältigen, sich Kulturtechniken und Wissen anzueignen, im Sportverein mitmachen zu können, einkaufen zu können etc., kurz: um in unserem Land handlungs- und bildungsfähig zu sein.

Die **Balance** zwischen der Erst- und der Zweitsprache herzustellen, ist die Aufgabe der Schule und gleichzeitig eine große Herausforderung. Werden die **Fähigkeiten der Erstsprache** eines Schülers nicht anerkannt, kann das zu einem negativen sprachlichen Selbstbewusstsein führen („In der Schule wollen sie immer nur das hören, was ich nicht gut kann, aber nie das, was ich gut kann. Also bin ich schlecht."). Wird die Erstsprache in der Schule gar verboten, gleicht das einem Abschneiden eines Teils der Persönlichkeit des Schülers („Meine Sprache ist hier verboten und nichts wert, also bin ich hier auch nichts wert."). Gleichzeitig müssen die **Fähigkeiten der Zweitsprache** schulisch besonders unterstützt werden (siehe S. 129), da die Schüler sonst Unterrichtsinhalte nicht adäquat verstehen und verarbeiten können und sich so vermeidbarer schulischer Misserfolg einstellt. Sie brauchen vielfältige und häufige Gelegenheit, die Zweitsprache positiv zu erleben, um eine positive Zweitsprachenidentität aufbauen zu können.

Auf dem **Weg zur Zweisprachigkeit** vollziehen die Schüler mehrere ineinander übergehende **Schritte:**[44]

- ✓ Laute, einzelne Wörter oder grammatische Regeln der Erstsprache fließen beim Deutschsprechen von Anfang an ein (Sprachmischung und Übertragungen von der Erstsprache auf die Zweitsprache).
- ✓ Nach etwa einem Jahr beherrschen die Schüler die korrekte Verb-Zweitstellung in Aussagesätzen („Ich gehe nach Hause.") sowie die korrekte Verbform („Du gehst nach Hause.").
- ✓ Nach etwa zwei Jahren können Schüler Nebensätze und Zeitformen korrekt bilden („Ich gehe nach Hause, weil die Schule aus ist." bzw. „Gestern bin ich in den Zoo gegangen.").
- ✓ Komplexere Regeln und Strukturen der deutschen Sprache bereiten hingegen über einen längeren Zeitraum immer wieder Schwierigkeiten (z. B. Verwendung der korrekten Artikel, von Dativ und Akkusativ).

Die **Sprachmischung** ist hierbei besonders stabil, weil sie dort aushilft, wo sonst Lücken entstünden, und ist somit als **kreativer Prozess und Bewältigungsstrategie** zu sehen. Vieles davon haben Sie sicherlich auch schon erlebt – in der Folge Beispiele von türkisch-deutschsprachigen Schülern.

---

[44] Vgl. Lüdtke, Ulrike M. und Stitzinger, Ulrich: Kinder mit sprachlichen Beeinträchtigungen unterrichten. Fundierte Praxis in der inklusiven Grundschule, Ernst Reinhardt-Verlag: München 2017, ISBN: 978-3-497-02721-7, S. 29ff.

- ✓ „Ich zeige dir an Tafel." (Code-Mixing-Strategie: Im Türkischen gibt es keine Artikel.)
- ✓ „Am Freitag sinemaya gideceğiz." (Code-Switching-Strategie: Wechsel der Sprache: „Am Freitag werden wir ins Kino gehen.")
- ✓ „Der kelebek ist bunt." (Borrowing-Strategie: Das Wort „Schmetterling" ist noch nicht bekannt und wird daher durch das türkische Wort ersetzt.)
- ✓ „Meine Mutter liest viele Buchlar." (Transfer-Strategie: Die Mehrzahlbildung mit der Endung „lar" wird auf das Deutsche übertragen.)

Tipps für die Unterrichtspraxis

Lassen Sie **Sprachmischungen** zu und werten Sie sie als hilfreiche Lernstrategie und einen Ausdruck erfolgreicher Kommunikation. Würdigen Sie die Erstsprache(n) Ihrer Schüler und beziehen Sie die **sprachliche** und **kulturelle Vielfalt** Ihrer Schüler in den Unterricht ein, wo es geht. Zeigen Sie Interesse an den verschiedenen Sprachen und Kulturen, fragen Sie nach, informieren Sie sich ggf. über **Grundzüge der Erstsprache(n)** bezüglich Lauten und Grammatik, um Fehler nachvollziehen zu können (siehe die genannten Beispiele aus dem Türkischen). Bauen Sie vielsprachliche **Rituale** in Ihren Unterricht ein, z. B. durch mehrsprachige Begrüßungsrituale am Morgen. Versuchen Sie, so gut es geht, **Einblicke** in die familiären Kontexte zu erhalten – durch Elterngespräche, evtl. auch Hausbesuche, interkulturelle Feste und Feiern, eigene Recherchen.
Klären Sie bei Elterngesprächen im Vorfeld, ob ein Dolmetscher gebraucht wird. Die Kinder sollten hier nicht als Dolmetscher eingesetzt werden!
Darüber hinaus gelten die **Prinzipien sprachförderlichen Unterrichts**, die ab S. 120 ff. näher beschrieben sind.

Wo kann ich mir weitere Hilfe holen?

Fragen Sie Ihren Schulträger nach professionellen **Dolmetschern**, die im Bedarfsfall Elterngespräche übersetzen können, insbesondere dann, wenn es sich um wichtige Informations-, Beratungs- oder Krisengespräche handelt. Für NRW gibt es beispielsweise den Spachmittlerpool: www.bikup.de

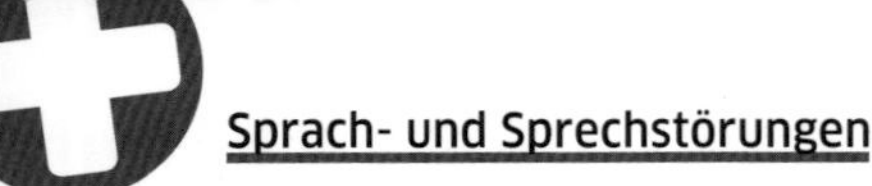

Linktipps

- ✓ Die Stadt Frankfurt am Main hat einen hilfreichen **Leitfaden** zu „**Mehrsprachigkeit in Kindertagesstätte und Schule**" herausgegeben, der neben Grundlagen die **Beratung mehrsprachiger Eltern** sowie das **Lesen und Schreibenlernen** mehrsprachiger Kinder gut verständlich beschreibt und viele Tipps für Lehrer und Eltern gibt. Zu finden ist er über die Suchmaschine.
- ✓ Der **„Verein für frühe Mehrsprachigkeit an Kindertageseinrichtungen und Schulen (FMKS)"** hat **Bücher, Flyer** und **Unterrichtsmaterialien** in verschiedenen Sprachen herausgegeben, die man auf der Webseite bestellen oder herunterladen kann: www.fmks-online.de
- ✓ Auf der Homepage des Niedersächsischen Instituts für frühkindliche Bildung und Entwicklung (Nifbe) kann man in der Online-Bibliothek **Praxisvorschläge**, **Arbeitshilfen** und **Materialien** herunterladen: www.nifbe.de

Geistige Behinderung

© pict rider – Fotolia.com

Schüler mit sonderpädagogischem Unterstützungsbedarf im Förderschwerpunkt Geistige Entwicklung begegnen uns im Unterricht mit (teilweise hochgradigen) **Beeinträchtigungen** der **kognitiven Funktionen**, immer höchst **individueller Ausgangslage**, oft **unklarer Entstehung** der Beeinträchtigungen und **vielfältigen Erscheinungsformen**. Wenn das individuelle Krankheitsbild nicht klar benannt wird, werden die entsprechenden Schüler meist als „Menschen mit einer geistigen Behinderung" bezeichnet; im schulärztlichen Gutachten steht nicht selten „Frühkindliche geistige Behinderung mit unbekannter Genese". Dies bedeutet meist, dass keine präzise Diagnose gestellt wurde. Neuere, semantisch breitere Begrifflichkeiten sind z. B. „Menschen mit einer kognitiven Beeinträchtigung" oder „Menschen mit Lernschwierigkeiten". Diese Formulierungen schaffen jedoch keine klare Abgrenzung zu Schülern mit Förderschwerpunkt Lernen und führen zu Unklarheit bei der Vorbereitung auf die Arbeit mit der Schülergruppe.
Eine einzige und eindeutige **Definition** für die geistige Behinderung gibt es nicht. Sie hat immer eine organische Grundlage, geht also stets auf eine direkte oder indirekte Schädigung des Gehirns und die daraus entstehende Beeinflussung der Gesamtpersönlichkeit zurück. In der Praxis erfolgt die **Diagnose** bei Schülern durch die schulärztliche Untersuchung und ein Gutachten durch einen Sonderpädagogen. Hierfür ist die Durchführung eines Intelligenztests nach wie vor üblich. Laut der „Internationalen statistischen Klassifikation der Krankheiten und verwandter Gesundheitsprobleme" der WHO (ICD-10-GM) geht man davon aus, dass **die IQ-Werte zwischen 0 und 69** den Intelligenzbereich der geistigen Behinderung bilden. Hierbei gibt **es folgende Stufen der Intelligenzminderung**:

- ✓ 69–50: **leicht** (= Intelligenzalter Erwachsener von 9 bis < 12 Jahre)
- ✓ 49–35: **mittelgradig** (= Intelligenzalter Erwachsener von 6 bis < 9 Jahre)
- ✓ 34–20: **schwer** (Intelligenzalter Erwachsener von 3 bis < 6 Jahre)
- ✓ < 20: **höchster** Schweregrad (= Intelligenzalter Erwachsener von < 3 Jahre)[45]

Entscheidend bei der Interpretation der Ergebnisse ist jedoch, sich über die begrenzte Aussagekraft der Zahlen bewusst zu sein. (vgl. hierzu auch das Kapitel zur „Allgemeinen Lernstörung" ab S. 80). Manchmal sind die Grenzen zum Förderschwerpunkt Lernen fließend, auch weil Aspekte wie **Lernbereitschaft**, **Konzentrationsfähigkeit**, **Ausdauer**, **Sorgfalt** usw. im schulischen Kontext eine wesentliche Rolle spielen. Auch die **Förderung** z. B. durch das Elternhaus ist für die Entwicklung der Potenziale eines Schülers von Bedeutung.

[45] Vgl. ICD-10-GM (Version 2019): Kapitel V, Link: www.dimdi.de/static/de/klassifikationen/icd/icd-10-gm/kode-suche/htmlgm2019/, letzter Zugriff am 08.07.2019

Down-Syndrom

Menschen mit Down-Syndrom erkennt man meist schon an ihrem äußeren Erscheinungsbild: Sie sind häufig kleiner als Gleichaltrige, haben einen runden Kopf, eine breite Nase und mandelförmige Augen mit schmaler Lidspalte und geschrägter Lidachse, was zu der heute nicht mehr gebräuchlichen Bezeichnung „Mongolismus" für das Down-Syndrom geführt hat.
Beim Down-Syndrom handelt es sich um eine genetisch bedingte Erkrankung, bei der das Chromosom 21 nicht 2-mal, sondern 3-mal im Erbgut vorliegt, daher auch die Bezeichnung „Trisomie 21". Die Diagnose findet durch Untersuchung der Chromosomen statt.
Knapp 0,1%–0,2% aller Kinder in Deutschland werden mit Down-Syndrom geboren.[46]
Häufig, aber nicht immer, sind Kinder mit Down-Syndrom in ihrer Entwicklung verzögert, was auch abhängig von der Form und Ausprägung ihrer Trisomie ist.

Formen

Es gibt **vier Formen** des Down-Syndroms:

- ✓ Bei der **freien Trisomie 21** liegen drei freie Chromosomen 21 vor. Das Zusatz-Chromosom ist nicht mit anderen verbunden. Die freie Trisomie ist die häufigste Form der Trisomie 21 und macht etwa 95% der Fälle aus.
- ✓ Bei der **Translokationstrisomie 21** liegt neben dem Chromosomenpaar 21 zusätzlich ein weiteres Chromosom 21 vor, das mit einem anderen verbunden ist. Die Translokationstrisomie macht etwa 3% der Down-Syndrome aus.
- ✓ Die **Mosaik-Trisomie 21** entsteht erst nach Befruchtung der Eizelle und deren Teilung und hat zur Folge, dass nicht in allen Körperzellen das Chromosom 21 3-fach vorliegt, während in anderen der normale Chromosomensatz vorhanden ist. Dadurch unterscheiden sich die Symptome und der Ausprägungsgrad bei dieser Trisomie zuweilen stark von anderen Trisomie-Arten. Diese Form der Trisomie macht 1–2% der Fälle aus.
- ✓ Die äußerst seltene **Partielle Trisomie 21** liegt vor, wenn nur Teile des Chromosoms 21 doppelt vorkommen. Dadurch sind auch hier Symptome und Ausprägungsgrad der Trisomie sehr unterschiedlich.

---

[46] Solche statistischen Werte können je nach den zugrunde liegenden Diagnosekriterien und Erhebungen ggf. stark schwanken, sind also stets nur Orientierungswerte. Siehe auch die folgenden statistischen Angaben.

Was sind die Besonderheiten der betroffenen Kinder und Jugendlichen?

Auch wenn es verschiedene „typische“ äußere Merkmale von Kindern und Jugendlichen mit Down-Syndrom gibt, lassen diese keinen Schluss auf Charaktereigenschaften oder Temperament zu. Wie bei allen Schülern mit besonderen Bedürfnissen müssen Sie auch hier individuell beobachten,

- ✓ was der Schüler braucht,
- ✓ was ihm hilft,
- ✓ wo seine Stärken liegen
- ✓ und was ihm schwerfällt.

Es gibt jedoch verschiedene **medizinische** Probleme, die typischerweise zum Krankheitsbild gehören, wenn auch nicht in jedem Fall:

- ✓ angeborene **Herzfehler** (bei etwa der Hälfte der Neugeborenen), die zu verminderter Belastbarkeit und schneller Ermüdung führen,
- ✓ hohe **Infektanfälligkeit**,
- ✓ verzögerte Entwicklung der **Fein-** und **Grobmotorik**,
- ✓ Hypermobilität der **Gelenke** (hohe Gelenkigkeit),
- ✓ **Sprachprobleme**, Sprachentwicklungsverzögerung (bei regulärem Sprachverständnis),
- ✓ beeinträchtigtes **Seh-** und/oder **Hörvermögen**.

Hinzu kommt, dass i. d. R. **Lernschwierigkeiten** vorliegen, die im Ausmaß von leicht bis schwerwiegend auftreten können. Diese beziehen sich auf

- ✓ ein vermindertes **auditives Gedächtnis**,
- ✓ eine begrenzte **Konzentrationsspanne**,
- ✓ Probleme beim Planen von **Abläufen**,
- ✓ Probleme im **logischen Denken**,
- ✓ Schwierigkeiten beim **Transfer** von Wissen auf neue Situationen.

Kinder mit Down-Syndrom brauchen oft mehr **Zeit**, um auf Reize zu reagieren.

Tipps für die Unterrichtspraxis

Da die Symptomatik sehr vielschichtig ist, gibt es nicht DIE Förderung für Schüler mit Down-Syndrom. Daher sollte jedes Förderkonzept individuell am Bedarf des Schülers orientiert ansetzen, wobei Sie die für das Down-Syndrom typischen Besonderheiten beim Lernen berücksichtigen.
Das Wichtigste ist zunächst, dass Sie sich über den Schüler gut **informieren**.

- ✓ Liegen körperliche Einschränkungen vor, die Sie beachten müssen?
- ✓ In welchen Bereichen ist der Schüler in seiner Entwicklung verzögert oder eingeschränkt?
- ✓ Hat er Lernschwierigkeiten und, wenn ja, in welchem Ausmaß?

> Vorinformationen einzuholen, ist das A und O: Sprechen Sie mit den Eltern, sichten Sie die vorliegende Schülerakte, befragen Sie die vorherige Schule bzw. den Kindergarten.

Beobachten Sie den Schüler im Unterricht und in den Pausen: Womit beschäftigt er sich? Mit wem spielt er? Was und wen meidet er? Stellen Sie Hypothesen auf, wie Sie ihn im Unterricht fördern können: Welche Inhalte braucht er, welche Sozialformen, auf welche Methoden spricht er an ...? Testen Sie diese Hypothesen und bessern Sie ggf. nach.
Da Sie es häufig auch mit Lernschwierigkeiten zu tun haben, stellt sich zunächst auch die Frage nach den **Kulturtechniken**: Kann der Schüler lesen, kann er schreiben, wie gut kann er rechnen?
Viele Menschen mit Down-Syndrom sind höchst beweglich und sitzen gerne im Schneidersitz, selbst auf dem Stuhl. Auch neigen viele dazu, mit sehr rundem Rücken zu sitzen und mit dem Kopf sehr nah am Tisch zu arbeiten. Achten Sie also auf die **Sitzhaltung**, sorgen Sie für Stühle und Tische, die der Körpergröße entsprechen – da Schüler mit Down-Syndrom oft kleiner als Gleichaltrige sind, sitzen sie oftmals an zu hohen Tischen und Stühlen, was die falsche Sitzhaltung noch verstärkt. Die Schüler sollten ihre Füße bequem auf den Boden stellen können und die Tischplatte darf nur so hoch sein, dass die Unterarme locker aufliegen können.
Insgesamt haben Menschen mit Down-Syndrom eine **schwache Muskelspannung** (muskuläre Hypotonie), die i. d. R. eine reduzierte Körperwahrnehmung mit sich bringt. Sorgen Sie für **Bewegung** im Unterricht, üben Sie Werfen und Fangen, machen Sie Laufspiele, Fingerspiele, rhythmische Klatschspiele usw. – allerdings immer unter Berücksichtigung der evtl. Herzschwäche.

Im Schulalter entspricht das **visuelle Gedächtnis** in etwa dem Intelligenzalter des Schülers, was konkret bedeutet, dass Sie einfache visuelle Aufgaben gut nutzen können. Häufig erfassen Schüler mit Down-Syndrom optische Informationen schnell und behalten sie gut im Gedächtnis. Das Arbeiten mit **Computern/Tablets**, bei dem die Informationen über den Bildschirm zu sehen sind, ist daher oft hilfreich und motivierend. Zudem gestehen Computer den Schülern ihr eigenes Lerntempo zu und werden nie ungeduldig. Auch **Übungspuzzles** sprechen oft das Interesse von Kindern mit Down-Syndrom an (bei einem **Übungspuzzle** können Sie Lerninhalte beispielsweise entsprechend ihrer Abfolge als Puzzleteile aufbereiten: mathematische Formeln nach ihren einzelnen Bestandteilen, Sätze nach Satzgliedern etc.).
Das **auditive Gedächtnis** ist oftmals weniger gut ausgebildet, sodass das Verstehen und Behalten von Gehörtem häufig schwieriger ist. Unterstützen Sie also sprachliche, abstrakte Informationen mit Bildern, Gegenständen oder Handlungen.
Dennoch ist die Sprache oft beim Verstehen und Behalten wichtig: **Begleiten** Sie alle Handlungen und **Handlungsschritte sprachlich**, damit der Schüler sie konkreter abspeichern kann. Jede Aufgabe ist leichter zu erlernen, wenn sie in **viele kleinere Teilschritte** zerlegt wird. Achten Sie auf **leichte Sprache** (siehe S. 87 f.). Hilfreich sind auch lautsprachunterstützende **Gebärden**. Zudem ist der Einsatz von **Unterstützter Kommunikation** (UK) wichtig, siehe die folgenden Ausführungen.

Unterstützte Kommunikation (UK)

Unterstützte Kommunikation kann es Ihrem Schüler ermöglichen, **Bedürfnisse zu äußern**. Sie unterstützt die Selbstständigkeit und das Selbstbewusstsein. Der englische Fachbegriff drückt es konkreter aus: „Augmentative and Alternative Communication (AAC)“ – erweiterte oder ersetzende Kommunikation. Hierbei wird der Schüler entweder **mit** oder **ohne** technische **Hilfsmittel** unterstützt.

- ✓ Die bekannteste Form der UK ohne technische Hilfsmittel ist wohl der Einsatz von Gebärden durch Gesten oder Deuten, Augenbewegungen oder sonstige Körpersprache bis hin zur immer häufiger auch im öffentlichen Raum genutzten Gebärdensprache (viele internationale Kongresse und Fernsehnachrichten werden durch einen Gebärdendolmetscher ergänzt – in Deutschland im Gegensatz zu vielen anderen Ländern leider immer noch zu selten).
- ✓ Hilfsmittel mit niedrigem technischen Anspruch sind z. B. Realgegenstände, Bilder, Grafiken, Symbolkarten oder Fotos. Das Programm „Metacom“ (siehe auch den Linktipp auf S. 138) ist eine mittlerweile bereits aus 10 000 Symbolen bestehende Bildersammlung und wurde extra zur UK erstellt.

Für iOS-basierte Geräte existieren aktuell eine Vielzahl von Lernhilfe- und Kommunikations-Apps, die auf die spezifischen Bedürfnisse der Schülerschaft mit dem Förderschwerpunkt Geistige Entwicklung ausgerichtet sind. Beispiele sind Tobii Dynavox Compass und Tobii Dynavox SonoFlex, MetaTalkDE, GoTalk NOW, tippTalker oder Apps zur deutschen Gebärdensprache (DGS). Weiterhin gibt es diverse Apps zum Ursache-Wirkungs-Prinzip, nähere Erläuterungen dazu finden Sie im Abschnitt zu PECS auf S. 31. **Lesen**- und **Schreibenlernen** fällt Kindern mit Down-Syndrom häufig leichter als **Rechnenlernen**. Ein Verständnis für Zahlen und Mengen zu entwickeln, das im Alltag einsetzbar ist, ist jedoch fast immer möglich. Arbeiten Sie hier möglichst **konkret** und **alltagsbezogen**.
Die Schritte vom Verstehen und Bedenken einer Aufgabe bis zur Umsetzung dauern bei Schülern mit Down-Syndrom oft länger als bei anderen Kindern. Bedenken Sie also bei der Auswahl und beim Erstellen von Aufgaben diese **längere Reaktionszeit** sowie das insgesamt **langsamere Arbeitstempo**. Auch ermüden Schüler mit Down-Syndrom oft schneller als Gleichaltrige.
Die meisten von ihnen zeigen eine deutliche **Sprechunlust**. Fordern Sie wiederholt zum Sprechen auf, schaffen Sie motivierende Anlässe, üben Sie Rollenspiele ein, um das **Sprechen** und die **sprachliche Beteiligung** zu fördern. Viele Schüler mit Down-Syndrom erhalten außerschulische Sprachförderung.
Sprechen Sie selbst viel mit dem Kind oder Jugendlichen. Verwenden Sie dabei allerdings einen begrenzten Wortschatz, den Sie häufiger wiederholen. Sprechen Sie langsam und deutlich, sehen Sie den Schüler dabei an. Bedenken Sie, dass die meisten Kinder und Jugendlichen mit Down-Syndrom weitaus mehr verstehen, als sie sagen können.
Viele Menschen mit Down-Syndrom haben große **Stärken** in sozialen Situationen sowie eine aufgeweckte Stimmungslage und sind besonders empfänglich für Musik: Informieren Sie sich entsprechend auch über die Stärken des Schülers, über seine Interessen und Vorlieben und nutzen Sie diese im Unterricht.
Zum **Zeugnis** im Bildungsgang „Geistige Entwicklung“ oder im Bildungsgang „Lernen“ siehe S. 132 f. bzw. S. 86. Das **Zeugnis** im Bildungsgang Geistige Entwicklung oder im Bildungsgang Lernen ist ein eigenes Formular, da es sich um kein Noten-, sondern ein beschreibendes Textzeugnis handelt.

Wo kann ich mir weitere Hilfe holen?

- ✓ Die **Eltern** sind i. d. R. eine wichtige Informationsquelle und hilfreich, um gemeinsam nach den besten Lösungen für den Schüler zu suchen.

- ✓ Wenn Sie besondere Hilfe für den Schüler in Form einer **Schulbegleitung** benötigen, finden Sie hierzu Informationen auf S. 31 f.
- ✓ Wer arbeitet an Ihrer Schule verstärkt mit Kindern mit Förderbedarf? Gibt es (weitere) Sonderpädagogen, Schulsozialarbeiter, Vertrauenslehrer, (weitere) Schulbegleiter …? Sprechen Sie mit allen Personen, die mit dem Schüler arbeiten, auch um **gemeinsame Absprachen** zu einheitlichen pädagogischen Maßnahmen zu treffen.
- ✓ Die **Lebenshilfe e. V.** ist eine Selbsthilfevereinigung für Menschen mit geistiger Behinderung und ihre Familien. Sie hat in vielen Städten Niederlassungen, zu denen man Kontakt aufnehmen und sich beraten lassen kann. Hier erhalten Sie auch Informationen über außerschulische Förderangebote, Werkstätten für behinderte Menschen, Freizeitangebote sowie schulische Unterstützungsmöglichkeiten.

Linktipps

- ✓ Die **Symbole von „Metacom"** zur Unterstützten Kommunikation finden Sie hier: www.metacom-symbole.de
- ✓ Auf der Webseite www.down-syndrom.org erhalten Sie **Informationen** über das Down-Syndrom. Zudem besteht die Möglichkeit, sich hier – auch telefonisch – beraten zu lassen.
- ✓ Die Webseite www.down-syndrom-netzwerk.de ist ein **Netzwerk** zum Austausch für Eltern, Betroffene und Fachleute.
- ✓ Natalie Dedreux ist eine **junge Frau mit Down-Syndrom**. Sie schreibt auf ihrer Homepage über ihr Leben und darüber, was sie beschäftigt: www.nataliededreux.de. Man kann ihr auch auf Instagram oder Facebook folgen.
- ✓ „Ohrenkuss" ist ein **Online-Magazin**, dessen Redaktion sich aus Menschen mit Down-Syndrom zusammensetzt. Natalie Dedreux ist Mitglied der Redaktion: www.ohrenkuss.de

Literaturtipp

Wie man betroffene Menschen fördern und ihnen Teilhabe ermöglichen kann, lesen Sie hier: *Wilken, Etta: Kinder und Jugendliche mit Down-Syndrom: Förderung und Teilhabe, Kohlhammer Verlag: Stuttgart 2016, ISBN 078-3-1702-8436-4*

Fragiles-X-Syndrom

Das Fragile-X-Syndrom ist nach dem Down-Syndrom die zweithäufigste Form von **genetisch bedingter geistiger Behinderung**. Es handelt sich hierbei um eine Erbkrankheit, die v. a., wenn auch nicht ausschließlich, bei Jungs auftritt.
Mit einer medizinischen Forschungsmethode kann eine defekte Stelle auf einem X-Chromosom nachgewiesen werden, die brüchig aussieht, es gibt hier also einen scheinbar fragilen Bereich. Daher der Name des Syndroms.
Zusätzlich zur **Intelligenzminderung**, die unterschiedlich stark ausgeprägt sein kann, treten weitere **Auffälligkeiten des Verhaltens und der Gehirnfunktion** sowie bestimmte **körperliche Besonderheiten** auf, die im Folgenden beschrieben werden.

Was sind die Besonderheiten der betroffenen Schüler?

Das **Hauptsymptom** des Fragilen-X-Syndroms ist die **Intelligenzminderung**, wobei diese unterschiedlich stark ausgeprägt sein kann, von leichter Lernbehinderung bis hin zu schwerer kognitiver Beeinträchtigung.
Körperlich auffällig sind Kinder und Jugendliche mit Fragilem-X-Syndrom durch

- ✓ eine lange, ovale Gesichtsform,
- ✓ einen überdurchschnittlich großen Kopfumfang (im oberen Normalbereich),
- ✓ häufig große und/oder abstehende Ohren,
- ✓ eine hervorspringende Stirn,
- ✓ ein ausgeprägtes, kantiges Kinn,
- ✓ häufig überstreckbare Gelenke,
- ✓ zudem wirken sie oft schlaksig und etwas unbeholfen.

Alle diese Symptome können, müssen aber nicht auftreten.
Die körperlichen Merkmale sind einzeln nicht besonders auffällig, ergeben jedoch in der Kombination das für das Fragile-X-Syndrom typische Erscheinungsbild.
Neben den äußerlichen Merkmalen gibt es einige **Verhaltensauffälligkeiten.** Besonders häufig sind **Aufmerksamkeitsschwierigkeiten** und **Hyperaktivität** zu beobachten. Viele Kinder und Jugendliche (etwa 12 %[47] aller Schüler mit Fragilem-X-Syndrom) zeigen zudem **autistische Verhaltensweisen**, sie vermeiden z. B. den Blickkontakt, sind sozial scheu, beharren auf ihren Ritualen und zeigen stereotype

[47] Solche statistischen Werte können je nach den zugrunde liegenden Diagnosekriterien und Erhebungen ggf. stark schwanken, sind also stets nur Orientierungswerte. Dies gilt auch für die in der Folge genannten Werte.

Verhaltensweisen. In vielen Fällen reagieren sie, besonders bei emotionaler Angespanntheit, durch Wedeln mit den Händen oder Beißen in den Handrücken. Bedürfnisse aufzuschieben, fällt oftmals schwer. Sie sind insgesamt schnell aufgeregt, haben eine geringe Frustrationstoleranz und neigen zu Wutausbrüchen. Viele dieser Verhaltensauffälligkeiten schwächen sich nach der Pubertät ab.
Auch in Bezug auf die **Sprache** zeichnen sich häufig Schwierigkeiten ab. Die Sprachentwicklung setzt verspätet ein und verläuft insgesamt langsamer. Oft fallen Kinder mit dem Fragilen-X-Syndrom durch eine undeutliche Sprache auf. Auch wiederholen sie oft einzelne Wörter oder Sätze, bestimmte Fragen werden immer wiederholt. Kinder und Jugendliche mit dem Fragilen-X-Syndrom, die nur wenig sprechen können, haben häufig einen größeren passiven Wortschatz, als es der aktive Wortschatz vermuten lassen würde.
Ebenso wie die Sprachentwicklung ist auch die **motorische Entwicklung** verzögert. Die Kinder beginnen oft erst spät, zu laufen, und zeigen häufig Gleichgewichtsstörungen. Schwierigkeiten in der Feinmotorik zeigen sich z. B. beim Halten von Stiften oder dem Umgang mit Besteck und Werkzeug. Bei über 20 % aller Kinder und Jugendlichen mit dem Fragilen-X-Syndrom treten **epileptische Anfälle** auf, hier ist über das pädagogische Maß hinaus Vorsicht geboten (siehe: Tipps für die Unterrichtspraxis).
Obwohl Kinder und Jugendliche mit dem Fragilen-X-Syndrom häufig erhebliche geistige Beeinträchtigungen haben, haben sie oft ein **hervorragendes Langzeitgedächtnis** und können sich v. a. Orte und Wege fotografisch einprägen. Viele zeigen, ähnlich wie manche Autisten, ein besonderes Interesse für ein bestimmtes Spezialthema, zu dem sie sich dann großes Wissen aneignen können.

Tipps für die Unterrichtspraxis

Je nach Schweregrad der Intelligenzminderung und nach Schwierigkeiten in Verhalten, Motorik und/oder Sprache müssen Sie individuell entscheiden, wie Sie das Kind/den Jugendlichen im schulischen Alltag fördern und entlasten können. Zuallererst ist jedoch in Erfahrung zu bringen, ob der Schüler unter epileptischen Anfällen leidet. In diesem Fall ist Folgendes zu beachten:

Was tun bei Epilepsie?

Epileptische Anfälle sind **Krampfanfälle**, die **plötzlich** auftreten. Es gibt nicht DEN epileptischen Anfall: Es können motorische, sensorische, vegetative und kognitive Ausfälle auftreten.

Zunächst ein kleiner Überblick über das Spektrum der Anfälle: Allgemein gibt es **fokale**, d.h. von einem bestimmten Bereich des Gehirns ausgehende, und **generalisierte** Anfälle, die von Beginn an Nervenzellen der gesamten Großhirnrinde betreffen. Wie sich ein Anfall äußert, ist abhängig von Lokalisierung und Ausmaß der betroffenen Regionen des Gehirns. Die fokalen Anfälle sind darum sehr unterschiedlich. Sie können in dann sekundär-generalisierte Anfälle übergehen, wenn sie um sich greifen.

- ✓ **Absencen**, also leichte, kurze Anfälle, sind die leichteste Form generalisierter Anfälle und dauern für gewöhnlich nur ein paar Sekunden. Dann verharrt das Kind in seiner Handlung, der Blick wird starr, es schaut evtl. nach oben und blinzelt mit den Lidern. Bei komplexen Absencen können weitere Symptome auftreten. Solange der Anfall andauert, haben die Kinder kein Bewusstsein, können jedoch z.T. automatische Dinge, wie Laufen o.Ä., weiter ausführen.
  Bei einer solchen Absence brauchen Sie keine weiteren Maßnahmen zu ergreifen, sollten jedoch die Eltern über den Anfall informieren.
  Solche Vorfälle werden nicht selten unter dem Aspekt „Der Schüler träumt gern ein wenig ..." abgehandelt, es ist aber sinnvoll, das grundsätzlich medizinisch abklären zu lassen, denn möglicherweise handelt es sich eben doch um einen leichten epileptischen Anfall.

Andere **generalisierte** Anfälle fallen weniger mild aus.

- ✓ Bei einer **tonischen Phase** versteifen sich sämtliche Muskeln gleichzeitig und der Schüler wird bewusstlos. Da er sich beim Stürzen nicht selbst auffangen kann und es daher zu Verletzungen kommen kann, tragen viele Schüler mit häufigeren Anfällen einen Kopfschutz.
  Solche Anfälle halten meist nur wenige Augenblicke an.
- ✓ Wenn es zu rhythmischen Zuckungen aller Gliedmaßen kommt, wird dies als generalisierter Anfall mit **klonischer Phase** bezeichnet. Diese können bis zu mehrere Minuten dauern.
  - ⊙ Die Zunge kann betroffen sein, sodass Speichel oder Schaum aus dem Mund kommt. Gerät die Atmung in Stocken, können Lippen und Gesicht bläulich werden. Eine klonische Phase kann wenige Sekunden bis zu drei Minuten dauern.
  - ⊙ Beim **tonisch-klonischen Anfall** folgen die beiden geschilderten Phasen aufeinander.
  - ⊙ Bei einer **atonischen Phase** wird der Schüler schlaff und bewusstlos. Sie dauert häufig nur wenige Sekunden und ist ebenfalls mit Sturzgefahr

verbunden. Beim **akinetischen Anfall** geht zudem die Bewegungsfähigkeit verloren.

- ✓ **Zwischenformen** sind möglich, z. B. vereinzelte Zuckungen einzelner Körperteile, bei denen womöglich ein Stift durch die Klasse fliegt. Hier ist das Kind in seinem Bewusstsein eingeschränkt und kann oft nur begrenzt auf Ansprache reagieren.

Epileptische Anfälle sind i. d. R. nicht lebensbedrohlich, auch wenn ein großer epileptischer Anfall so wirken kann. Im Folgenden gebe ich einige Tipps zum Vorgehen im akuten Fall, aber ganz wichtig: Erstellen Sie mit den Eltern und dem behandelnden Arzt unbedingt einen **Notfallplan**, der allen am Unterricht Beteiligten zugänglich und bekannt ist. Dieser gibt Ihnen Sicherheit, im Falle eines Anfalls das Richtige zu tun. Vereinbaren Sie dort auch, ob bei einer langen Dauer des Anfalls ein krampflösendes Medikament gegeben werden sollte. Halten Sie die Medikation und die Rufnummern des behandelnden Arztes sowie eines Notarztes und der Eltern stets griffbereit.

Wichtig für Schüler mit Anfällen sind ein **geregelter Tagesablauf** und die **regelmäßige** und **pünktliche Einnahme der Medikamente**. Sie als Lehrer dürfen Medikamente nur mit **schriftlicher Erlaubnis der Eltern** verabreichen. Damit Sie hier auf der sicheren Seite sind, sollte die **Art und Weise der Medikamentengabe** schriftlich festgehalten werden:

- ✓ welches Medikament
- ✓ wann
- ✓ wie
- ✓ in welcher Dosierung
- ✓ Nebenwirkungen
- ✓ Notfallmaßnahmen

Alle Beteiligten sowie die **Schulleitung** sollten davon Kenntnis haben. Eine mögliche Vorlage für einen solchen **Notfall**- bzw. Handlungsplan finden Sie unter den Linktipps auf S. 145. Die Anweisungen zur Gabe und genauen Dosierung des **Notfallmedikaments** wickeln Sie am besten mit einem Gummiband um das Medikament herum – so hat der Ersthelfer diese Informationen beim Auspacken auf jeden Fall zur Hand. Dadurch werden Fehler vermieden und der Ersthelfer kann sich sicher sein, dass er das Richtige tut. Führen Sie am besten einen **Anfallskalender**, in dem all dies notiert wird, sodass alle Beteiligten Bescheid wissen.

Was ist akut bei einem Anfall zu tun?

- ✓ Bewahren Sie **Ruhe**.
- ✓ Schauen Sie auf die Uhr, um **Zeitpunkt** und **Dauer des Anfalls** notieren zu können.
- ✓ Falls Sie den Schüler im Fallen **auffangen** können, tun Sie dies.
- ✓ Lassen Sie ihn dann **liegen**, sofern möglich, und machen Sie den Platz um ihn herum möglichst frei.
- ✓ Legen Sie den Kopf möglichst auf eine **weiche, flache Unterlage**. So schützen Sie den Schüler, so gut es geht, vor Verletzungen.
- ✓ Lockern Sie **beengende Kleidungsstücke**, wie Schal oder Halstücher, nehmen Sie dem Schüler die **Brille** ab.
- ✓ Stecken Sie dem Schüler **auf keinen Fall Gegenstände** (wie z. B. einen Beißkeil) **in den Mund**, um Zungenbisse zu vermeiden.
- ✓ Wenn der Schüler gefährdende Gegenstände in der Hand hat, sollten diese ihm möglichst – in jedem Fall ohne Gewalt! – aus der Hand genommen werden.
- ✓ **Halten Sie** die zuckenden Gliedmaßen **nicht fest**.
- ✓ Versuchen Sie **nicht**, den **Mund** zu **öffnen** (z. B. um zu beatmen).
- ✓ Bringen Sie den Schüler nach dem Anfall in die **stabile Seitenlage**, schützen Sie ihn vor **Unterkühlung** und betreuen Sie ihn, bis er wieder wach ist. Nach einem Anfall braucht er **Ruhe** und ggf. Schlaf.
- ✓ Wenn ein Anfall **länger als fünf Minuten** dauert, **mehrere Anfälle hintereinander** auftreten oder das Bewusstsein nicht zurückkehrt, rufen Sie einen **Arzt**; ebenso wenn innere Verletzungen und/oder Knochenbrüche nicht ausgeschlossen werden können, es sich um einen erstmaligen Anfall handelt oder der Anfall von typischen epileptischen Anfällen abweicht (so können natürlich auch Menschen mit Epilepsie z. B. einen Herzanfall bekommen).
- ✓ Manche Schüler haben ein **Notfallmedikament**. Informieren Sie sich vorab, in welchem Fall und wie dieses anzuwenden ist.
- ✓ Wichtig ist in jedem Fall auch die **behutsame Betreuung**, Ihr Zuspruch und Ihr Gespür für die Selbstachtung des betroffenen Schülers sowie die Fürsorge, Information und ggf. Nachbesprechung mit den Mitschülern und Erwachsenen, die den Anfall miterleben. Wenn Sie **Mitschüler in die Versorgung einbeziehen** (z. B. auf die Uhr sehen, um die Anfallsdauer zu messen, eine weiche Unterlage für den Kopf organisieren oder etwas aus dem Weg räumen) und sie auch erleben, dass ein Anfall wieder aufhört und es sich i. d. R. nicht um einen Notfall handelt, entwickeln die beteiligten Schüler weniger Ängste, als wenn Sie sie aus dem Raum schicken.

Bei einem fokalen Anfall hängt das nötige Handeln von seinem Ausmaß ab.

- ✓ Geben Sie bei Konfrontationen nach und halten Sie den Schüler nicht fest, denn sein Verhalten ist nicht steuerbar.
- ✓ Finden Sie durch Fragen nach Ort, Zeit und Person das Ende des Anfalls und die Bewusstseinslage heraus.
- ✓ Informieren Sie sich auch hier, wenn möglich, vorab und auch danach, wie Sie den Schüler unterstützen können.

Aufgrund der **Medikamente** kann es zu Aufmerksamkeitsstörungen, Verlangsamung und leichter Ermüdung kommen. Informieren Sie die Eltern über alle Nebenwirkungen, die Sie beobachten. Der **Austausch mit den Eltern** ist insgesamt von großer Bedeutung. Zu Ihrer Beruhigung: Bei der **Beaufsichtigung** von Schülern mit Epilepsie benötigen Sie keine besondere Haftpflichtversicherung.
Für Dokumente zur **Protokollierung** von **Elterngesprächen** und **Handlungsplänen** sowie **weitere Informationen** für Lehrer und Aufsichtspersonen beachten Sie die Linktipps auf S. 145.

Was ist sonst zu beachten?

Schüler mit Fragilem-X-Syndrom haben häufig Schwächen in der **auditiven Verarbeitung**: Achten Sie darauf, **möglichst mehrere Kanäle** anzusprechen. Bieten Sie nicht nur verbalen Input an, sondern arbeiten Sie **bild-/symbolunterstützt**, mit **Fotos**, **Logos** oder mit **realen Gegenständen**.
Machen Sie Aufgaben vor, die erledigt werden sollen: Nachahmung und Modelllernen sind eine Stärke von Schülern mit Fragilem-X-Syndrom.
Eine weitere Stärke ist das gute Gedächtnis für **Lieder**, **Filme** und **Situationen** – nutzen Sie diese! Alle **visuellen Angebote** unterstützen den Lernprozess.
Viele Schüler mit Fragilem-X-Syndrom sind wenig flexibel in ihrem Denken und fixieren sich (ähnlich wie autistische Kinder und Jugendliche) auf bestimmte Dinge, Abläufe oder Verhaltensweisen, da sie ein hohes Bedürfnis nach Vertrautheit und Gleichheit haben. Wiederholen Sie darum **bekannte Aufgabentypen** oder geben Sie **Arbeitsaufträge**, die bekannt sind, wenn Sie keine Zeit für intensive individuelle Zuwendung haben. Wenn Sie **neue Aufgaben** einführen, rechnen Sie damit, dass Ihr Schüler versuchen wird, diesen aus dem Weg zu gehen: Geben Sie ihm **Zeit**, bleiben Sie dran und **würdigen** Sie jeden Schritt, den der Schüler mitgeht.
Der Wechsel von einer Aufgabe zu einer anderen oder von einem Ort zum nächsten fällt Schülern mit Fragilem-X-Syndrom häufig schwer. Halten Sie die **Aufgaben-/**

Methoden-/Lernformwechsel für diese Schüler gering und **reduzieren Sie Raumwechsel**, soweit es geht. Wenn Sie in Ihrer Schule/Ihrer Klasse mit **Auszeiten als pädagogischer Maßnahme** außerhalb des Klassenraumes arbeiten, ist für Schüler mit Fragilem-X-Syndrom zum Unterbinden unerwünschten Verhaltens eher ein Sitzplatz von der Lerngruppe entfernt innerhalb des Klassenraums wirksam, um unnötige Ängste durch die räumliche Trennung zu verhindern.
Nutzen Sie das Bedürfnis von Schülern mit Fragilem-X-Syndrom nach **Vervollständigung** und verhindern Sie offene Fragen (z. B.: statt „Wie heißt dein Lieblingslied?" fragen Sie „Dein Lieblingslied heißt ..."; statt: „Welche Farbe hat der Würfel?" besser „Gib mir den roten Würfel"; statt: „Wer hat dich geärgert?" vielleicht „Eben auf dem Schulhof ...") Auch erkennen diese Schüler leichter, welches Teil eines Bildes fehlt, als ein Gesamtbild aus Einzelteilen zusammenzusetzen.
Enger Körperkontakt wird von Kindern und Jugendlichen mit Fragilem-X-Syndrom häufig (wie auch von autistischen Schülern) als **unangenehm** empfunden. Nutzen Sie alternative Möglichkeiten, wie Abklatschen („High five"), „Daumen hoch" oder auch nur ein freundliches „Gut gemacht!", um Ihren Schüler positiv zu verstärken.
Zum **Zeugnis** im Bildungsgang Geistige Entwicklung siehe S. 137.

Wo kann ich mir weitere Hilfe holen?

Informationen zur Beantragung von Schulbegleitung finden Sie auf S. 131.

Linktipps

- ✓ Auf der Webseite der „Interessengemeinschaft Fragiles-X e. V." gibt es unter „Fachleute" eine Rubrik für Pädagogen. Hier finden Sie auch die folgende Broschüre des gleichnamigen Herausgebers und Braden, Marcia: *Schüler mit Fragilem-X-Syndrom. Praktische Ansätze für den Schulunterricht, Rostock 2004.* Link: www.frax.de
- ✓ Die „Deutsche Gesetzliche Unfallversicherung (DGUV)" gibt Tipps zum Umgang mit Medikamenten in der Schule in der folgenden Broschüre des gleichnamigen Herausgebers, zu finden auf der Webseite der DGUV unter den Publikationen: *Medikamentengabe in der Schule. DGUV Information 202-91, Berlin 2014.* Link: www.dguv.de
- ✓ Auf www.epilepsie-lehrerpaket.de finden Sie Dokumente zur **Protokollierung** von **Elterngesprächen**, **Handlungspläne** sowie **weitere Informationen** für Lehrer und Aufsichtspersonen.

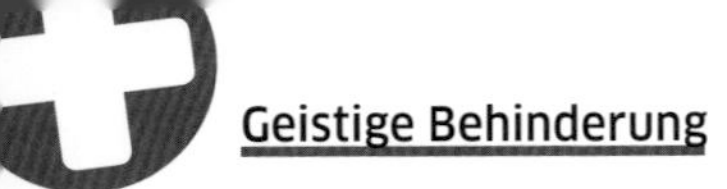

Prader-Willi-Syndrom

Das Prader-Willi-Syndrom ist eine genetisch bedingte Behinderung mit **körperlichen** und **geistigen Symptomen**. Verantwortlich dafür ist ein defektes Gen auf Chromosom 15. Dieser Defekt bewirkt eine Veränderung von Prozessen in Regionen des Gehirns, in denen die Nahrungsaufnahme sowie Körpertemperatur, Blutdruck, Atmung, Gefühls- und Sexualverhalten, Schlafrhythmus und Wachstum gesteuert werden. Das Syndrom ist nach den Ärzten Andrea Prader und Heinrich Willi benannt, die es 1956 erstmals beschrieben. Etwa jedes 15 000. Neugeborene kommt mit einem Prader-Willi-Syndrom zur Welt.[48] Das Prader-Willi-Syndrom ist nicht heilbar, aber man kann die Erkrankung durch Therapien und Maßnahmen positiv beeinflussen. So gibt man mittlerweile vielen Säuglingen Wachstumshormone und kann hierdurch Einfluss auf die Kleinwüchsigkeit nehmen.

Merkmale

Die Bandbreite der Störung bei Personen mit Prader-Willi-Syndrom ist von Mensch zu Mensch verschieden, sie kann schwach oder sehr stark ausgeprägt sein.

- ✓ Menschen mit Prader-Willi-Syndrom sind i. d. R. **kleinwüchsig**.
- ✓ Ein Gefühl des Sattseins kennen Menschen mit Prader-Willi-Syndrom nicht, sie haben einen **unstillbaren Appetit**. Darum sind sie oft **übergewichtig**.
- ✓ Die **Mundpartie** ist oft „dreieckig", die Oberlippe häufig schmal.
- ✓ Die **Augen** sind meist mandelförmig, häufig **schielen** Kinder und Jugendliche mit Prader-Willi-Syndrom oder sind **kurzsichtig**.
- ✓ Manche Schüler mit Prader-Willi-Syndrom sind normal intelligent; die meisten von ihnen haben jedoch – je nach Grad ihrer geistigen Behinderung – **sonderpädagogischen Förderbedarf**.
- ✓ Die Geschlechtsorgane sind häufig unterdurchschnittlich ausgebildet. Die **Pubertät** tritt oft verzögert auf oder bricht frühzeitig ab und bleibt meist unvollständig. Pubertätsübliche Merkmale treten häufig in veränderter Reihenfolge auf: Bei Mädchen setzt das Brustwachstum früh ein, Jungen bekommen schon mit neun oder zehn Jahren Achsel- und Schambehaarung. Zudem kommen Jungen häufig nicht in den Stimmbruch und haben nur geringe oder keine Bartbehaarung; die Gesichtszüge bleiben z. T. kindlich.

---

48 Solche statistischen Werte können je nach den zugrunde liegenden Diagnosekriterien und Erhebungen ggf. stark schwanken, sind also stets nur Orientierungswerte. Dies gilt auch für die in der Folge genannten Werte.

Was sind die Besonderheiten der betroffenen Schüler?

Neben den beschriebenen Merkmalen zeichnet sich ab, dass

- ✓ **Bewegung** für sie oft **anstrengend** und **ermüdend** ist, da ihre **Muskulatur** relativ **schwach ausgebildet** ist,
- ✓ Schüler mit Prader-Willi-Syndrom ein **eingeschränktes Kurzzeitgedächtnis und verminderte Abstraktionsfähigkeit** haben,
- ✓ hingegen das **visuelle Gedächtnis gut ausgebildet** ist und Schüler mit Prader-Willi-Syndrom sich gut Bilder merken und sie Sachverhalten zuordnen können, was für das Lesenlernen gut nutzbar ist,
- ✓ der **Sprachbeginn** häufig verzögert begonnen hat (fragen Sie hier nach!) und der **Sprachgebrauch** und die **Ausdrucksweise** insgesamt häufig, wenn auch nicht immer, eingeschränkt ist,
- ✓ manche Schüler mit Prader-Willi-Syndrom eine **hohe Schmerztoleranz** haben, was zur Folge hat, dass Verletzungen womöglich erst verspätet erkannt werden,
- ✓ **Rituale** für Schüler mit Prader-Willi-Syndrom wichtig sind; Struktur und Ordnung geben ihnen Sicherheit,
- ✓ **neue** oder **unerwartete Situationen** diese Kinder und Jugendlichen oft irritieren – hartnäckiges und sich wiederholendes Fragen ist häufig die Folge, aber die Unsicherheit kann sich ebenso durch einen Wutausbruch ihren Weg nach außen bahnen,
- ✓ Schüler mit Prader-Willi-Syndrom i.d.R. **offene** und **kommunikative** Menschen sind, die sich über schöne Ereignisse oder Dinge sehr **freuen** können,
- ✓ die betroffenen Schüler mit Gleichaltrigen oft wenig anfangen können, sondern eher den **Kontakt zu Erwachsenen** suchen,
- ✓ sie, wenn sie einen Menschen in ihr Herz geschlossen haben, oft sehr anhänglich sind,
- ✓ **Sekundärerkrankungen,** wie Diabetes mellitus oder Herz-Kreislauf-Erkrankungen, als mögliche Folgen der Ess-Sucht auftreten können.

Tipps für die Unterrichtspraxis

Schauen Sie genau hin und **beobachten** Sie, wie sich der Schüler innerhalb der Klasse verhält, und unterstützen Sie die **Kontaktaufnahme und -gestaltung** mit den Gleichaltrigen.

Feste Bezugspersonen sind für alle Schüler mit Förderbedarf wichtig, so auch für solche mit Prader-Willi-Syndrom.

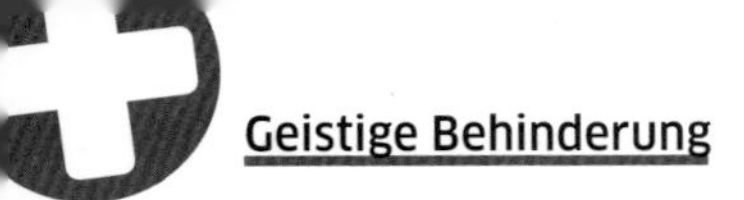

Das Wichtigste, was zu beachten ist, wenn Sie einen Schüler mit Prader-Willi-Syndrom in der Klasse haben: **Achten Sie auf in der Klasse vorhandene Nahrungsmittel**. Ein offen aufgehängter Schokoladen-Adventskalender ist genauso unangebracht wie ein Kästchen mit Süßigkeiten im unverschlossenen Lehrerpult – Schüler mit Prader-Willi-Syndrom sind, was das Auffinden von Nahrungsmitteln betrifft, erfahrungsgemäß äußerst erfolgreich. Zudem brauchen sie, auch in der Schule, ein **Training**, um mit Nahrungsmitteln umgehen zu können. Essensaufnahme, die Stabilisierung des Gewichts und die Vermeidung von Adipositas sind ein ständiges Thema. Setzen Sie Essen oder gar Süßigkeiten nicht als Belohnung ein! **Informieren** Sie alle Kollegen (besonders auch die Aufsichtspersonen im Speiseraum) über die Symptomatik Ihres Schülers. Auch die Mitschüler sollten im notwendigen Maße informiert sein.

Nicht nur in Bezug auf regelmäßiges Essen benötigen Schüler mit Prader-Willi-Syndrom einen **klar geregelten, strukturierten Tagesablauf**, der ihnen Sicherheit bietet. Vertraute Unterrichtsabläufe mit wiederkehrenden transparenten Strukturen tragen ebenfalls dazu bei.

Fühlen sie sich verunsichert, kommt es bei diesen Kindern und Jugendlichen häufig zu **Wutausbrüchen**. Auch **Zeitdruck** und **Anforderungen** führen aufgrund **geringer Frustrationstoleranz** häufig dazu. **Auszeiten**, ggf. mit Begleitung, zum situativen Abbau des Stressfaktors – mit anschließenden Gesprächen – sind hier häufig eine sinnvolle Strategie. Behalten Sie den Schüler gut im Blick, um vorhersehen zu können, was ihn verunsichert. Sie können dann ggf. einen möglichen Wutausbruch verhindern oder abschwächen, indem Sie erklären, was gerade passiert, und das Sicherheitsbedürfnis so befriedigen.

Vermeiden Sie **Ironie**, da Gesagtes von Schülern mit Prader-Willi-Syndrom wörtlich aufgefasst und Ironie in der Stimme nicht wahrgenommen wird.

Aufgrund der Tatsache, dass Bewegung häufig als anstrengend erlebt wird, ist das Anbieten von **interessanten Aktivitäten**, wie z. B. Schwimmen, Tanzen oder Reiten, sinnvoll, um Sport und Bewegung attraktiv zu machen.

Lesenlernen fällt Schülern mit Prader-Willi-Syndrom aufgrund ihres guten visuellen Gedächtnisses i. d. R. leichter, als **Rechnen** zu lernen. Nutzen Sie, wann immer es geht, Bilder, Anschauungsmaterial und weitere **visuelle Hilfsmittel**, da diese das Lernen dieser Schüler unterstützen.

Zum Zeugnis im Bildungsgang Geistige Entwicklung oder Lernen siehe S. 137.

Wo kann ich mir weitere Hilfe holen?

Informationen zur Beantragung von **Schulbegleitung** finden Sie auf S.31 f.

Linktipp

Die **„Prader-Willi-Syndrom Vereinigung Deutschland e. V.“** (Takustraße 39d, 50825 Köln) hält auf ihrer **Webseite** www.prader-willi.de vielfältige **Informationen** über dieses Syndrom bereit und bietet auch **Beratung** und Hilfe an sowie Informationen über **Tagungen** und **Veranstaltungen** für Lehrer zu diesem Thema.

Körperlich-motorische Beeinträchtigungen

Cerebralparese

Die **infantile Cerebralparese** (auch: Cerebrale Kinderlähmung oder veraltet: Morbus Little) ist eine Bewegungsstörung, die durch eine frühkindliche Hirnschädigung oder -fehlbildung entstanden ist und zu Störungen des Nervensystems und der Muskulatur führt. Cerebrale Bewegungsstörungen sind mit ca. 60–70 % die **häufigste Diagnose** unter den körperlich-motorischen Behinderungen.[49] Insgesamt werden ein bis drei von 1 000 Kindern mit einer cerebralen Bewegungsstörung geboren. Frühgeborene sind besonders für diese frühkindliche Hirnschädigung gefährdet.[50] Demnach sind prä- oder perinatale **Ursachen** (meist aufgrund von Sauerstoffmangel) am häufigsten, aber auch postnatal kann eine Hirnentzündung (z. B. durch Grippe, Masern, Keuchhusten oder Hirnhautentzündung) zu einer cerebralen Bewegungsstörung führen. Es handelt sich nicht um eine Krankheit, sondern um eine Gruppe von verwandten Symptomen, die viele unterschiedliche Ursachen haben können.

Was sind die Besonderheiten der betroffenen Kinder und Jugendlichen?

Die durch eine Cerebralparese hervorgerufene Behinderung zeigt sich durch Störungen des **Nerven-** und **Muskelsystems** in Bezug auf **willkürliche Bewegungskoordination**. Dabei wird zwischen Spastik, Athetose und Ataxie unterschieden, die einzeln oder gemeinsam auftreten können.

- ✓ Bei einer **Spastik** ist die motorische Bahn zwischen Gehirn und Rückenmark betroffen. Sie zieht eine besondere Steifheit der Muskulatur sowie langsame und zähe Bewegungen oder dauerhafte Streckungen nach sich. Die Hüfte steht oftmals angewinkelt gebeugt und nach innen gedreht. Ellenbogen, Handgelenk, Finger und Kniegelenk neigen zur Versteifung und können nur schwer und unter Schmerzen gebeugt werden. Der Unterarm ist stark gebeugt, der Daumen ist nach innen gedreht. Das Sprunggelenk und der Fuß sind in eine Spitzfußstellung überstreckt. Die Wirbelsäule ist oft hochgradig verkrümmt (Skoliose).
- ✓ Bei der **Athetose** sind die unter der Hirnrinde liegenden Kerne betroffen, was zu unwillkürlichen, „schlängelnden“ Bewegungen (dyskinetische Syndrome) sowie zu einem Muskelzittern (Tremor) führen kann. Bewegungen schießen oft unkoordiniert über ihr Ziel hinaus. Mangelnde Kontrolle über die Mimik zeigt

[49] Solche statistischen Werte können je nach den zugrunde liegenden Diagnosekriterien und Erhebungen ggf. stark schwanken, sind also stets nur Orientierungswerte.

[50] Vgl. www.onmeda.de, letzter Zugriff am 08.07.2019

sich z. B. durch häufiges Grimassieren. Die Gelenke werden häufig überdehnt. In einer bestimmten Körperposition zu verweilen, ist oft unmöglich. Im Ruhezustand ist der Muskeltonus, also der Grund-Spannungszustand der Muskeln, häufig niedrig. Die Kontrolle über die Kopfhaltung ist oft erschwert, Sprechen und Nahrungsaufnahme sind meist schwierig. Gehen fällt schwer oder ist gar nicht möglich.

- ✓ Bei der **Ataxie** sind Teile des Kleinhirns bzw. der Kleinhirnbahn geschädigt, es entstehen stark abgehackte Bewegungen. Diese zeigen sich durch ein starkes, oftmals ungerichtetes „Wackeln". Die Spannung im Rumpf ist vermindert; normales Aufrichten fällt diesen Schülern schwer. Hinzu kommen Koordinations- und Gleichgewichtsstörungen. Sprachstörungen sind nicht selten, ebenso ein Muskelzittern (Tremor) sowie eine Störung der feinen Muskelbewegungen und eine herabgesetzte Muskelspannung (Hypotonie). Häufig tritt auch ein Augenzittern auf. Viele ataktische Menschen neigen zur Überempfindlichkeit und weichen vestibulären, also den Gleichgewichtssinn betreffenden, oder taktilen Erfahrungen gerne aus.
- ✓ Zudem gibt es **Mischformen**, meist aus den ersten beiden Formen.

Fast immer ist der ganze Körper von der Bewegungsstörung betroffen, manchmal hauptsätzlich die Beine (Diplegie oder Paraplegie) oder eine Körperseite (Hemiplegie oder Hemiparese), gelegentlich auch nur ein Arm oder ein Bein (Monoplegie oder Monoparese). In leichten Fällen zeigt sich die Bewegungsstörung nur beim Einsatz der Feinmotorik (z. B. beim Schreiben, Zeichnen, Basteln), in schweren Fällen sind der Gebrauch der Hände stark erschwert bis unmöglich und das Stehen und Gehen, teilweise sogar das Sitzen stark eingeschränkt.
Bei allen drei Formen wachsen die **Muskeln** der betroffenen Körperteile oft nicht altersgemäß (Minderwuchs oder Muskelschwund).
Neben den körperlich-motorischen Störungen können als Folge der Hirnschädigung auch **andere Bereiche** betroffen sein, z. B. das **Seh-**, **Hör-** oder **Tastvermögen**, zudem sind **epileptische Anfälle** möglich (siehe hierzu S. 140 ff.). Auch die **Sprache** ist nicht selten betroffen. Außerdem sind teilweise Probleme beim **Kauen** und **Schlucken** in Verbindung mit der Cerebralparese festzustellen. Oft ist neben der körperlich-motorischen Entwicklung auch die allgemeine Entwicklung verzögert. Insgesamt sind (Bewegungs-)Abläufe durch eine Cerebralparese verlangsamt, dies betrifft auch die Fähigkeit, sich auf Situationen einzustellen und sich zu konzentrieren. Die **Intelligenz** ist häufig, aber nicht immer, **normal entwickelt** oder nur **leicht vermindert**. Es kann ggf. zu **Verhaltensauffälligkeiten** kommen.

Bei fast allen körperlich-motorischen Beeinträchtigungen finden bereits im frühen Kindesalter **viele Krankenhausaufenthalte** statt – eine Belastung, die Kindheit und Jugend anders verlaufen lässt als bei Kindern ohne Beeinträchtigung.

Schädigungen des Zentralen Nervensystems haben keinen Einfluss auf den Charakter der betroffenen Menschen. In vielen Fällen handelt es sich in der Folge um eine **körperlich-motorische**, **nicht** jedoch um eine **geistige Behinderung**. Auch wenn manchmal z. B. eine **sprachliche Einschränkung** hinzukommt: Schauen Sie stets genau hin, wie viel das Kind bzw. der Jugendliche verstehen kann – sich nicht oder nur erschwert äußern zu können, heißt nicht zwingend, vermindert intelligent zu sein.

Tipps für die Unterrichtspraxis

Da die Cerebralparese die häufigste Form der körperlich-motorischen Beeinträchtigung in der Schule ist, beschreibe ich an dieser Stelle die wichtigen Aspekte Unterstützung und des Umgangs mit Schülern aus dem Förderschwerpunkt Körperlich-motorische Entwicklung (KME bzw. KM). Vieles davon gilt auch für Schüler mit Muskeldystrophie, Spina Bifida, Querschnittslähmung und Glasknochenkrankheit sowie andere körperlich-motorische Schädigungen, die hier nicht benannt sind, aber womöglich in Ihrer Schule vorkommen. Sie können also die folgenden Hinweise in jedem Fall bei einer körperlichen Beeinträchtigung zurate ziehen. Weitere, speziellere Hinweise folgen in den einzelnen Kapiteln.

Tauschen Sie sich eng mit den **Eltern** über den Stand der Behinderung, Unterstützungsbedarfe und Fortschritte oder Rückschritte aus. Auch der Austausch mit **Ärzten** und **Therapeuten** ist wichtig – hierfür benötigen Sie eine gegenseitige Schweigepflichtentbindung der Eltern (siehe auch Vorlage zum Download). Ein Austausch mit allen betroffenen **Kollegen** hinsichtlich grundlegender Informationen sowie **Notfallmaßnahmen**, z. B. bei epileptischen Anfällen, sollte selbstverständlich sein (siehe hierzu S. 140 ff.). Zudem sollten sich sämtliche Beteiligten mit den **Hilfsmitteln** des Schülers auskennen, z. B. wenn er Orthesen (also orthopädische Hilfsmittel zur Stütze, Fixierung oder Entlastung eines Körperteils) trägt oder im Rollstuhl sitzt.

Insbesondere bei Spastiken ist es wichtig, dass alle mit dem Schüler arbeitenden Erwachsenen über **Spastik lösende** bzw. **lindernde Bewegungen** Bescheid wissen. Bringen Sie den Schüler möglichst nicht in eine Bewegung, die der muskelverkürzenden Spastik „entgegenkommt", die also z. B. die Arm- oder Handgelenksbeugung verstärkt. Der **Physiotherapeut** wird Ihnen Bewegungen nennen oder zeigen können, die die betroffenen Muskeln vorsichtig dehnen und die gesunden Muskelbereiche stärken. Die Erfahrung hat zudem gezeigt, dass der Umgang mit Tieren häufig zur Entspannung von Spastiken führen kann, so lockern sich z. B. beim Reiten die verkrampften Beine. Insgesamt ist **Bewegungserleichterung** ein wichtiges Ziel, also z. B. die Frage nach der bestmöglichen Einstellung des Rollstuhls, der Lagerungsveränderung, um (weitere) Haltungsschäden und Druckstellen zu vermeiden, sowie der Bereitstellung unterschiedlicher Sitzunterlagen. Zur unterstützten Fortbewegung gibt es verschiedene Hilfsmittel, wie Mehrpunktstützen als Gehhilfen, Rollatoren, Stehbretter und natürlich Rollstühle. Lassen Sie sich den Einsatz und die nötige Unterstützung von den Eltern oder Fachleuten gut erklären und zeigen. Auch zum Schreiben können Hilfsmittel, wie besondere Stifte oder Schreibgriffe zum Aufstecken, eine rutschfeste Folie, ein „Einhänderlineal" (mit gummierter Unterseite) und vieles mehr, herangezogen werden.

Die Teilhabe aller an möglichst vielen schulischen **sozialen Aktivitäten** und das Einbeziehen von Behinderungen betroffener Schüler, in die **Gemeinschaft** der Klasse und Schule sind an vielen Schulen mittlerweile Teil des Schulprogrammes und für die Lehrer im Fokus. **Sprechen** Sie, auch bei schwereren Beeinträchtigungen, in ihrer Anwesenheit niemals über, sondern stets mit den Schülern. Suchen Sie bei Rollstuhlfahrern Blickkontakt, möglichst auf **Augenhöhe**.

Gerade auch bei leichteren und nicht unbedingt unmittelbar ersichtlichen Behinderungsformen ist es für den Schüler und für die Klasse wichtig, zu thematisieren, was **Vielfalt** bedeutet: dass der eine dies und der andere jenes gut oder weniger gut kann und dass jeder Mensch mit seinen Fähigkeiten und Fertigkeiten so in Ordnung ist. Anpassung oder so (gut) sein zu wollen wie andere, ist für leichter behinderte Kinder und Jugendliche keine gute Ausgangsbedingung für erfolgreiches Lernen, da sie so immer wieder frustrierend erfahren, wie sie an Grenzen stoßen, Dinge nicht oder nicht so gut können wie andere. Zeigen Sie jedem Schüler Ihrer Klasse, dass es in Ordnung ist, etwas nicht zu können, bei etwas nicht mitzumachen, etwas anders zu machen als andere. Ermutigen Sie dazu, um Hilfe zu bitten. Nutzen Sie Arbeitsphasen Ihrer Schüler, um zu **beobachten**, wer wie am besten lernen und arbeiten kann, welche Lernbedingungen unterstützend wirken, wie jeder seine Kompetenzen am besten einbringen kann. In Bezug auf die schulischen Leistungen ist es über den **Nachteilsausgleich** ggf. möglich,

- ✓ die Benotung (zeitweise) auszusetzen oder zu verändern,
- ✓ in Prüfungen Unterstützungsmöglichkeiten zu nutzen,

- ✓ Hilfsmittel einzusetzen,
- ✓ Zeitzugabe zu gewähren
- ✓ u. v. m.

Informationen zum Nachteilsausgleich finden Sie auf der Webseite des Schulministeriums Ihres Bundeslandes und auf S. 15.
Im **Zeugnis** schreiben Sie unter Bemerkungen z. B.: „Anna wird (1. Halbjahr)/wurde (2. Halbjahr) im Schuljahr X/Y im Förderschwerpunkt Körperlich-motorische Entwicklung sonderpädagogisch im Bildungsgang Geistige Entwicklung/Lernen/Primarstufe/Hauptschule/Realschule/Gymnasium unterstützt."[51] Bei zielgleicher Beschulung kann diese Bemerkung auf Wunsch der Eltern im Abschlusszeugnis wegfallen.
Wenn Schüler Schwierigkeiten haben, zu kommunizieren, weil sie kaum oder nicht **sprechen** können, sollten Sie sich unbedingt mit dem Thema „Unterstützte Kommunikation" (UK) auseinandersetzen und überlegen, wo und wie diese eingesetzt werden kann (siehe hierzu S. 136 f.).

Pflege von körperlich beeinträchtigten Schülern

Dem Thema „Pflege" möchte ich an dieser Stelle ein besonderes Augenmerk widmen, da diese eine besondere Sensibilität erfordert.[52] Es gibt hier keine einheitlichen Regelungen, das Team inklusive des Schulbegleiters (siehe auch S. 31 f.) muss sich individuell darüber verständigen. Pflege in der Schule beinhaltet die **Bereiche**

- ✓ Kleidung, Wärme und Kälte,
- ✓ Toilettengänge, Körperhygiene,
- ✓ Ernährung, Hunger und Durst,
- ✓ Schlaf, Ruhe und Bewegung,
- ✓ Schutz vor Verletzungen,
- ✓ Lagerung und Verhinderung von Wundliegen (Dekubitusprophylaxe),
- ✓ Umgang mit Schmerzen und Schmerzlinderung.

Dabei sind besonderes Feingefühl bezüglich der **Identität** als Junge bzw. Mädchen, das Vermitteln von **Sicherheit** und **Geborgenheit** sowie das Erspüren und Einhalten von **Grenzen** gefordert. Wie viel Nähe, wie viel Distanz braucht und wünscht der Schüler? Welche Berührungen empfindet er als angenehm? Wie viel **Autonomie**

---

[51] Dies ist eine Beispielformulierung, so wie sie in NRW vorgesehen ist. Bitte beachten Sie die Vorgaben Ihres jeweiligen Bundeslandes und sprechen Sie Formulierungen mit Ihrer Schulleitung ab.

[52] Ein lesenswerter Artikel zu dieser Thematik ist: Schlüter, Martina: Pflege als pädagogische Aufgabe im Bildungsprozess von Schülerinnen und Schülern an Förderschulen mit dem Schwerpunkt Körperliche und Motorische Entwicklung. In: Verband Sonderpädagogik (Hrsg.): Zeitschrift für Heilpädagogik 6/2009, Würzburg, S. 224–230

kann ich ihm bei aller Abhängigkeit geben? Was kann der Schüler selbst tun, wobei braucht er Hilfe? Braucht er nur **Anleitung** oder **Begleitung** beim Essen oder bei Toilettengängen, ohne konkrete Hilfestellung zu benötigen? Braucht er **kleinere Hilfestellungen**, z. B. beim Öffnen von Verschlüssen, beim Schneiden des Essens? Kann er Bedürfnisse und Wünsche zwar verbalisieren, aber nicht (mehr) selbstständig erfüllen? Oder kann er sich kaum oder gar nicht (mehr) verbal mitteilen und ist in allen Pflegesituationen **auf Hilfe angewiesen**? Bei allen diesen Fragen ist größter Respekt vor der **Persönlichkeit**, die vor Ihnen sitzt, steht oder liegt, geboten!
Insbesondere für Menschen mit schwersten Behinderungen ist neben dem Bedürfnis nach Wärme, Nahrung und Bewegung das Vermeiden bzw. Verringern von **Schmerzen** ein großes Thema. Schmerzen können verschiedene Ursachen haben: Muskeln und/oder Gelenke schmerzen aufgrund von Spastiken, Skoliosen oder Luxationen (Verrenkung oder Auskugeln von Gelenken). Entzündungen der Magenschleimhaut oder der Speiseröhre entstehen schnell aufgrund von Schwierigkeiten bei der Essensaufnahme (z. B. Reflux, Erbrechen). Kopfschmerzen treten häufig vor oder nach epileptischen Anfällen auf. Dazu kommen Zahnschmerzen, Mittelohrentzündungen oder Menstruationsbeschwerden, die behinderungsunabhängig auftreten, um nur einige zu nennen. Das sensible **Hinsehen** und **Einfühlen** sowie gute **Absprachen** mit den Eltern, Ärzten und Therapeuten sollten ein möglichst schmerzfreies oder zumindest schmerzreduziertes Leben zum Ziel haben.

Neben allem Einfühlen ist natürlich auch Professionswissen über die Behinderungsform hinaus gefragt: Welche **Handgriffe** und **Bewegungen** muss ich für die Pflege von Schülern kennen? Wie schütze ich insbesondere liegende Schüler im Rollstuhl vor **Wundlagerung** (Dekubitus)? Was muss ich beim Essen bzw. Anreichung von Nahrung beachten?
Beim **Ernähren** achten Sie besonders auf

- ✓ die Gefahr des Einatmens/Verschluckens durch Kau- und Schluckstörungen; lassen Sie den Schüler beim Essen und Kauen niemals unbeaufsichtigt,
- ✓ regelmäßigen Austausch mit den Eltern, um chronische Mangel- oder Fehlernährung aufgrund von Unverträglichkeiten oder Problemen bei der Nahrungsaufnahme (Ausspucken, Erbrechen) zu verhindern,
- ✓ regelmäßiges Trinken, besonders dann, wenn der Schüler lediglich kleinere Schlucke zu sich nehmen kann: Legen Sie im Team Verantwortlichkeiten fest, wer auf die regelmäßige Flüssigkeitsaufnahme achtet.

Hier ist die Zusammenarbeit mit Logopäden und/oder Ergotherapeuten hilfreich. Vielleicht haben Sie einen an der Schule, vielleicht hat der Schüler einen? **Fachkundige Anleitung** ist auch an dieser Stelle unbedingt notwendig.
Kinder mit schwersten Behinderungen sind in ihrer **Bewegung** sehr eingeschränkt. Oft können sie ihre Position selbst überhaupt nicht verändern und können kaum oder gar keine koordinierten Bewegungen ausführen.
Die Schüler sind darauf angewiesen, dass

- ✓ sie bequem hingesetzt oder gelegt werden,
- ✓ Sie sie in Positionen bringen, aus denen eigene Aktivitäten möglich sind,
- ✓ ihre Position regelmäßig verändert wird, um Wundlagerung zu vermeiden bzw. gering zu halten,
- ✓ sie ausreichend Möglichkeiten erhalten, sich zu bewegen bzw. bewegt zu werden.

Auch hier ist der enge Austausch mit den Eltern und ggf. Physiotherapeuten wichtig. Nicht zuletzt sollten Sie, falls Sie Schüler öfter heben müssen, Ihre **eigene körperliche Gesundheit** im Blick haben:

- ✓ Tragen Sie bequeme, rutschfeste Schuhe, die nach allen Seiten Halt bieten, um beim Heben nicht wegzurutschen und zudem Ihre Wirbelsäule zu schonen.
- ✓ Gehen Sie beim Heben möglichst immer in die Knie und halten Sie den Rücken dabei gerade, die Beine stehen derweil in Grätsch- oder Schritthaltung.
- ✓ Achten Sie beim Heben auf einen Schwerpunkt, der nahe bei Ihrem Körper liegt.
- ✓ Heben Sie Schüler nach Möglichkeit zu zweit.

Darüber hinaus sollten alle Kollegen, Schulbegleiter und alle, die mit der Pflege des Schülers zu tun haben (in diesem Fall besonders die weiblichen Personen) insgesamt auf **angemessene Kleidung** achten: Nicht nur das Schuhwerk, auch der Sitz von T-Shirts und die Länge von kurzen Röcken und Hosen sollten dem professionellen Anspruch genügen – besonders beim Heben, Bücken, Recken sind Flipflops, kurze Röcke und weit ausgeschnittene Oberteile unangemessen.

Wo kann ich mir weitere Hilfe holen?

Die folgenden Hinweise gelten allgemein für den Förderschwerpunkt KME bzw. KM:

- ✓ Holen Sie sich Rat und Unterstützung bei **Experten**, z. B. bei **Ärzten**, **Physio-** oder **Ergotherapeuten** sowie **Kollegen**, die sich mit dem Förderschwerpunkt auskennen.

- ✓ In vielen Fällen kann eine **Schulbegleitung** beantragt werden (siehe S. 31 f.).
- ✓ Tauschen Sie sich eng mit den **Eltern** aus.
- ✓ **Schulsozialarbeiter** und **Vertrauenslehrer** sind wichtige Ansprechpartner in der Schule zur Unterstützung des Schülers.
- ✓ Die zuvor bereits angesprochene **Schweigepflichtentbindung** (siehe auch Vorlage zum Download). können Sie bei den Eltern einholen, um mit den **behandelnden Therapeuten** und/oder **Ärzten** Kontakt aufzunehmen.
- ✓ Sozialpädiatrische Zentren (**SPZ**) sind ambulante Einrichtungen zur Frühförderung und Früherkennung. Sie arbeiten interdisziplinär und sind eine wichtige Anlaufstelle für Eltern und Lehrer, die mit Schülern mit körperlich-motorischen Beeinträchtigungen arbeiten. Es gibt sie in jeder größeren Stadt.

Linktipps

Für den Förderschwerpunkt KME/KM allgemein:

- ✓ Der „**Bundesverband für körper- und mehrfachbehinderte Menschen e. V.**" sitzt in der Brehmstraße 5–7 in 40239 Düsseldorf, Telefon: 0211/ 64 00 40. Die Webseite finden Sie unter: www.bvkm.de
- ✓ Auf der Webseite www.handicap-unterricht.de finden Sie z. B. unter „**Unterrichtsmaterial**" viele Vorschläge und Materialien für eine inklusive Atmosphäre im Klassenzimmer.
- ✓ Auf der Webseite www.rehamedia.de finden Sie zahlreiche Informationen zur **Unterstützten Kommunikation** und entsprechende nicht elektronische und elektronische Hilfsmittel.
- ✓ Unter www.pflegewerk.com finden Sie weitere Informationen zum Thema **Pflege** und **Hebetechniken**.

Speziell zum Thema Cerebralparese:

- ✓ Der Bundesverband „**Schritt für Schritt. Hilfe für das hirnverletzte Kind e. V.**" informiert, berät und bietet Förderung an. Adresse: Maria-Louisen-Straße 88, 22301 Hamburg, Telefon: 040/ 44 72 62. Link: www.schritt-fuer-schritt.de
- ✓ Der Förderverein „rege e. V." informiert auf seiner Webseite über das Krankheitsbild der **infantilen Cerebralparese** sowie deren Behandlung. Link: www.rege-ev.de
- ✓ Auf der Internet-Plattform www.spastikinfo.de finden Sie grundlegende **Informationen** zum Thema **Spastik**.

Muskeldystrophie

Muskeldystrophie ist ein **Überbegriff** für sehr verschiedene, chronisch verlaufende, genetische Erkrankungen, die **Muskelschwäche** bzw. **Muskelschwund** zur Folge haben. Bis heute sind diese Schädigungen der Muskelzellen **nicht heilbar** und können bis zur vollständigen Lähmung der Muskeln führen.

Formen

Es gibt zahlreiche verschiedene und in der Ausprägung unterschiedliche Formen der Muskeldystrophie. Die Ursache für eine Muskeldystrophie im Kindes- und Jugendalter ist meist das genetisch bedingte Fehlen oder eine Funktionsänderung des Eiweißes Dystrophin. Diese Störung sorgt dafür, dass die Muskulatur und teilweise die Augen nicht richtig funktionieren können. Bei vielen Formen der Muskeldystrophie schreitet die Krankheit nur langsam fort, bei einigen schwereren Formen sind jedoch zunehmend die Atem- und Herzmuskulatur betroffen, sodass lebensbedrohliche Verschlechterungen eintreten können. Es gibt bislang keine Heilungsmöglichkeit, die Symptome können jedoch durch eine gute Behandlung erträglicher gemacht werden.

- ✓ Die häufigste Form der Muskeldystrophie im Kindesalter ist der **Typ Duchenne (DMD)** mit einer Häufigkeit von etwa einem von 3 500 Neugeborenen.[53] Sie tritt üblicherweise erstmals im Kleinkindalter auf. Die DMD betrifft fast ausschließlich Jungen, da das für die Krankheit verantwortliche Gen auf dem X-Chromosom liegt.
- ✓ Seltener ist der **Typ Becker-Kiener (BMD)** mit einer Häufigkeit von einer von 20 000 Personen; dieser Typ tritt oft erst im Schulalter oder später auf und verläuft meist langsamer oder weniger ausgeprägt. Auch die BMD betrifft aufgrund des defekten X-Chromosoms fast ausschließlich Jungen. Beide Formen sind nach ihren Entdeckern benannt.

Was sind die Besonderheiten der betroffenen Schüler?

Auch wenn es verschiedene typische äußere Merkmale von Kindern und Jugendlichen mit Muskeldystrophie gibt, lassen diese keinen Schluss auf Charaktereigenschaften oder das Temperament zu. Wie bei allen Schülern, insbesondere mit besonderen Bedürfnissen, müssen Sie auch hier individuell beobachten,

[53] Solche statistischen Werte können je nach den zugrunde liegenden Diagnosekriterien und Erhebungen ggf. stark schwanken, sind also stets nur Orientierungswerte. Dies gilt auch für die folgenden statistischen Werte.

- ✓ was der Schüler braucht,
- ✓ was ihm hilft,
- ✓ wo seine Stärken liegen
- ✓ und was ihm schwerfällt.

Die **meisten** Kinder mit Muskeldystrophie entwickeln sich **kognitiv** normal und können also am **regulären Unterricht** teilnehmen. Insbesondere der Typ Becker-Kiener als langsam fortschreitende Krankheit verursacht bis auf (ggf. sogar nur leichte) Schwierigkeiten beim Sportunterricht keine schulischen Einschränkungen. Manche Schüler sind jedoch auch von **leichten Lernschwierigkeiten** bis hin zu **schwerer geistiger Behinderung** betroffen. In einigen Formen kommen epileptische **Krampfanfälle** hinzu (siehe hierzu „Was tun bei Epilepsie?", S. 140 ff.). Auch **Fehlbildungen der Augen** kommen vor, sodass diese z. B. nicht vollständig geschlossen werden können, die Augenlider hängen oder die Augenbeweglichkeit gestört ist.

Muskeldystrophie Typ Duchenne (DMD)

Die von Muskeldystrophie Typ Duchenne betroffenen Kinder wirken in den ersten Lebensjahren zunächst eher ungeschickt und bewegungsfaul. Die Muskelschwäche tritt **zuerst** im **Beckengürtel** auf und weitet sich über **Bauch**- und **Rückenmuskulatur** auf **Schulter**, **Hals** und **Gesicht** sowie schließlich auf die **Atem**- und **Herzmuskulatur** aus. Grund dafür ist das schon erwähnte, fehlende funktionsfähige Eiweiß (Dystrophin), das für die Skelettmuskulatur und den Herzmuskel von zentraler Bedeutung ist. Ohne dieses Dystrophin verschleißen die Muskeln schneller als üblich.
Etwa ein Drittel der betroffenen Jungen haben zudem **Lernschwierigkeiten** sowie **Sprachentwicklungsverzögerungen**. Diese sind aber im Gegensatz zur Muskelschwäche **nicht fortschreitend**.
Die **fortschreitenden Symptome** umfassen:

- ✓ grobmotorische Auffälligkeiten, wie das Vermeiden von Aufstehen und Setzen,
- ✓ häufiges Hinfallen mit Schwierigkeiten, sich abzufangen,
- ✓ Rennen und Hüpfen sind nicht oder kaum möglich,
- ✓ auffällig kräftige Waden, „Watschelgang",
- ✓ Hohlkreuz,
- ✓ Bewegungseinschränkungen an Hüfte und Fußgelenken,
- ✓ die Muskeln, die den Kopf nach vorn beugen, werden schwach und es fällt schwer, den Kopf zu heben,

- ✓ aufgrund der zunehmenden Schwäche des Schultergürtels stehen die Schulterblätter immer weiter ab,
- ✓ das Zusammenziehen der Achillessehne führt zum Gang auf den Zehenspitzen; die meisten Kinder sind ab dem Alter von 8–15 Jahren nicht mehr in der Lage, zu gehen, und somit auf den Rollstuhl angewiesen,
- ✓ die Wirbelsäule und der Brustkorb verformen sich,
- ✓ im späteren Krankheitsstadium ist auch die Gesichtsmuskulatur betroffen,
- ✓ die Atemmuskulatur wird schwächer; Abhusten bei Infekten wird immer schwieriger,
- ✓ auch der Herzmuskel wird schwächer.

Der Verlauf und die Schwere der Erkrankung sind unterschiedlich und hängen vom Auftrittsalter sowie dem Start der Behandlung ab. Die **Lebenserwartung** ist in allen Fällen stark gemindert, kann jedoch dank neuerer Therapieansätze teilweise bis über 40 Jahre ausgeweitet werden.

Muskeldystrophie Typ Becker-Kiener (BMD)

Die Muskeldystrophie Typ Becker-Kiener zeigt **ähnliche Symptome** wie die des Typs Duchenne, die **Krankheitsausprägung** ist jedoch **geringer**. Die Muskelschwäche zeigt sich oft erst im **zweiten Lebensjahrzehnt**. Ebenso wie bei der DMD ist die Schwäche der Muskulatur am Becken- und Schultergürtel besonders ausgeprägt, jedoch deutlich **seitenbetont**, sodass es zu einseitigen Verkürzungen kommen kann. Viele BMD-Betroffene können bis ins Erwachsenenalter **selbstständig gehen**; die Schüler sind lediglich beim **schnellen Rennen** oder **Treppensteigen** eingeschränkt. So wird oft weniger die Bewegungseinschränkung als die **zunehmende Herzmuskelschwäche** zum Problem. Einige Kinder mit BMD sind lern- oder geistig behindert (auch hier ist diese Behinderung im Gegensatz zur Muskelschwäche nicht fortschreitend), die **meisten** sind jedoch **durchschnittlich intelligent**. I. d. R. kommen hier keine epileptischen Anfälle vor.

Tipps für die Unterrichtspraxis

Neben den ab S. 154 beschriebenen Maßnahmen und Aspekten ist zudem zu beachten: Ein besonderes Augenmerk sollte der **Verarbeitung der Krankheit** und den damit zusammenhängenden (wachsenden) **Beeinträchtigungen** gelten. Oft wollen die Kinder oder Jugendlichen nicht über ihre Krankheit und die zunehmenden Schwie-

rigkeiten sprechen, was den Umgang mit „Stolperfallen“ (im realen und übertragenen Sinn) schwer macht. Manchmal sind Eltern hier eine Unterstützung, manchmal jedoch stecken sie selbst noch mitten in der Verarbeitung der Krankheit ihres Kindes, die ihnen normalerweise natürlich sehr schwer fällt. Bemühen Sie sich sowohl im Gespräch mit den Eltern als auch mit dem Schüler einerseits um offenes Ansprechen und natürlichen Umgang mit den körperlich-motorischen Einschränkungen. Respektieren Sie andererseits aber auch sensibel die emotionale Belastung einer solchen Krankheit („Wie würde es mir in diesem Fall ergehen?“). In einigen Fällen kann es sehr hilfreich sein, wenn Sie einfühlsam, aber offen mit dem Schüler und seinen Eltern über die Krankheit sprechen: Viele Menschen im Alltag scheuen dieses Thema. Und zugleich kreisen die Gedanken des Kindes/Jugendlichen bzw. der Eltern doch um die Krankheit und die emotionale Belastung. Es kann darum helfen, wenn Sie als außenstehende Bezugsperson die Dinge beim Namen nennen und sachlich Unterstützungsbedarfe und -möglichkeiten thematisieren.
Planen Sie **zukunftsbezogen**: Das Fortschreiten der Krankheit kann sehr verschieden sein und die **Barrierefreiheit** schnell zum Thema werden. Ist Ihr Klassenraum ebenerdig zu erreichen? Bedenken Sie, dass auch Schüler mit Muskeldystrophie, die (noch) gehen können, Schwierigkeiten mit Treppen haben. Achten Sie auch innerhalb Ihres Klassenraumes auf Erreichbarkeit aller Bereiche und setzen Sie den Schüler ggf. so, dass er nicht mit seiner Gehhilfe oder seinem Rollstuhl an vielen Stolperfallen oder Engstellen vorbeikommen muss. Achten Sie auf eine gut gesicherte **Sitzunterlage**, damit der Schüler nicht vom Stuhl rutscht.
Thematisieren Sie die Krankheit in Absprache mit den Eltern und dem Schüler selbst **in der Klasse**: Wissen verringert die Unsicherheit im Umgang damit. Zudem sollten ggf. **Hilfemaßnahmen** (z. B. bei Atemnot, bei Stolpern) und das mögliche **Hinzurufen** von Hilfe thematisiert werden. Beziehen Sie, auch bei schwerer Behinderung, den Schüler und seine Mitschüler, so gut es geht, ein und fördern Sie Hilfsbereitschaft. Eine **Klassengemeinschaft** mit Zusammenhalt und gutem Austausch erleichtert auch bei krankheitsbedingten Fehlzeiten den Anschluss an die Klasse. Nehmen Sie die **Wünsche** und **Bedürfnisse** des Schülers ernst und setzen Sie sich dafür ein, dass nicht über ihn bestimmt wird. Setzen Sie Computer und **digitale Hilfen** ein, wo es angebracht ist.
Üben Sie sich in **Gelassenheit** bezüglich der Entwicklung Ihres Schülers – da die Verläufe unterschiedlich sind, ist diese nicht vorhersehbar.
Bedenken Sie, dass eine fortschreitende, nicht heilbare Krankheit für Sie, Ihre Schüler und Kollegen **emotional belastend** sein kann, und suchen Sie den Austausch und Entlastung.

Bei Muskeldystrophie Typ Becker-Kiener mit schwachen, im Alltag kaum erkennbaren Symptomen ist besonders der Sportlehrer über die Krankheit und die motorischen Grenzen des Schülers zu informieren.

Wo kann ich mir weitere Hilfe holen?

Allgemeine Informationen finden Sie auf S. 158f.

Linktipps

- ✓ Die „**Deutsche Gesellschaft für Muskelkranke e.V.**" (Im Moos 4, 79112 Freiburg, Telefon: 0212/22 45 151) informiert auf ihrer Webseite über verschiedene Muskelerkrankungen und bietet Kontakt zum Bundesverband und zu Landesverbänden in allen Gegenden Deutschlands sowie zu verschiedenen Diagnosegruppen für einzelne muskuläre Krankheiten: www.dgm.org
- ✓ Die „**Deutsche Duchenne Stiftung**" (aktion benni & co e.V., Huestraße 20, 44787 Bochum, Telefon: 0234/92 56 96 70) hat eine informative Webseite unter www.aktionbenniundco.de

Spina Bifida

Schädigungen des zentralen Nervensystems (ZNS) können diverse Ursachen haben und somit auch vielfältige Auswirkungen. **Spina Bifida** ist eine vorgeburtliche Fehlbildung im Wirbelkanal und führt je nach Ausmaß der Schädigung von geringen Beeinträchtigungen bis hin zur fast vollständigen Lähmung des Körpers. Während der Schwangerschaft schließt sich der Rückenmarkskanal bei dieser Fehlbildung der Wirbelsäule aus bislang ungeklärten Gründen nicht und die Nerven treten in einer Zyste sichtbar nach außen, die operiert werden muss. Es gibt auch die geschlossene Form der Spina Bifida, bei der der Wirbelkanal zwar auch gespalten ist, aber das Rückenmark nicht austritt. Diese Form wird häufig nicht sofort bemerkt, da sie oft (zunächst) symptomfrei verläuft. Etwa eins von 1000 Kindern wird mit einer Spina Bifida geboren.[54]

---

[54] Solche statistischen Werte können je nach den zugrunde liegenden Diagnosekriterien und Erhebungen ggf. stark schwanken, sind also stets nur Orientierungswerte. Dies gilt auch für die folgenden statistischen Werte

Was sind die Besonderheiten der betroffenen Schüler?

Je nachdem, an welcher Stelle der Wirbelsäule der Defekt auftritt, ist das Ausmaß der Schädigung des ZNS unterschiedlich – von **geringen Beeinträchtigungen**, wie **Wahrnehmungsstörungen**, bis zu einer **Querschnittslähmung**. Zusätzlich zur Spina Bifida entwickelt sich bei den meisten Kindern ein **Hydrocephalus** („Wasserkopf") mit Störung des Gehirnwasserkreislaufes. Um den erhöhten Hirndruck zu vermeiden, wird ebenfalls ein operativer Eingriff vorgenommen. Die Wahrscheinlichkeit, dass auch **epileptische Anfälle** auftreten können, liegt bei etwa 10 % (siehe hierzu S. 140 ff.).
Menschen mit Spina Bifida sind aufgrund der gestörten blasenversorgenden Nerven und Leitungsbahnen sehr häufig **inkontinent** und müssen eine Windel tragen.
Die **Streck**- und **Beugemuskulatur** dieser Kinder und Jugendlichen ist meist im Ungleichgewicht, was zu Schwierigkeiten beim Heranziehen von Armen und Beinen führt.

Tipps für die Unterrichtspraxis

Informationen hierzu finden Sie umfassend ab Seite 154 ff.

Schädigungen des Zentralen Nervensystems haben keinen Einfluss auf den Charakter der betroffenen Menschen. In vielen Fällen handelt es sich in der Folge um eine **körperlich-motorische**, **nicht** jedoch um eine **geistige Behinderung**. Auch wenn **manchmal** eine **sprachliche Einschränkung** hinzukommt: Schauen Sie stets genau hin, wie viel das Kind bzw. der Jugendliche verstehen kann – sich nicht oder nur erschwert äußern zu können, heißt nicht zwingend, vermindert intelligent zu sein.

Wo kann ich mir weitere Hilfe holen?

Allgemeine Informationen finden Sie auf S. 158 f.

Linktipp

Auf der Webseite der **„Arbeitsgemeinschaft Spina Bifida und Hydrocephalus e. V. (ASBH)"** (ASBH Selbsthilfe GmbH, Grafenhof 5, 44137 Dortmund, Tel.: 0231/86 10 50-0) finden Sie zahlreiche Informationen und können Broschüren und Ratgeber anfordern: www.asbh.de

Querschnittslähmung

Eine Querschnittslähmung ist manchmal ein **Aspekt** einer schweren **körperlich-motorischen Beeinträchtigung**, manchmal jedoch auch durch einen **Unfall** (Sturz, Quetschung, Schuss) oder eine **Krankheit** (Entzündung, Infektion, Tumor) indiziert. Das Ausmaß der Lähmung hängt von der Höhe der Schädigung der betroffenen Nervenbahnen und dem Grad ihrer Zerstörung ab. Bei einer Querschnittslähmung ist das **Rückenmark beschädigt**. Es gibt komplette Lähmungen (Plegien), bei denen die sensiblen und motorischen Funktionen vollständig verloren sind, sowie inkomplette Lähmungen (Paresen) – hier sind einzelne dieser Funktionen teilweise noch erhalten geblieben. Unterhalb des geschädigten Abschnitts besteht ggf. eine schlaffe Lähmung, Schmerzen, Kälte oder Hitze können ggf. nicht wahrgenommen werden, die Reflexe können ggf. nicht ausgelöst werden, die Organe unterhalb des Abschnitts sind ggf. gelähmt.

Was sind die Besonderheiten der betroffenen Schüler?

Eine Querschnittslähmung ist besonders dann ein **Schock** für das Kind/den Jugendlichen (und seine Eltern), wenn sie durch einen **Unfall** oder eine **Krankheit** plötzlich und unerwartet in sein Leben tritt. Dieser Einschnitt in die bislang erlebte „Unverletzlichkeit" ist in seinem Ausmaß von außen kaum nachzuvollziehen und ein manchmal sehr **langwieriger Prozess** von Trauer mit Nicht-wahrhaben-Wollen und -Können, Chaos und Wut („Warum ich?") über empfundene Sinnlosigkeit und Verzweiflung, Ohnmacht, Wut auf andere (gesunde) Mitmenschen, bis hin zum langsamen Akzeptieren. Letzteres ist ein Prozess, der nicht zielgerichtet, sondern i. d. R. zirkulär abläuft und von „Rückfällen" in Wut, Trauer und Verzweiflung nicht verschont bleibt.

> Die Verarbeitung des Unfalls oder der Krankheit ist also oft das zentrale Thema dieser Schüler und bedarf eines hohen Maßes an Einfühlungsvermögen, Nachsicht, Geduld, aber auch Klarheit seitens der begleitenden Mitmenschen.

Eine Verletzung des Rückenmarks durch Krankheit oder Unfall führt nicht zu Einschränkungen des Intellekts oder zu besonderen Charaktereigenschaften.
Es gilt demnach, diesen Schüler wie alle anderen zu behandeln, zu fördern und zu fordern; lediglich die **körperlichen Einschränkungen** sowie die **Barrierefreiheit** innerhalb der Schule müssen beachtet und bedacht werden.

Bei einer Verletzung des Bereichs am **unteren Ende der Wirbelsäule** müssen gar nicht zwingend Bewegungseinschränkungen auftreten; eine Einschränkung beim Einhalten von Stuhl und Urin ist jedoch möglich, ebenso wie in den Oberschenkeln und im Po Sensibilitätsstörungen auftreten können.
Eine Verletzung im **Lendenbereich** führt zur Lähmung der Beine; die Arme bleiben normal beweglich (Diplegie oder Paraplegie bzw. -parese).
Bei einer Verletzung im **Halsbereich** kommt es zu einer Lähmung der Arme und Beine (Tetraplegie bzw. -parese).

Tipps für die Unterrichtspraxis

Informationen hierzu finden Sie umfassend ab Seite 154ff.
Zudem gilt: Der betroffene Schüler selbst weiß häufig am besten, wann, wo und wie er Hilfe benötigt, und hat keine sprachlichen Einschränkungen – **fragen** Sie ihn also am besten stets selbst.
Es gibt viele Erfolgsgeschichten von **Menschen**, die durch Unfall oder Krankheit **querschnittsgelähmt** und auf den Rollstuhl angewiesen sind und die sich in ihre **neue Rolle** eingefunden haben, zuletzt z. B. die Rennradlerin Kristina Vogel. Sie sitzt seit einem Zusammenstoß auf der Radrennbahn im Rollstuhl. Nutzen Sie diese und andere Geschichten zum **Mutmachen** – siehe dazu auch den entsprechenden Linktipp unten.

Wo kann ich mir weitere Hilfe holen?

- ✓ In vielen Orten wird mittlerweile Rollstuhlsport angeboten. Dies bietet dem Schüler die Möglichkeit, sich zu bewegen und aktiv zu sein. Ermuntern Sie ihn, es auszuprobieren!
- ✓ Weitere allgemeine Informationen finden Sie auf S. 158f.

Linktipps

- ✓ Allgemeine **Informationen**, **Berichte** von Betroffenen und **weiterführende Links** finden Sie auf der folgenden Webseite: www.wingsforlife.com/de/querschnittslaehmung
- ✓ Grundlegende **Informationen** gibt es auch hier: www.der-querschnitt.de/
- ✓ Die **Geschichte** der Radrennfahrerin Kristina Vogel finden Sie hier: www.kristinavogel.de

Glasknochenkrankheit

Die Glasknochenkrankheit, medizinisch Osteogenesis Imperfecta (OI), ist eine seltene genetische Erkrankung. Der Begriff kommt von der Tatsache, dass die Knochen der Betroffenen so leicht brechen „wie Glas", da die **Knochenbildung unvollständig** ist. Die Krankheit wird vererbt; Betroffene geben die Krankheit mit 50 %-iger Wahrscheinlichkeit an ihre Nachkommen weiter. Auch durch Genmutation kann die Krankheit entstehen. Mädchen und Jungen sind gleichermaßen betroffen. Jedes Jahr wird etwa eins von 10 000 bis 20 000 Kindern mit der Glasknochenkrankheit geboren.[55] Die **Ausprägung** der Krankheit **schwankt stark** von milden Formen, die z. T. erst im Erwachsenenalter diagnostiziert werden, bis hin zu schweren Fällen, in denen bereits während der Kindheit 100 oder mehr Knochenbrüche stattfinden. Einige Kinder und Jugendliche haben eine normale Statur, andere sind von kleiner Statur und können kaum oder gar nicht laufen. Allen Formen ist gemein, dass die Knochenbrüche häufig **nach dem Ende der Pubertät** seltener werden, da das Längenwachstum dann beendet ist.

Was sind die Besonderheiten der betroffenen Schüler?

Kinder und Jugendliche mit Glasknochenkrankheit haben je nach Schweregrad oft einen großen Teil ihres bisherigen Lebens eingegipst und liegend verbracht und somit eine **andere Kindheit** erlebt und andere **Erfahrungen** gemacht als andere Kinder. Da Knochenbrüche auch bei vermeintlich ungefährlichen Tätigkeiten, wie z. B. dem Umdrehen im Bett, oder beim leichten Stoßen an einer Kante passieren können, ist der **Alltag** aus Sicht der Betroffenen und ihrer Eltern und Betreuer stets voller **Gefahren**; ein sorgloses Leben ist folglich unmöglich.
Den Kindern und Jugendlichen fehlen viele **Bewegungserfahrungen**, zudem sind die Muskeln und Sehnen und das Bindegewebe als Teil der Symptomatik der Krankheit häufig schwach, sodass viele Betroffene **grob**- und **feinmotorische Auffälligkeiten** zeigen. Sie brauchen häufig länger, um Stehen, Sitzen und Laufen zu lernen. Die **Stifthaltung** kann aufgrund vieler Brüche und den entsprechend verschiedenen motorischen „Ersatzlösungen" ungewöhnlich sein. Manche Kinder gewöhnen sich sogar **Linkshändigkeit** an, weil der rechte Arm zu oft gebrochen ist oder war.

---

[55] Solche statistischen Werte können je nach den zugrunde liegenden Diagnosekriterien und Erhebungen ggf. stark schwanken, sind also stets nur Orientierungswerte.

Weitere, jedoch **seltenere Symptome** sind

- ✓ ein dreieckig geformtes Gesicht,
- ✓ Deformationen der Arme und Beine,
- ✓ chronische Knochenschmerzen,
- ✓ Hörbehinderungen und
- ✓ Atemprobleme.

Die meisten Kinder und Jugendlichen können jedoch mit guter **Unterstützung** und **Förderung** ein **aktives Leben** führen. Fast alle Kinder sind **normal intelligent**.

Tipps für die Unterrichtspraxis

Sichern Sie das schulische Umfeld und die Klasse in Absprache mit den Eltern und dem Schüler bestmöglich. **Knochenbrüche** können jedoch selbst bei vielen Vorsichtsmaßnahmen **nicht völlig ausgeschlossen** werden.
Sorgen Sie dafür, dass alle **Kollegen** Bescheid wissen, was im Falle eines Knochenbruchs zu tun ist: Wo finden Sie die Telefonnummern der Eltern und des Arztes/Krankenhauses? Wo kann der Schüler innerhalb der Schule bleiben, bis der Krankenwagen und/oder die Eltern kommen? Was hilft dem Schüler, die physischen und emotionalen Schmerzen des (erneuten) Knochenbruchs auszuhalten?
Besprechen Sie mit dem Schüler und seinen Eltern, ob, wie und in welchem Umfang die **Klassenkameraden** über die Krankheit **informiert** werden. Vereinbaren Sie mit dem Betroffenen ein **Hilfesignal** (z. B. Melden mit beiden Händen, ein Signalwort oder eine Signalkarte), mit dem er, niedrigschwellig und ohne viel Aufmerksamkeit auf sich zu ziehen, um Hilfe bitten kann. Viele betroffene Kinder und Jugendliche ziehen ungern noch mehr Aufmerksamkeit auf sich, als sie sowieso schon erhalten, und tun sich daher schwer, offen um Hilfe zu bitten. Hat der Schüler Schwierigkeiten beim **Schreiben**, probieren Sie aus, ob eine schräge Tischplatte, größere Stifte, ein anderer Stuhl oder eine andere Sitzunterlage helfen können. Auch Diktiergeräte, spezielle Tastaturen oder andere Computerausrüstungen können helfen (siehe dazu Linktipp auf S. 170). Das Abwägen zwischen **Schutz** und **Eigenständigkeit** ist ein großer Balanceakt, den Sie mit den Eltern thematisieren und festlegen sollten.

> Das Gefühl, auch mal etwas ausprobieren zu dürfen (und sich dabei ggf. zu verletzen), ist für die betroffenen Kinder und Jugendlichen bei aller Vorsicht und Einschränkung im Leben wichtig.

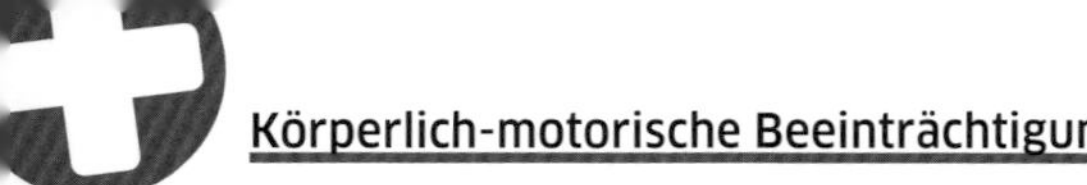

Sportunterricht ist nahezu unmöglich, da die **Verletzungsgefahr** hier zu groß ist. Lediglich **Schwimmen** wird neben Krankengymnastik empfohlen, wobei dies auch weniger im Rahmen des Schulsports als in der Freizeit geschehen sollte, da im Schulsport allgemein eine erhöhte Verletzungsgefahr durch die sich aktiv bewegenden Klassenkameraden besteht.
Planen Sie bei **Ausflügen** ein, wie der Schüler möglichst sicher daran teilnehmen kann, und sprechen Sie sich hier gut mit den Eltern ab.
Auch die **Pausensituation** kann problematisch, weil verletzungsgefährdend sein. Überlegen Sie gemeinsam mit dem Schüler und den Eltern, ob es Sinn macht, dass der Schüler etwas früher oder später in die Pause geht – ein Ausschluss von den Pausen sorgt schnell für Isolation und sollte möglichst vermieden werden.
Installieren Sie in der Klasse unter den Mitschülern ein **Helfersystem**, z. B. bei Raumwechseln, beim Essen und auch im Falle von Fehlzeiten bei Knochenbrüchen.
Besonders wichtig ist es, den Schüler gleichzeitig **so normal wie möglich** zu behandeln und ihn dabei stets sehr **gut im Blick** zu behalten, ob es ihm gut geht und er sich im Klassenverband wohlfühlt.
Weitere allgemeine Informationen finden Sie ab S. 154 ff.

Wo kann ich mir weitere Hilfe holen?

Allgemeine Informationen finden Sie auf S. 158 f.

Linktipps

- ✓ **Informationen** zur Glasknochenkrankheit finden Sie auf der Internet-Plattform www.osteogenesis-imperfecta.net
- ✓ Die **„Deutsche Gesellschaft für Osteogenesis imperfecta-Betroffene e. V.“** sitzt in Hamburg (Bei den Mühren 82, 20457 Hamburg, Telefon: 040/69 087-200). Link: www.oi-gesellschaft.de
- ✓ Auf der Webseite www.rehamedia.de finden Sie zahlreiche Hilfsmittel.

Beeinträchtigungen der Sinnesorgane

© pict rider – Fotolia.com

Hörschädigung

Bei einer Hörschädigung unterscheidet man zwischen **Art** und **Schweregrad** des Hörverlusts. Die Arten von Hörschädigungen lassen sich, je nach Lokalisierung, zu zwei Gruppen zusammenfassen: Die **peripheren Hörschädigungen** betreffen den Bereich vom Außenohr über Mittel- und Innenohr sowie den ersten Teil der Hörbahn. Von einer **zentralen Hörschädigung** spricht man, wenn weitere Teile der Hörbahn oder die zuständigen Abschnitte im Gehirn in ihrer Funktion gestört sind, wie das z. B bei der „Auditiven Verarbeitungs- und Wahrnehmungsstörung (AVWS)" der Fall ist (siehe S. 173).

Was sind die Besonderheiten der betroffenen Schüler?

Zu **peripheren Hörschädigungen** gehören **Schallleitungs-**, **Schallempfindungs- und kombinierte Schwerhörigkeit**.

- ✓ Die **Schallleitungsschwerhörigkeit** betrifft das Außen- und Mittelohr. Gesprochene Sprache und Alltagsgeräusche werden leise und gedämpft wahrgenommen, weil sie nicht richtig an das Mittelohr weitergeleitet werden. Es kann eine permanente Ursache, wie z. B. eine Fehlbildung der Ohrmuschel oder des Gehörgangs, vorliegen. Häufigere Gründe dafür sind jedoch z. B. eine Mittelohrentzündung oder ein (ggf. auch daraus resultierender) **Paukenerguss**, also eine Flüssigkeitsansammlung im Mittelohr im Bereich des Trommelfells. Auch anderweitig kann der Gehörgang verstopft sein. Bei Kindern und Jugendlichen kann der Hörverlust meist medikamentös oder durch eine Operation behoben werden. Neben z. B. der Entfernung von Ohrenschmalz oder der Therapie einer ursächlichen Erkrankung des Mittelohres kann der Hörverlust meist gut durch ein Hörgerät ausgeglichen werden.
- ✓ Die **Schallempfindungsschwerhörigkeit** entsteht aufgrund von **Innenohr**- oder **Hörnervbeeinträchtigungen**, die zu gravierenden Schäden in oder hinter der Hörschnecke (Cochlea) führen. Diese Art des Hörverlusts ist dauerhaft und kann weder mit Medikamenten noch operativ behandelt werden (es sei denn, es handelt sich um im Kindesalter recht seltene Hörstürze).
  Gesprochene Sprache wird meist verzerrt und lückenhaft wahrgenommen.
  Eine Schallempfindungsschwerhörigkeit hat unterschiedliche Ausprägungen, die von einem leichten Hörverlust bis hin zu Gehörlosigkeit reichen. Den meisten Schülern kann mit Hörgeräten, die die Resthörigkeit maximieren,

oder in bestimmten Fällen durch **Cochlea-Implantate** (CI) geholfen werden. Schüler mit Hörgeräten oder CI können meist unproblematisch am Sportunterricht teilnehmen. Feuchtigkeit kann jedoch zu Schäden am Gerät führen; bei übermäßigem Schwitzen kann das Gerät oder Implantat für kurze Zeit abgenommen werden. Da die Batterie nur einige Tage hält, sollte Ersatz in Absprache mit den Eltern in der Klasse stets vorrätig sein.

- ✓ Eine **kombinierte Schwerhörigkeit** liegt dann vor, wenn sowohl eine Beeinträchtigung des Außen- bzw. Mittel- als auch des Innenohrs vorliegt.

Eine Hörschädigung kann auch einseitig auftreten, sodass diese Schüler leiser und unter Störgeräuschen schlechter hören. Zudem ist das Richtungshören stark eingeschränkt.
Bei der **Auditiven Verarbeitungs- und Wahrnehmungsstörung (AVWS)** werden Geräusche und Töne vom Ohr zwar korrekt aufgenommen, die korrekte Weiterleitung des Gehörten vom Innenohr ins Gehirn ist jedoch gestört. Das Gehörte ist dann meist unvollständig und das Sprachverstehen mehr oder weniger stark eingeschränkt. In der direkten Ansprache sind die Schüler meist unauffällig, die Schwierigkeiten fallen jedoch in bestimmten Unterrichtssituationen auf. Folgende Auffälligkeiten können auf eine AVWS hinweisen: schlechtes Verstehen bei Störgeräuschen, Verwechseln ähnlich klingender Laute und Wörter, Geräuschempfindlichkeit, Suche nach Wörtern, langsames, desorientiertes Arbeiten, geringe Konzentrationsfähigkeit.

Grad der Hörschädigung

Schwerhörigkeit ist nicht gleich Schwerhörigkeit. Die Spanne zwischen leichter Hörschädigung und Gehörlosigkeit ist groß. Auch der Zeitpunkt des Erwerbs einer Hörschädigung ist von großer Bedeutung für die Hör- und Sprachentwicklung.
Bei Schwerhörigkeit wird unterschieden zwischen **leichtgradiger Schwerhörigkeit** (25–40 Dezibel [dB] Hörverlust), **mittelgradiger** (40–70 dB) und **hochgradiger** Schwerhörigkeit (70–100 dB Hörverlust). **Gehörlos bzw. taub** ist ein Mensch dann, wenn der Hörverlust bei mehr als 60 dB im Frequenzbereich zwischen 125 und 250 Hz[56] und im übrigen Frequenzbereich bei >100 dB liegt.[57] Verstehen gesprochener Sprache ist nicht mehr möglich. Es wird unterschieden zwischen Gehörlosigkeit, wenn die Hörschädigung vor dem Spracherwerb eintrat, und Spätertaubung, wenn die Schädigung nach dem Spracherwerb eingetreten ist, also etwa nach dem

---

[56] Die Tonhöhe des Grundtons der männlichen Stimme liegt bei etwa 125 Hz, die der weiblichen Stimme bei etwa 250 Hz.

[57] Vgl. www.gehoerlosen-bund.de/faq/geh%C3%B6rlosigkeit, letzter Zugriff am 08.07.2019

vierten Lebensjahr. Zur Veranschaulichung: Blätterrauschen oder Flüstern ist 20 bis 30 dB laut. Regen oder ein Gespräch in Zimmerlautstärke ist 50 sind 60 dB laut. Ein vorbeifahrender Pkw hat eine Lautstärke von 70 bis 90 dB und ein Rockkonzert oder eine Motorsäge sind 100 bis 110 dB laut.
Die Ursachen für eine Hörbehinderung sind vielfältig und können vorgeburtlich bedingt sein (z. B. Vererbung oder Krankheit der Mutter während der Schwangerschaft), im Zusammenhang mit der Geburt liegen (z. B. Frühgeburt oder Sauerstoffmangel) oder auch erst nach der Geburt auftreten (z. B. Infektionen, wie Mumps, Scharlach, Diphtherie o. a., Ohrenerkrankung, Hörsturz, Unfall o. a.).
Nicht in jedem Fall sind die Ursachen für die Hörbehinderung klar zu ermitteln; wichtiger ist natürlich die Frage nach der Verbesserung bzw. Wiederherstellung der Hörfähigkeit bzw. dem Umgang mit der Einschränkung.

Tipps für die Unterrichtspraxis

Kein Schüler möchte gerne über Schwierigkeiten sprechen, von daher ist es **bei geringen Hörschwierigkeiten** oft ein Problem, diese überhaupt zu **erkennen**. Oft werden fälschlicherweise Lernschwierigkeiten oder Konzentrationsstörungen vermutet. Denken Sie die Möglichkeit einer Hörstörung immer auch mit, wenn sich ein Schüler besonders in lauter Umgebung mit dem Zuhören schwertut oder Sie häufig missversteht. Werden Sie besonders **achtsam**, wenn ein Schüler

- ✓ manchmal schlecht zuhören kann, aber manchmal alles zu verstehen scheint,
- ✓ bei der Ortung von Geräuschen stark verzögert reagiert oder Geräuschquellen nicht orten kann,
- ✓ den Oberkörper beim Zuhören oft nach vorn oder den Kopf zur Seite neigt,
- ✓ Aufgaben, die mündlich gegeben werden, immer wieder falsch ausführt oder Antworten gibt, die nicht zur Frage passen,
- ✓ manchmal auf Anweisungen nicht reagiert und wenig aktiv mitarbeitet,
- ✓ trotz Hinweisen häufig zu laut spricht,
- ✓ Wortendungen oder bestimmte und unbestimmte Artikel (z. B. der, ein) weglässt oder Auffälligkeiten bei der Artikulation zeigt,
- ✓ sein Gegenüber in Gesprächen stark fokussiert und sichtlich Mühe hat, dem Gespräch zu folgen,
- ✓ zu häufigen Ohrentzündungen neigt,
- ✓ schnell ermüdet, unaufmerksam oder frustriert ist,
- ✓ sich auffällig oft an den Reaktionen und Aktionen der Mitschüler orientiert.

Sprechen Sie in diesem Fall mit den **Eltern** über Ihre Bedenken und raten Sie zu einem **Hörtest** bei einem HNO-Facharzt. Oft ist das Erkennen einer Hörbehinderung auch eine Entlastung, da es die Schwierigkeiten neu definiert und medizinische Gründe erkennbar macht, denen man konkret begegnen kann.
Die meisten Kinder mit Hörbehinderung in Regelschulen kommen aufgrund ihrer unterstützenden Kommunikationsmedien (Hörgeräte, CI, aber auch die in der Folge aufgeführten digitalen Medien zur unterrichtlichen Unterstützung) gut zurecht. Schlecht hören können bedeutet jedoch auch oft, nur eigenschränkt kommunizieren zu können; es kommt leichter zu Missverständnissen. An Unterhaltungen teilzunehmen, ist anstrengender, es entsteht schnell ein Gefühl von Ausgeschlossensein. **Beobachten** Sie Ihren Schüler gut, wie er von seinen Mitschülern in die Klassengemeinschaft integriert wird und wie er sich selbst integriert. **Ermuntern** Sie ihn, nachzufragen, wenn er etwas nicht versteht. **Sprechen** Sie, in Absprache mit dem Schüler und seinen Eltern, **in der Klasse** über die Hörbehinderung und was Sie, die Mitschüler und der Schüler selbst zu seiner Unterstützung tun können. Hören und besprechen Sie das **Lied** („Musik nur, wenn sie laut ist") von Herbert Grönemeyer, führen Sie **Übungen** mit **eingeschränktem Hörvermögen** (durch Kopfhörer, Ohrenzuhalten) durch, sprechen Sie über **Erfahrungen** der Schüler z. B. mit Wasser im Ohr nach einem Schwimmbadbesuch oder phasenweiser Schwerhörigkeit durch Mittelohrentzündung. Stellen Sie verschiedene **Gebärden** aus der DGS (Deutsche Gebärdensprache), Lautsprachbegleitende Gebärden (BBG) oder Laut unterstützende Gebärden (LUG) vor – es gibt viele Möglichkeiten, Ihren Schülern das Phänomen der Schwerhörigkeit nahezubringen. **Klären** Sie zudem, in welchen **Situationen** das Hören besonders erschwert ist und was helfen kann. Arbeiten Sie insgesamt viel mit unterstützenden (Laut-)Gebärden – die Schulbuchverlage halten hier zahlreiches Material bereit. Bitte beachten Sie dazu auch die Literatur- und Linktipps auf S. 177 f.
Führen Sie ggf. eine **Diagnostik** zum **Sprachstand** durch, um dort anknüpfen zu können, wo der Schüler steht. Achten Sie darauf, dass Sie sich dem Schüler **zuwenden**, wenn Sie mit ihm sprechen, sodass er zusätzlich zum Hören das Sehen nutzen kann. Sie kennen sicher Situationen in lauten Umgebungen, in denen es leichter ist, Ihr Gegenüber zu verstehen, wenn Sie zusätzlich seine **Lippenbewegungen** verfolgen können. Nutzen Sie zudem **Körpersprache** und **Mimik** zur Unterstützung des Gesagten. Verwenden Sie **kurze Sätze**, verzichten Sie auf ausschweifende Erläuterungen. Bauen Sie „**akustische Pausen**" ein, z. B. Einzelarbeit, in der nicht gesprochen wird – das ist nicht nur eine Entlastung für hörgeschädigte Schüler (und Lehrer). Achten Sie auf **Ruhe** in der Klasse, wenn Sie **Anweisungen** geben. Reduzieren Sie **Hintergrundge-**

räusche so weit wie möglich. Sorgen Sie insgesamt für eine **ruhige Lernatmosphäre**. Welchen **Sitzplatz** hat der Schüler? Ein Sitzplatz ganz vorn bzw. mit dem Gesicht zum Lehrer und zu möglichst vielen Mitschülern ist hilfreich. Ein **Drehstuhl** ermöglicht zusätzlich das Hinwenden zu allen Sprechern. Bei Hörproblemen auf nur einem Ohr ist es wichtig, den Schüler mit seiner hörenden Seite zur Klasse und zu Ihnen zu positionieren. Gibt es die Möglichkeit, die **Raumakustik** in der Klasse zu optimieren, z. B. durch Filzgleiter unter den Stühlen, die Raumgestaltung mit offenen Regalen, Pflanzen, Vorhängen u. A. oder das Verlegen von Teppichboden? Lassen Sie sich fachlich beraten. Gibt es einen **Nebenraum**, der genutzt werden kann? Meist ist eine **digitale Übertragungsanlage** (Mikroportanlage) eine große Unterstützung. Hier tragen Sie als Lehrer ein Sendegerät um den Hals, der Schüler hat das Empfangsgerät und hört damit die Stimme des Sprechers auch über eine größere Distanz ohne Verlust der Lautstärke und ohne Nebengeräusche. Beim Anschauen von Filmen oder Anhören von CDs o. Ä. legen Sie das Mikrofon der Übertragungsanlage an den Lautsprecher. Bei Schülerpräsentationen oder im Stuhlkreis geben Sie die Anlage an die Mitschüler weiter. Neben dem Lehrermikrofon gibt es auch Handmikrofone, die in der Klasse herumgereicht werden können. Handelt es sich bei den Hörschwierigkeiten um ein **vorübergehendes Problem**, z. B. durch einen Paukenerguss, sorgen Sie dafür, dass der Schüler die **Inhalte** ggf. **wiederholen** kann, wenn die Hörfähigkeit wiederhergestellt ist. Dies gilt insbesondere für Unterrichtseinheiten im Bereich Erstlesen und Erstschreiben sowie für Übungen zum Hörverstehen.

Für den **Sportunterricht** gilt es, zu beachten, dass die **Raumakustik** in Sporthallen oft besonders schlecht ist. Achten Sie also hier ganz besonders darauf, dass Anweisungen in Ruhe gegeben werden. Zudem gehen Schädigungen des Innenohrs oft mit einer Störung des **Gleichgewichtssinns** einher.

Hörgeschädigte Schüler, die inklusiv beschult werden, kommunizieren i. d. R. **lautsprachlich**. Es gibt auch einige gebärdensprachlich kommunizierende Schüler, bei denen im Unterricht ein **Gebärdensprachdolmetscher**, in höheren Klassen ein **Schriftsprachdolmetscher** eingesetzt wird. Letzterer setzt akustische Informationen für den Schüler simultan in Schriftsprache um. Der Antrag für einen Dolmetscher wird beim örtlichen Sozialamt gestellt.

Für hörgeschädigte Schüler besteht die Möglichkeit, über den **Nachteilsausgleich** unterrichtliche Erleichterungen sowie Unterstützung in Prüfungen zu ermöglichen, sei es durch technische Hilfsmittel oder auch durch schriftliche statt mündliche Anweisungen, den Verzicht auf mündliche Prüfungen oder das Bereitstellen von Transkripten bei Hörverstehensaufgaben, die Gewährung von Zeitzugabe, das

Arbeiten in einem ruhigen Einzelraum, das Ermöglichen von Rückfragen, die zurückhaltende Gewichtung von Rechtschreib- und Grammatikfehlern bis hin zum Bereitstellen eines Gebärdensprachdolmetschers für den Unterricht. Informationen zum Nachteilsausgleich finden Sie auch auf der Webseite des Schulministeriums Ihres Bundeslandes und auf S. 15. Im **Zeugnis** schreiben Sie unter Bemerkungen z. B.: „Anna wird (1. Halbjahr)/wurde (2. Halbjahr) im Schuljahr X/Y im Förderschwerpunkt Hören und Kommunikation sonderpädagogisch im Bildungsgang Geistige Entwicklung/Lernen/Primarstufe/Hauptschule/Realschule/Gymnasium unterstützt."[58] Bei zielgleicher Beschulung kann diese Bemerkung auf Wunsch der Eltern im Abschlusszeugnis wegfallen. **Informieren** Sie **alle beteiligten Lehrer** über die Einschränkungen und den Umgang der Schule mit diesem Schüler.

Wo kann ich mir weitere Hilfe holen?

✓ Bei festgestelltem sonderpädagogischen Förderbedarf werden hörgeschädigte Schüler im Rahmen des Gemeinsamen Lernens (GL) i. d. R. an der jeweiligen allgemeinbildenden Schule individuell von **Hörgeschädigtenpädagogen** unterstützt. Auskunft erhalten Sie in Beratungsstellen für GL im Schulamt oder beim Mobilen Dienst der Förderschulen für Hören und Kommunikation in Ihrer Nähe.

✓ Holen Sie sich Rat und Unterstützung bei **Experten**, z. B. bei **Hals-Nasen-Ohren-Ärzten** oder **Kollegen**, die sich mit Hörschädigungen auskennen. Auch der **Schulpsychologische Dienst** kann weiterhelfen.

✓ **Schulsozialarbeiter** und **Vertrauenslehrer** sind wichtige Ansprechpartner in der Schule zur Unterstützung des Schülers.

✓ In einigen Fällen kann eine **Schulbegleitung** beantragt werden (siehe S. 31 f.).

Linktipps

✓ Die Informationsbroschüre „**Schülerinnen und Schüler mit Hörschädigung an der allgemeinen Schule**" der LVR-Gerricus-Schule gibt zahlreiche hilfreiche Hinweise und Informationen, zu finden auf der Webseite der Schule. Dort finden Sie auch weitere Informationen zum Thema. Link: www.gerricus-schule.lvr.de

✓ Informationen zum Hören und Hörverlust sowie zum Cochlea-Implantat (CI) finden Sie z. B. unter www.cochlear.com/de.

✓ Der „**Deutsche Schwerhörigenbund e. V. (DSB)**" sitzt in der Sophie-Charlotten-Str. 23 A, 14059 Berlin, Telefon: 030/47 54 11 14. Link: www.schwerhoerigen-netz.de

---

58 Dies ist eine Beispielformulierung, so wie sie in NRW vorgesehen ist. Bitte beachten Sie die Vorgaben Ihres jeweiligen Bundeslandes und sprechen Sie Formulierungen mit Ihrer Schulleitung ab.

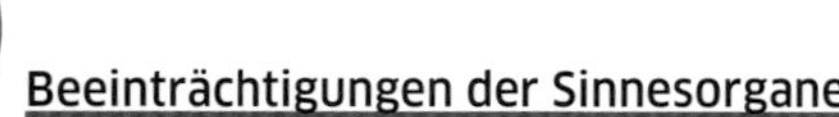

- ✓ Eine **kostenlose Gebärdensammlung** findet man z. B. unter: www.spreadthesign.com
- ✓ Ein mobiles **Gebärdenbuch gibt es hier:** www.schau-doch-meine-haende-an.de

Literaturtipps

- ✓ Nähere Informationen zu den verschiedenen **Gebärden-Systemen** finden Sie z. B. hier: *Kaiser-Mantel, Hildegard: Unterstützte Kommunikation in der Sprachtherapie. Bausteine für die Arbeit mit Kindern und Jugendlichen, Ernst-Reinhardt-Verlag: München 2012, ISBN: 978-3-49702-263-2, S. 28 ff.*
- ✓ Weitergehende Informationen zur **AVWS** finden Sie hier: *Hammann, Claudia: AVWS – Auditive Verarbeitungs- und Wahrnehmungsstörungen bei Schulkindern: Ein Ratgeber für Lehrer, Betreuer, Angehörige und Betroffene, Schulz-Kirchner Verlag: Idstein 2016, ISBN: 978-3-824-80994-3*
- ✓ **Allgemeine Informationen** zu Hörschädigungen in der Schule gibt es hier: *Truckenbrodt, Tilly und Leonhardt, Annette: Schüler mit Hörschädigung im inklusiven Unterricht: Praxistipps für Lehrkräfte, Ernst Reinhardt Verlag: München 2016, ISBN: 978-3-497-02613-5*

Sehschädigung

Kinder und Jugendliche, die eine Brille tragen, gibt es in jeder Klasse, sie gehören zu unserem Alltag und wir denken meist gar nicht darüber nach. Dennoch besteht ein großer Unterschied zwischen leicht weit- oder kurzsichtigen Schülern und denjenigen, die selbst mit Brille nur einen Teil der normalen Sehkraft haben. Zudem trägt nicht jeder sehbeeinträchtigte Schüler eine Brille. Wichtig ist, dass Sie bei jedem Schüler, bei dem Sie eine leichtere oder schwere Sehbeeinträchtigung vermuten, wissen, was zu tun ist, und dementsprechend handeln. Denn eine Sehbeeinträchtigung hat z. T. massive Folgen für den Alltag des Schülers und das schulische Lernen. Werden die Probleme nicht richtig erkannt, verstanden oder der Schüler nicht ausreichend unterstützt, können Schwierigkeiten auftreten.
In Deutschland sind etwa 8 000 Schüler sehbehindert. Kinder und Jugendliche mit Sehbehinderungen ohne weitere Lernbeeinträchtigungen werden in großer Mehrheit an allgemeinen Schulen unterrichtet.

Diagnosekriterien

Für die Feststellung einer Sehbehinderung wird der Sehwert oder Visuswert festgestellt, dessen Normwert bei 1,0 liegt: Ein Mensch gilt als **sehbehindert**, wenn der Visuswert auf seinem besser sehenden Auge selbst mit Brille/Kontaktlinsen bei 0,3 oder darunter liegt. Das bedeutet, dass er nur über 30 % der normalen Sehkraft oder weniger verfügt. **Hochgradige Sehbehinderung** liegt vor, wenn der Visuswert auf dem besser sehenden Auge trotz Brille/Kontaktlinsen unter 0,05 liegt. Als **blind** gilt, wer auf seinem besser sehenden Auge einen Visuswert von unter 0,02 oder weniger aufweist. Bei vielen der Sehgeschädigten liegt eine weitere Beeinträchtigung im Bereich der Kognition, Motorik oder auditiven Wahrnehmung vor.
Nicht immer ist die Ursache einer Sehschädigung eine Schädigung des Auges (der Linse, der Netzhaut oder des Sehnervs); jeder vierte bis fünfte sehbehinderte Menschen weist eine Störung der Verarbeitung der visuellen Reize auf.

Was sind die Besonderheiten der betroffenen Schüler?

Manchmal ist es nicht leicht, eine Sehbehinderung zu bemerken, da der Schüler seine eingeschränkte Sehkraft gar nicht als ungewöhnlich empfindet. Von daher sollten Sie aufmerken, wenn Sie Folgendes bemerken:

- ✓ Auffälligkeiten am **Auge** (Augenzittern, Schielen, Rötungen, häufiges oder starkes Blinzeln, Zusammenkneifen, Verdrehen der Augen)
- ✓ Auffälligkeiten in der **Kommunikation** (Vermeiden von Blickkontakt, scheinbares Vorbeisehen am Gesprächspartner, Schräghalten des Kopfes, kein Folgen mit dem Blick, Erkennen einer Person erst bei geringem Abstand)
- ✓ Auffälligkeiten bei **Naharbeiten** (schnelles Ermüden, geringer Leseabstand, verringerte Auge-Hand-Koordination) und/oder
- ✓ Auffälligkeiten in der **Bewegung** (scheinbare Ungeschicktheit, häufiges Stolpern, Sich-Stoßen an Ecken oder Möbelstücken, Bewegungsängstlichkeit besonders in fremden Umgebungen oder bei sehr hellem Licht, Bevorzugen einer Sehseite)

Eine Sehschädigung hat demnach nicht nur Auswirkungen auf das Sehen, sondern auch auf die **soziale Kommunikation**, die **Auge-Hand-Koordination**, die **Orientierung** und **Mobilität** sowie nicht zuletzt das **Lesen** und **Schreiben**. Sehen und Erkennen bedeutet für sehbehinderte Kinder oftmals besondere Konzentration und Anstrengung; sie bekommen zuweilen nur einen Teil der Mimik und Gestik ihres Gegenübers mit und reagieren daher gelegentlich verzögert oder auch

befremdlich, weil sie die nonverbalen Signale nicht korrekt deuten können. Missverständnisse und Unsicherheiten können zu sozialen Problemen bis zu Ausgrenzung durch Mitschüler führen. Wenn Sie den Verdacht auf eine Sehbehinderung haben, suchen Sie umgehend das **Gespräch** mit dem Schüler und den Eltern. Sehbehinderte Schüler können nur eingeschränkt **am Modell lernen**, also durch Imitation Bewegungsabläufe nachvollziehen. Dieses ist insbesondere im Sport- und Kunstunterricht von Bedeutung und die betroffenen Schüler benötigen zusätzliche **Hilfestellungen** (z. B. räumliche Nähe, gesonderte Erläuterung, Unterstützung durch Mitschüler als „Helferkinder", Schulbegleiter). Auch das räumliche Vorstellungsvermögen ist aufgrund der eingeschränkten Raumwahrnehmung häufig eingeschränkt, was sich z. B. in Mathe nachteilig auswirken kann.
In der Schule besonders betroffen ist der Bereich des Lesens und Schreibens von Texten. Ähnlich geformte Buchstaben werden leicht und häufig verwechselt; von der Tafel abzuschreiben, ist besonders erschwert, auch aufgrund verminderter Raumwahrnehmung und -orientierung.

Tipps für die Unterrichtspraxis

Fragen Sie den Schüler und die Eltern danach, wie stark die Sehbeeinträchtigung ist und ob ein spezieller Sitzplatz oder sonstige Hilfen nötig sind. Es ist wichtig, dass Sie genau über die Einschränkungen Bescheid wissen, um Ihren Schüler bestmöglich unterstützen zu können. **Offene Gespräche** mit Eltern und Schüler sowie Ihre **Fachkundigkeit** über die Sehschädigung sind die Grundlage Ihres Arbeitens. Wobei Sie natürlich nicht detailliert Bescheid wissen müssen: Haben Sie einen sehgeschädigten Schüler in der Klasse, sollte die **Kontaktaufnahme zur nächstgelegenen Förderschule Sehen** Ihr **erster Schritt** sein. Die Kollegen dort haben sowohl das Fachwissen als auch die Ausstattung für eine Diagnostik und die daraus folgenden pädagogischen Konsequenzen.
Für Ihren Unterricht gilt: Denken Sie sich immer wieder in die Situation und Sehfähigkeit Ihres Schülers hinein, **antizipieren** Sie mögliche **Stolpersteine** und reduzieren oder erleichtern Sie sie möglichst. Achten Sie darauf, wie der Betroffene auf visuelle Informationen reagiert und wie er sich anpasst. Fragen Sie beim Schüler immer wieder nach, ob und wie er klarkommt, ohne ihn mit seiner Einschränkung zu stigmatisieren – eine **Vereinbarung eines Signals**, wenn es schwierig wird, kann an wichtigen Stellen unterstützen. **Vermeiden Sie Überprotektion**, beobachten und fragen Sie nach, an welchen Stellen Unterstützung gewünscht ist und wo nicht.
Die Selbstständigkeit der Schüler ist wichtig und braucht Erfahrung. Bemühen Sie

sich um größtmögliche Normalität und leiten Sie die Mitschüler entsprechend an. **Informieren** Sie nach Rücksprache mit den Eltern und dem Schüler **alle beteiligten Lehrer** über die Einschränkungen und Unterstützungsmöglichkeiten.
Bei vielen, auch stärker kurzsichtigen Schülern reicht es meist aus, wenn sie einen **Sitzplatz** weiter **vorn** haben, um gut von der Tafel lesen zu können. Auch auf **gute Beleuchtung** des Platzes ist zu achten – ein **Platz am Fenster** verhindert zudem, dass der Schüler gegen das Licht schauen muss und geblendet wird.
Besitzt der Schüler eine **Brille**, ermutigen Sie ihn, diese zu tragen und sie sauber zu halten. Lehrer, die selbst eine Brille tragen, können als Vorbild fungieren. Achten Sie im Unterricht auf **klare Anweisungen** und **Beschreibungen** sowie **eindeutige Gesten**. Sprechen Sie den Schüler mit **Namen** an, wenn Sie seine Aufmerksamkeit erreichen wollen – ein Blick in seine Richtung ist meist nicht ausreichend.
Beim **Erstellen** von **Arbeitsblättern** achten Sie auf eine **Schriftgröße** von mindestens 14 Punkt, je nach Beeinträchtigung sogar bis 18 Punkt. Halten Sie einen klaren **Zeilenabstand** ein. Vermeiden Sie eine **verschnörkelte** oder **kursive Schrift** und überflüssige **Illustrationen**. Bedenken Sie, dass **Kleinbuchstaben** leichter zu lesen sind als Großbuchstaben, da die Unter- und Oberlängen das Wortbild schärfen. Halten Sie **Textzeilen** kurz. Achten Sie auf **klare Kontraste** und eine **gute Druckqualität**. **Glänzendes** oder **laminiertes Papier** blendet häufig und sollte möglichst vermieden werden. Sorgen Sie dafür, dass das Kind sein **eigenes Material** hat und es nicht mit dem Nachbarn teilen muss. Greifen Sie auf **Anschauungsmaterial** und **Realgegenstände** sowie **taktil erfahrbares Unterrichtsmaterial** zurück, wo möglich. Menschen mit einer Sehbeeinträchtigung ermüden oft schneller als andere; mehrere **kurze Aufgaben** sind besser als eine lange.
Achten Sie auf **Ordnung** im Klassenraum und verhindern Sie dadurch Stolperfallen oder Orientierungsschwierigkeiten. Der **Kleiderhaken** oder das **Schließfach** des Kindes sollte am Ende oder Anfang der Reihe sein.
Schüler mit einer größeren Einschränkung der Sehkraft nutzen zusätzlich **optische** oder **elektronische Hilfsmittel**, z. B. Lupen, Arbeitsplatzleuchten oder auch ein Bildschirmlesegerät zur Vergrößerung. Manche Kinder haben eine **Lupenbrille**; hier ist ein Lupenfeld in die Brille integriert, Lesen und Schreiben wird dadurch wesentlich vereinfacht. **Computer** bzw. **Tablet** sind i. d. R. keine verschreibungsfähigen Hilfsmittel, haben aber hilfreiche Funktionen, wie das individuelle Einstellen der Schriftgröße. Zudem sind sie bei allen Schülern beliebte Objekte, was die Stigmatisierung verringert. Auch hat jedes Bundesland eine **Medienzentrale**, über die digitalisierte Schulbücher und weitere blindenspezifische Unterrichtsmedien erworben werden können.

Häufig benötigen sehbehinderte Schüler in der Schule eine **Tafelkamera**, die das Tafelbild auf ein stationäres Bildschirmlesegerät überträgt. Im Rahmen der zunehmenden digitalen Ausstattung der Schulen mit Smartboards wird diese Technik erleichtert. Gibt es weitere spezielle elektronische, ergonomische oder optische Hilfsmittel an Ihrer Schule, die den Schüler unterstützen können? Informieren Sie sich und **beantragen** Sie ggf. deren **Anschaffung**.
Sehbehinderte Schüler mit **hochgradiger Einschränkung** oder **blinde** Schüler nutzen die **Braille-Schrift** zum selbstständigen Erlesen von Texten. Bei blinden Erstklässlern kann man überlegen, ob sie zunächst mit einer **Punktschrift-Maschine** arbeiten. Dieses mechanische Gerät stanzt Braillezeichen in ein Papier, ähnlich wie eine Schreibmaschine früher Buchstaben tippte. Nachteil ist, dass Fehler nicht korrigiert werden können und dieses Gerät sehr laut ist. Von Vorteil ist der direkte Kontakt zum Papier und die Möglichkeit des selbstständigen Bedienens durch den Schüler. Leistungsstärkere und ältere Schüler arbeiten mit der **Braillezeile**, einem Computer-Ausgabegerät. Auf dieser können Texte geschrieben und überarbeitet sowie Schulbücher oder Lektüren in Braillezeichen abgespeichert werden. Die Braillezeile wird mit einem Laptop verbunden, um Texte sowohl in Schwarzschrift als auch Punktschrift ausdrucken zu können.
Blinde Schüler benötigen zur Teilhabe am Unterricht im Regelfall eine **Schulbegleitung** (siehe auch S. 31 f.). Diese können die Eltern über das Sozialamt beantragen. Sie hilft dem Schüler dabei, gut durch den Schulalltag zu kommen, unterstützt individuell bei Schwierigkeiten und adaptiert die Materialien.
Über den **Nachteilsausgleich** ist es zudem möglich, Klassenarbeiten oder andere Formen der Leistungsbewertung für den Schüler durch technische oder elektronische Hilfen, personelle Unterstützung, Veränderung der Aufgabenstellung, organisatorische oder räumliche Veränderungen zu erleichtern, z. B. durch Zeitzugabe, Vorlesen von Texten, Vereinfachung von Grafiken, Verwendung elektronischer Wörterbücher, Benutzung des Laptops usw. Weitere Informationen zum Nachteilsausgleich in Lang/Thiele (S. 25 ff., siehe Literaturtipp auf S. 183) sowie auf der Webseite des Schulministeriums Ihres Bundeslandes und auf S. 15.
Im **Zeugnis** schreiben Sie unter Bemerkungen z. B.: „Anna wird (1. Halbjahr)/wurde (2. Halbjahr) im Schuljahr X/Y im Förderschwerpunkt Sehen sonderpädagogisch im Bildungsgang Geistige Entwicklung/Lernen/Primarstufe/Hauptschule/Realschule/ Gymnasium unterstützt."[59] Bei zielgleicher Beschulung kann diese Bemerkung auf Wunsch der Eltern im Abschlusszeugnis wegfallen.

---

[59] Dies ist eine Beispielformulierung, so wie sie in NRW vorgesehen ist. Bitte beachten Sie die Vorgaben Ihres jeweiligen Bundeslandes und sprechen Sie Formulierungen mit Ihrer Schulleitung ab.

Wo kann ich mir weitere Hilfe holen?

- ✓ Jedes Bundesland hat eine **Medienzentrale**, über die **digitalisierte Schulbücher** und weitere **Materialien** für Blinde oder Sehgeschädigte erhältlich sind. In NRW ist beispielsweise das „Förderzentrum für die integrative Beschulung blinder und sehbehinderter Schülerinnen und Schüler (FIBS)" zuständig, (www.bezreg-arnsberg.nrw.de/themen/f/fibs/). In Niedersachsen ist es das „Landesbildungszentrum für Blinde" in Hannover (www.lbzb.de). Weitere Bundesländer sind über die Suchmaschine gut zu finden.
- ✓ In einigen Fällen kann eine **Schulbegleitung** beantragt werden (siehe S. 31 f.).

Linktipps

- ✓ Um zu wissen, welches die **Förderschule Sehen** ist, mit der Sie Kontakt aufnehmen können, finden Sie auf der Seite des **„Verbandes für Blinden- und Sehbehindertenpädagogik"**, www.vbs.eu, unter „Links und Adressen" eine Übersicht über alle Förderschulen Sehen. Hier finden Sie auch allgemeine Informationsangebote, Adressen von Beratungsstellen und vieles mehr.
- ✓ Eine **Datenbank** mit Literatur, Materialien und Fortbildungen rund um den Unterricht mit sehgeschädigten Schülern finden Sie unter: www.isar-projekt.de
- ✓ Der „**Deutsche Blinden- und Sehbehindertenverband e. V. (DBSV)**" sitzt in Berlin (Rungestraße 19, 10179 Berlin) und stellt auf seiner Webseite www.dbsv.org viele Informationen für Betroffene und Eltern bereit.

Literaturtipps

Zur **Berücksichtigung der Beeinträchtigungen im Unterricht:** *Lang, Markus und Thiele, Michael: Schüler mit Sehbehinderung und Blindheit im inklusiven Unterricht. Praxistipps für Lehrkräfte, Ernst-Reinhardt-Verlag: München 2017, ISBN: 978-3-497-02719-4.* Ebenfalls sehr aufschlussreich: *Nedwed, Bernadette: Kinder mit Sehschädigungen. Ein Ratgeber für Eltern und pädagogische Berufe, Schulz-Kirchner-Verlag: Idstein 2015, ISBN: 978-3-8248-0295-1*

Miller, Geoffrey: Evolution of human music through sexual selection. In Wallin et al. (2000b): 329–360.
Mithen, Steven: Handaxes: the first aesthetic artefacts. In Voland & Grammer (2003): 261–275.
Mithen, Steven J.: *The singing Neanderthals: the origins of music, language, mind, and body*. London: Weidenfeld & Nicolson, 2005.
Morreall, Jon: Enjoying negative emotions in fictions. *Philosophy and Literature* 9 (1985): 95–102.
Morris, Desmond: *The biology of art: a study of the picture-making behaviour of the great apes and its relationship to human art*. London: Methuen, 1962 (deutsche Ausg.: *Biologie der Kunst*, 1963).
Morris, Desmond: *The naked ape*. London: Jonathan Cape, 1967 (deutsche Ausg.: *Der nackte Affe*, 1968).
Morris, Desmond: *The naked woman: a study of the female body*. London: Vintage, 2005.
Mößle, Thomas, Matthias Kleimann & Florian Rehbein: *Bildschirmmedien im Alltag von Kindern und Jugendlichen. Problematische Mediennutzungsmuster und ihr Zusammenhang mit Schulleistungen und Aggressivität*. Baden-Baden: Nomos, 2007.
Nadeau, Maurice: *Geschichte des Surrealismus [Histoire du surréalisme, 1945]*. Reinbek bei Hamburg: Rowohlt, 1986.
Nesse, Randolph M. & George C. Williams: *Why we get sick: the new science of Darwinian medicine*. New York: Times Books, 1994 (deutsche Ausg.: *Warum wir krank werden: Die Antworten der Evolutionsmedizin*, 1997).
Nichols, Shaun: *Sentimental rules: on the natural foundations of moral judgment*. New York: Oxford University Press, 2004.
Nietzsche, Friedrich: Die Geburt der Tragödie aus dem Geiste der Musik [1872/1886]. In *Kritische Studienausgabe [KSA]*, Bd. 1. Hrsg. von Giorgio Colli und Mazzino Montinari. München: Deutscher Taschenbuch Verlag, 1988, S. 9–156.
Nietzsche, Friedrich: Schopenhauer als Erzieher [1874]. In *Kritische Studienausgabe [KSA]*, Bd. 1. Hrsg. von Giorgio Colli und Mazzino Montinari. München: Deutscher Taschenbuch Verlag, 1988, S. 335–427.
Nietzsche, Friedrich: Die fröhliche Wissenschaft [1882]. In *Kritische Studienausgabe [KSA]*, Bd. 3. Hrsg. von Giorgio Colli und Mazzino Montinari. München: Deutscher Taschenbuch Verlag, 1988, S. 343–651.
Nietzsche, Friedrich: Jenseits von Gut und Böse. Vorspiel einer Philosophie der Zukunft [1886]. In *Kritische Studienausgabe [KSA]*, Bd. 5. Hrsg. von Giorgio Colli und Mazzino Montinari. München: Deutscher Taschenbuch Verlag, 1988, S. 9–243.
Nishida, Toshisada: The leaf-clipping display: a newly-discovered expressive gesture in wild chimpanzees. *Journal of Human Evolution* 9 (1980): 117–128.
Nørretranders, Tor: *Über die Entstehung von Sex durch generöses Verhalten: Warum wir Schönes lieben und Gutes tun [Det generøse menneske, 2002]*. Reinbek: Rowohlt, 2006.
Nummenmaa, Lauri et al.: Emotions promote social interaction by synchronizing brain activity across individuals. *PNAS* 109 (2012): 9599–9604.
Nummenmaa, Lauri, Jukka Hyönä & Manuel G. Calvo: Eye movement assessment of selective attentional capture by emotional pictures. *Emotion* 6 (2006): 257–268.
Nunez-Smith, Marcella et al.: Media exposure and tobacco, illicit drugs, and alcohol use among children and adolescents: a systematic review. *Substance Abuse* 31 (2010): 174–192.
Oakley, K.P.: Emergence of higher thought 3.0–0.2 Ma B.P. *Philosophical Transactions of the Royal Society of London B* 292 (1981): 205–211.
Orians, Gordon H. & Judith H. Heerwagen: Evolved responses to landscapes. In Barkow et al. (1992): 555–579.
Orwell, George: *Nineteen eighty-four [1949]*. The complete works, Bd. 9. London: Secker & Warburg, 1987 (deutsche Ausg.: *Neunzehnhundertvierundachtzig*, 1950).
Paál, Gábor: Woher kommt der Sinn für das Schöne? Grundzüge einer evolutionären Ästhetik. In Helmut A. Müller (Hrsg.): *Evolution: Woher und Wohin? Antworten aus Religion, Natur- und Geisteswissenschaften*. Göttingen: Vandenhoeck & Ruprecht, 2008, S. 165–179.
Panksepp, Jaak: The emotional sources of ‚chills‘ induced by music. *Music Perception* 13 (1995): 171–207.

Panksepp, Jaak: *Affective neuroscience: the foundations of human and animal emotions.* New York: Oxford University Press, 1998.
Panksepp, Jaak & Günther Bernatzky: Emotional sounds and the brain: the neuro-affective foundations of musical appreciation. *Behavioural processes* 60 (2002): 133–155.
Partsch, Susanna: *Tatort Kunst. Über Fälschungen, Betrüger und Betrogene.* München: C. H. Beck, 2010.
Patel, Aniruddh D.: Music, biological evolution, and the brain. In Melissa Bailar (Hrsg.): *Emerging disciplines: shaping new fields of scholarly inquiry in and beyond the humanities.* Houston: Rice University Press, 2010, S. 91–144.
Paul, Sabine: *PaläoPower: das Wissen der Evolution nutzen für Ernährung, Gesundheit und Genuss.* München: C. H. Beck, 2012.
Perani, Daniela et al.: Functional specializations for music processing in the human newborn brain. *PNAS* 107 (2010): 4758–4763.
Pfeiffer, John E.: *The creative explosion: an inquiry into the origins of art and religion.* New York: Harper & Row, 1982.
Pike, A. W. G. et al.: U-series dating of Paleolithic art in 11 caves in Spain. *Science* 336 (2012): 1409–1413.
Pinker, Steven: *How the mind works.* New York: W. W. Norton, 1997 (deutsche Ausg.: *Wie das Denken im Kopf entsteht,* 2011).
Pinker, Steven: *The blank slate: the modern denial of human nature.* New York: Viking, 2002 (deutsche Ausg.: *Das unbeschriebene Blatt. Die moderne Leugnung der menschlichen Natur,* 2003).
Platon: *Werke in acht Bänden.* Bd. 1: *Ion […].* Darmstadt: Wissenschaftliche Buchgesellschaft, 1977.
Platon: *Werke in acht Bänden.* Bd. 4: *Der Staat.* Darmstadt: Wissenschaftliche Buchgesellschaft, 1977.
Platon: *Werke in acht Bänden.* Bd. 8, 1: *Gesetze, Buch I–VI.* Darmstadt: Wissenschaftliche Buchgesellschaft, 1977.
Plavcan, J. Michael & Carel P. van Schaik: Intrasexual competition and body weight dimorphism in anthropoid primates. *American Journal of Physical Anthropology* 103 (1997): 37–68.
Popper, Karl R.: *Objective knowledge: an evolutionary approach.* Oxford: Clarendon Press, 1972.
Power, Camilla: Old wives' tale: the gossip hypothesis and the reliability of cheap signals. In James R. Hurford, Michael Studdert-Kennedy & Chris Knight (Hrsg.): *Approaches to the evolution of language.* Cambridge: Cambridge University Press, 1998, S. 111–129.
Power, Camilla: ‚Beauty magic': the origins of art. In Robin Dunbar, Chris Knight & Camilla Power (Hrsg.): *The evolution of culture: an interdisciplinary view.* Edinburgh: Edinburgh University Press, 1999, S. 92–112.
Premack, David & Guy Woodruff: Does the chimpanzee have a theory of mind? *Behavioral and Brain Sciences* 1 (1978): 515–526.
Proust, Marcel: *Auf der Suche nach der verlorenen Zeit [À la recherche du temps perdu].* Bd. 5: *Die Gefangene [La Prisonnière, 1923].* Frankfurt am Main: Suhrkamp, 2011.
Pruvost, Melanie et al.: Genotypes of pre-domestic horses match phenotypes painted in Paleolithic works of cave art. *PNAS* 108 (2011): 18626–18630.
Raphael, Max: *Wiedergeburtsmagie in der Altsteinzeit: Zur Geschichte der Religion und religiöser Symbole.* Frankfurt am Main: S. Fischer, 1979.
Rauterberg, Hanno: *Und das ist Kunst?! Eine Qualitätsprüfung.* Frankfurt am Main: S. Fischer, 2007.
Reeve, H. Kern & Bert Hölldobler: The emergence of a superorganism through intergroup competition. *PNAS* 104 (2007): 9736–9740.
Rehbein, Florian: *Mediengewalt und Kognition. Eine experimentelle Untersuchung der Wirkungen gewalthaltiger Bildschirmmedien auf Gedächtnis- und Konzentrationsleistung am Beispiel der Computerspielnutzung.* Baden-Baden: Nomos, 2011.
Reichholf, Josef H.: *Der Ursprung der Schönheit: Darwins größtes Dilemma.* München: C. H. Beck, 2011.
Reichle, Ingeborg: Vom Ursprung der Bilder und den Anfängen der Kunst. Zur Logik des interkulturellen Bildvergleichs um 1900. In Martina Baleva, Ingeborg Reichle & Oliver Lerone

Schultz (Hrsg.): *Image match: visueller Transfer, ‚Imagescapes‘ und Intervisualität in globalen Bildkulturen*. München: Wilhelm Fink, 2012, S. 131–150.
Reißmann, Ole, Christian Stöcker & Konrad Lischka: *We are Anonymous: die Maske des Protests. Wer sie sind, was sie antreibt, was sie wollen*. München: Goldmann, 2012.
Rensch, Bernhard: Malversuche mit Affen. *Zeitschrift für Tierpsychologie* 18 (1961): 347–364.
Rensch, Bernhard: *Das universale Weltbild: Evolution und Naturphilosophie [1977]*. 2. Aufl. Darmstadt: Wissenschaftliche Buchgesellschaft, 1991.
Rensch, Bernhard: Über ästhetische Faktoren im Erleben höherer Tiere. In Hoimar von Ditfurth (Hrsg.): *Evolution II: Ein Querschnitt der Forschung*. Hamburg: Hoffmann und Campe 1978, S. 229–246.
Richerson, Peter J. & Robert Boyd: Complex societies: the evolutionary origins of a crude superorganism. *Human Nature* 10 (1999): 253–289.
Richerson, Peter J. & Robert Boyd: *Not by genes alone: how culture transformed human evolution*. Chicago: University of Chicago Press, 2005.
Richerson, Peter J., Robert Boyd & Joseph Henrich: Gene-culture coevolution in the age of genomics. In John C. Avise & Francisco J. Ayala (Hrsg.): *In the light of evolution IV: the human condition*. Washington, D. C.: The National Academies Press, 2010, S. 231–255.
Richter, Klaus: *Die Herkunft des Schönen: Grundzüge der evolutionären Ästhetik*. Mainz: Philipp von Zabern, 1999.
Rizzolatti, Giacomo & Leonardo Fogassi: Mirror neurons and social cognition. In Dunbar & Barrett (2007): 179–195.
Roché, Henri-Pierre, Beatrice Wood & Marcel Duchamp (Hrsg.): The Richard Mutt Case. *The Blind Man* No. 2 (New York May 1917).
Roederer, Juan G.: The search for a survival value for music. *Music Perception* 1 (1984): 350–356.
Rosenkranz, Karl: *Georg Wilhelm Friedrich Hegel's Leben*. Berlin: Duncker & Humblot, 1844.
Rosenkranz, Karl: *Aesthetik des Häßlichen*. Königsberg: Bornträger, 1853.
Rousseau, Jean-Jacques: *Über Kunst und Wissenschaft [Discours sur les sciences et les arts, 1750]. Über den Ursprung der Ungleichheit unter den Menschen [Discours sur l'origine et les fondements de l'inégalité parmi les hommes, 1755]*. 5. Aufl. Hamburg: Felix Meiner, 1995.
Ruffle, Bradley J. & Ze'ev Shtudiner: Are good-looking people more employable? *Social Science Research Network (SSRN)* (October 2011). http://dx.doi.org/10.2139/ssrn.1705244
Rump, Gerhard Charles: Verhaltensforschung und Kunstgeschichte. In Manfred Hahn & Martin Schuster (Hrsg.): *Fortschritte der Kunstpsychologie*. Frankfurt am Main/Bern/Cirencester: Lang, 1980, S. 111–123.
Rump, Gerhard Charles: *Kunstwissenschaft und Verhaltensforschung. Studien zu verhaltensbiologischen Motivationen in künstlerischen Darstellungen*. Soest: Deparade, 1993.
Ruso, Bernhart, LeeAnn Renninger & Klaus Atzwanger: Human habitat preferences: a generative theory for evolutionary aesthetics research. In Voland & Grammer (2003): 279–294.
Russell, James A.: Is there universal recognition of emotion from facial expression? A review of the cross-cultural studies. *Psychological Bulletin* 115 (1994): 102–141.
Salmi, Venla, Mirka Smolej & Janne Kivivuori: Crime victimization, exposure to crime news and social trust among adolescents. *Young* 15 (2007): 255–272.
Salmon, Catherine: *Warrior lovers: erotic fiction, evolution and human sexuality*. London: Weidenfeld & Nicolson, 2001.
Salmon, Catherine & Don Symons: Slash fiction and human mating psychology *Journal of Sex Research* 41 (2004): 94–100.
Sartre, Jean-Paul: *Geschlossene Gesellschaft [Huis clos, 1944]*. Reinbek bei Hamburg: Rowohlt, 1986.
Savage, Joanne & Christina Yancey: The effects of media violence exposure on criminal aggression: a meta-analysis. *Criminal Justice and Behavior* 35 (2008): 772–791.
Scalise Sugiyama, Michelle: On the origins of narrative: storyteller bias as a fitness-enhancing strategy. *Human Nature* 7 (1996): 403–425.
Scalise Sugiyama, Michelle: Food, foragers, and folklore: the role of narrative in human subsistence. *Evolution and Human Behavior* 22 (2001): 221–240.
Scalise Sugiyama, Michelle: Reverse-engineering narrative: evidence of special design. In Gottschall & D. S. Wilson (2005): 177–196.

Schäfer, Annette: *Wir sind, was wir haben. Die tiefere Bedeutung der Dinge für unser Leben.* München: DVA, 2012.
Scheer, Brigitte: *Einführung in die philosophische Ästhetik.* Darmstadt: Primus-Verlag, 1997.
Scheiner, Elisabeth & Julia Fischer: Emotion expression: the evolutionary heritage in the human voice. In Wolfgang Welsch, Wolf Singer & André Wunder (Hrsg.): *Interdisciplinary anthropology: continuing evolution of man.* Berlin [u. a.]: Springer, 2011, S. 105–129.
Scheler, Max: *Die Stellung des Menschen im Kosmos [1928].* 7. Aufl. Bern: Francke, 1966.
Schiller, Friedrich: Was kann eine gute stehende Schaubühne eigentlich wirken? [1784]. In *Sämtliche Werke.* Bd. 5: *Erzählungen – Theoretische Schriften.* München/Wien: Hanser, 2004, S. 818–831.
Schiller, Friedrich: Über die ästhetische Erziehung des Menschen in einer Reihe von Briefen [1795]. In *Sämtliche Werke.* Bd. 5: *Erzählungen – Theoretische Schriften.* München/Wien: Hanser, 2004, S. 570–669.
Schmalenbach, Werner: *Über die Liebe zur Kunst und die Wahrheit der Bilder. Gespräche mit Susanne Henle.* Ostfildern: Hatje Cantz, 2004.
Schmücker, Reinold: Funktionen der Kunst. In Bernd Kleimann & Reinold Schmücker (Hrsg.): *Wozu Kunst? Die Frage nach ihrer Funktion.* Darmstadt: Wissenschaftliche Buchgesellschaft, 2001, S. 13–33.
Schnädelbach, Herbert: *Philosophie in Deutschland 1831–1933.* Frankfurt am Main: Suhrkamp, 1983.
Schopenhauer, Arthur. *Die Welt als Wille und Vorstellung I. 3. verb. Aufl. [1859a].* Werke in fünf Bänden. Hrsg. von Ludger Lütkehaus. Bd. 1. Frankfurt am Main: Haffmans Verlag bei Zweitausendeins, 2006.
Schopenhauer, Arthur: *Die Welt als Wille und Vorstellung II. 3. verb. Aufl. [1859b].* Werke in fünf Bänden. Hrsg. von Ludger Lütkehaus. Bd. 2. Frankfurt am Main: Haffmans Verlag bei Zweitausendeins, 2006.
Schrenk, Friedemann: *Die Frühzeit des Menschen. Der Weg zum Homo sapiens.* 4. Aufl. München: C. H. Beck, 2003.
Schrott, Raoul & Arthur Jacobs: *Gehirn und Gedicht. Wie wir unsere Wirklichkeiten konstruieren.* München: Hanser, 2011.
Science: Special Issue: Evolution of Language. *Science* 303 (27 February 2004).
Science: Special Issue: Human Conflict. *Science* 336 (18 May 2012).
Searle, John R.: *The construction of social reality.* New York: Free Press, 1995 (deutsche Ausg.: *Die Konstruktion der gesellschaftlichen Wirklichkeit. Zur Ontologie sozialer Tatsachen,* 1997).
Shultz, Susanne, Christopher Opie & Quentin D. Atkinson: Stepwise evolution of stable sociality in primates. *Nature* 479 (2011): 219–222.
Singer, Wolf: Vom Gehirn zum Bewußtsein [2000]. In *Der Beobachter im Gehirn: Essays zur Hirnforschung.* Frankfurt am Main: Suhrkamp, 2002, S. 60–76.
Sitte, Peter: Evolutionäre Ästhetik und funktionale Schönheit. In Joachim Klose & Jochen Oehler (Hrsg.): *Gott oder Darwin? Vernünftiges Reden über Schöpfung und Evolution.* Berlin: Springer, 2008, S. 331–348.
Slater, Peter J. B.: Birdsong repertoires: their origins and use. In Wallin et al. (2000): 49–63.
Smith, Murray: Wer hat Angst vor Charles Darwin? Die Filmkunst im Zeitalter der Evolution. In Matthias Brütsch et al. (Hrsg.): *Kinogefühle: Emotionalität und Film.* Marburg: Schüren, 2005, S. 289–312.
Snowdon, Charles T.: From primate communication to human language. In de Waal (2001): 193–227.
Sober, Elliott & David S. Wilson: *Unto others: the evolution and psychology of unselfish behavior.* Cambridge, MA: Harvard University Press, 1998.
Sommer, Volker: *Lob der Lüge. Täuschung und Selbstbetrug bei Tier und Mensch.* München: C. H. Beck 1992.
Sosis, Richard: Why aren't we all Hutterites? Costly signaling theory and religious behavior. *Human Nature* 14 (2003): 91–127.
Spencer, Herbert: The origin and function of music. *Fraser's Magazine* 56 (1857): 396–408.
Spivey, Nigel: *Enduring creation: art, pain and fortitude.* London: Thames & Hudson, 2001.
Stachelhaus, Heiner: *Joseph Beuys.* Berlin: Ullstein, 2004.

Steguweit, Leif: *Gebrauchsspuren an Artefakten der Hominidenfundstelle Bilzingsleben (Thüringen)*. Rahden (Westf.): Leidorf, 2003.
Stephens, Greg J., Lauren J. Silbert & Uri Hasson: Speaker-listener neural coupling underlies successful communication. *PNAS* 107 (2010): 14425–14430.
Stiner, Mary C., Ran Barkai & Avi Gopher: Cooperative hunting and meat sharing 400–200 kya at Qesem Cave, Israel. *PNAS* 106 (2009): 13207–13212.
Strauß, Botho: *Paare, Passanten*. München: Deutscher Taschenbuch Verlag, 1984.
Stringer, Chris: What makes a modern human. *Nature* 485 (2012): 33–35.
Sturm, Birgit Maria: Pragmatischer Idealismus: Aspekte des Arbeitsverhältnis von Galerien und Künstlern. In Matthias Weller, Thomas Dreier & Nicolai Kemle (Hrsg.): *Kunsthandel – Kunstvertrieb*. Baden-Baden: Nomos, 2012, S. 57–67.
Sulzer, Johann Georg: Künste; Schöne Künste. In *Allgemeine Theorie der Schönen Künste*. 2. Teil, von K bis Z. Leipzig: Weidmann und Reich, 1775, S. 55–77.
Symons, Donald: Beauty is in the adaptations of the beholder: the evolutionary psychology of human female sexual attractiveness. In Paul R. Abramson & Steven D. Pinkerton (Hrsg.): *Sexual nature, sexual culture*. Chicago: University of Chicago Press, 1995, S. 80–118.
Tatarkiewicz, Władysław: *Geschichte der Ästhetik [1970]*. Bd. 1: *Die Ästhetik der Antike*. Basel/Stuttgart: Schwabe & Co., 1979.
Tatarkiewicz, Władysław: *Geschichte der sechs Begriffe: Kunst, Schönheit, Form, Kreativität, Mimesis, Ästhetisches Erlebnis [1976]*. Frankfurt am Main: Suhrkamp, 2003.
Thieme, Hartmut: Lower Paleolithic hunting spears from Germany. *Nature* 385 (1997): 807–810.
Thornhill, Randy: Darwinian aesthetics informs traditional aesthetics. In Voland & Grammer (2003): 9–35.
Thornton, Sarah: *Sieben Tage in der Kunstwelt [Seven days in the art world, 2008]*. Frankfurt am Main: S. Fischer, 2009.
Tinbergen, Niko: *The study of instinct*. Oxford: Clarendon Press, 1951 (deutsche Ausg.: *Instinktlehre. Vergleichende Erforschung angeborenen Verhaltens*, 1952).
Tkačik, Gašper et al.: Natural images from the birthplace of the human eye. *PLOS ONE* 6 (6) (2011): e20409.
Todd, Peter: Simulating the evolution of musical behavior. In Wallin et al. (2000): 361–388.
Tolstoi, Leo N.: Der Schneesturm [1856]. In *Die schönsten Erzählungen*. Frankfurt am Main: Insel, 2002, S. 9–50.
Tolstoi. Leo N.: *Was ist Kunst [1898]?* München: Diederichs, 1993.
Tomasello, Michael: *Die kulturelle Entwicklung des menschlichen Denkens: Zur Evolution der Kognition [The cultural origins of human cognition, 1999]*. Frankfurt am Main: Suhrkamp, 2002.
Tomasello, Michael: *Warum wir kooperieren [Why we cooperate, 2009]*. Berlin: Suhrkamp, 2010.
Tomasello, Michael et al.: Reliance on head versus eyes in the gaze following of great apes and human infants: the cooperative eye hypothesis. *Journal of Human Evolution* 52 (2007): 314–320.
Tomkins, Calvin: *Marcel Duchamp: eine Biographie [Duchamp: a biography, 1996]*. München/Wien: Hanser, 1999.
Tooby, John & Leda Cosmides: The psychological foundations of culture. In Barkow et al. (1992): 19–136.
Tooby, John & Leda Cosmides: Does beauty build adapted minds? Toward an evolutionary theory of aesthetics, fiction and the arts. *SubStance* 94/95 (2001): 6–27.
Trivers, Robert L.: The evolution of reciprocal altruism. *The Quarterly Review of Biology* 46 (1971): 35–57.
Trivers, Robert L.: Parental investment and sexual selection. In Bernard Campbell (Hrsg.): *Sexual selection and the descent of man 1871–1971*. Chicago: Aldine Publishing, 1972, S. 136–179.
Trivers, Robert L.: Deceit and self-deception. In Peter M. Kappeler & Joan B. Silk (Hrsg.): *Mind the gap: tracing the origin of human universals*. Berlin/Heidelberg: Springer, 2010, S. 373–394.
Ullrich, Wolfgang: Kunst/Künste/System der Künste. In *Ästhetische Grundbegriffe. Historisches Wörterbuch*. Hrsg. von Karlheinz Barck et al. Bd. 3. Stuttgart/Weimar: Metzler, 2001, S. 556–616.

Ullrich, Wolfgang: *Was war Kunst? Biographien eines Begriffs*. Frankfurt am Main: S. Fischer, 2005.
Vaas, Rüdiger & Michael Blume: *Gott, Gene und Gehirn. Warum Glaube nützt: Die Evolution der Religiosität*. Stuttgart: Hirzel, 2009.
Vasari, Giorgio. *Kunsttheorie und Kunstgeschichte. Eine Einführung in die Lebensbeschreibungen berühmter Künstler [Le vite de' più eccellenti pittori, scultori, e architettori, 1568]*. Berlin: Wagenbach, 2004.
Veblen, Thorstein: *The theory of the leisure class [1899]*. Oxford: Oxford University Press, 2007 (deutsche Ausg.: *Die Theorie der feinen Leute*, 1993).
Verheyen, Erik et al.: Origin of the superflock of cichlid fishes from lake Victoria, East Africa. *Science* 300 (2003): 325–329.
Voland, Eckart: Aesthetic preferences in the world of artifacts – adaptations for the evaluation of ‚honest signals'? In Voland & Grammer (2003): 239–260.
Voland, Eckart: *Die Natur des Menschen: Grundkurs Soziobiologie*. München: C. H. Beck, 2007.
Voland, Eckart & Karl Grammer (Hrsg.): *Evolutionary aesthetics*. Berlin/Heidelberg: Springer, 2003.
Vollmer, Gerhard: *Evolutionäre Erkenntnistheorie. Angeborene Erkenntnisstrukturen im Kontext von Biologie, Psychologie, Linguistik, Philosophie und Wissenschaftstheorie*. Stuttgart: Hirzel, 1980.
Wagner, Fritz: Biologismus und Historismus im Deutschland des 19. Jahrhunderts. In Gunter Mann (Hrsg.): *Biologismus im 19. Jahrhundert*. Stuttgart: Enke, 1973, S. 30–42.
Wallace, Alfred Russel: *Darwinism: an exposition of the theory of natural selection with some of its applications*. London: Macmillan, 1889.
Wallaschek, Richard: *Primitive music: an inquiry into the origin and development of music, songs, instruments, dances, and pantomimes of savage races*. London: Longmans, Green, and Co., 1893 (deutsche Ausg.: *Anfänge der Tonkunst*, 1903).
Wallin, Nils L., Björn Merker & Steven Brown (Hrsg.): *The origins of music*. Cambridge: MIT Press, 2000.
Walther, Sigrid, Gisela Staupe & Thomas Macho (Hrsg.): *Was ist schön? [Begleitbuch zur Ausstellung des Deutschen Hygiene-Museums Dresden 2010]*. Göttingen: Wallstein-Verlag, 2010.
Warnke, Martin: Gegenstandsbereiche der Kunstgeschichte. In Belting et al. 2008, S. 23–48.
Weaver, Timothy D.: Did a discrete event 200,000–100,000 years ago produce modern humans? *Journal of Human Evolution* 63 (2012): 121–126.
Weber, Max: Wissenschaft als Beruf [1919]. In *Gesammelte Aufsätze zur Wissenschaftslehre*. 3. Aufl. Tübingen: J. C. B. Mohr, 1968, S. 582–613.
Weibel, Peter: *Lebenssehnsucht und Sucht*. Unter Mitw. von Loys Egg. Berlin: Merve, 2002.
Weismann, August: Gedanken über Musik bei Thieren und beim Menschen [1889]. In *Aufsätze über Vererbung und verwandte biologische Fragen*. Jena: Gustav Fischer, 1892, S. 587–637.
Weitz, Morris: The role of theory in aesthetics. *The Journal of Aesthetics and Art Criticism* 15 (1956): 27–35.
Wells, H. G.: *The country of the blind: and other stories*. London [u. a.]: Nelson, [1911].
Welsch, Wolfgang: *Mensch und Welt: Philosophie in evolutionärer Perspektive*. München: C. H. Beck, 2012.
Wetz, Franz Josef: *Die Magie der Musik. Warum uns Töne trösten*. Stuttgart: Klett-Cotta, 2004.
Wetz, Franz Josef: *Lob der Untreue: eine Unverschämtheit*. München: Diederichs, 2012.
Whissell, Cynthia: Mate selection in popular women's fiction. *Human Nature* 7 (1996): 427–447.
Whiten, Andrew: The evolution of deep social mind in humans. In Corballis & Lea (1999): 173–193.
Whiten, Andrew & Richard W. Byrne (Hrsg.): *Machiavellian intelligence II: extensions and evaluations*. Cambridge: Cambridge University Press, 1997.
Whiten, Andrew et al.: Cultures in chimpanzees. *Nature* 399 (1999): 682–685.
Williams, George C.: *Adaptation and natural selection: a critique of some current evolutionary thought*. Princeton: Princeton University Press, 1966.
Wilson, Edward O.: *Sociobiology*. The abridged edition. Cambridge, MA: The Belknap Press, 1980.

Wilson, Edward O.: *Consilience: the unity of knowledge*. New York: Knopf, 1998 (deutsche Ausg.: *Die Einheit des Wissens*, 1998).
Wilson, Edward O.: *The social conquest of earth*. New York: Liveright, 2012 (deutsche Ausg.: *Die soziale Eroberung der Erde*, 2013).
Winckelmann, Johann: *Geschichte der Kunst des Alterthums. Zweyter Theil*. Dresden: Waltherische Hof-Buchhandlung, 1764.
Wittgenstein, Ludwig: Tractatus logico-philosophicus [1921]. In *Werkausgabe*, Bd. 1. Frankfurt am Main: Suhrkamp, 1984, S. 7–85.
Wittgenstein, Ludwig: Philosophische Untersuchungen [1953]. In *Werkausgabe*, Bd. 1. Frankfurt am Main: Suhrkamp, 1984, S. 225–580.
Wuketits, Franz M.: *Der Affe in uns: warum die Kultur an unserer Natur zu scheitern droht*. Stuttgart: Hirzel, 2002.
Wuketits, Franz M.: *Die Boten der Nemesis: Katastrophen und die Lust auf Weltuntergänge*. Gütersloh: Gütersloher Verl.-Haus, 2012a.
Wuketits, Franz M.: *Zivilisation in der Sackgasse: Plädoyer für eine artgerechte Menschenhaltung*. Murnau: Mankau Verlag, 2012b.
Zahavi, Amotz: Mate selection – a selection for a handicap. *Journal of Theoretical Biology* 53 (1975): 205–214.
Zeki, Semir: The neurology of ambiguity. *Consciousness and Cognition* 13 (2004): 173–196.
Zilhão, João et al.: Symbolic use of marine shells and mineral pigments by Iberian Neandertals. *PNAS* 107 (2010): 1023–1028.
Zimmermann, Jörg: Das Schöne. In Ekkehard Martens & Herbert Schnädelbach (Hrsg.): *Philosophie. Ein Grundkurs*. Reinbek bei Hamburg: Rowohlt, 1985, S. 348–394.
Zitko, Hans: *Kunstwelt: Mediale und systemische Konstellationen*. Hamburg: Philo Fine Arts, 2012.
Zumdick, Wolfgang: *Über das Denken bei Joseph Beuys und Rudolf Steiner*. Basel: Wiese, 1995.

Bildnachweis

Abb. 1: Fotograf unbekannt
Abb. 2: Fotografie von Alfred Stieglitz. Aus Roché et al. 1917: 4
Abb. 3: © Bernd Georg
Abb. 4: Private Collection, Courtesy of the artist and Sprüth Magers Berlin London
Abb. 5: Biblioteca Nacional, Madrid
Abb. 6: © Gottfried Helnwein
Abb. 7: © STUDIOCANAL
Abb. 8: Foto Angela Meder
Abb. 9: Foto © Peter Willi – Artothek; © VG Bild-Kunst
Abb. 10: Wikimedia
Abb. 11: © Thomas Junker & Sabine Paul
Abb. 12: Sammlung Edda und Werner Hund, Frankfurt am Main
Abb. 13: Naturhistorisches Museum Wien
Abb. 14: © The estate of Sigmar Polke; © VG Bild-Kunst
Abb. 15: © Thomas Junker & Sabine Paul
Abb. 16: © Fotolia
Abb. 17: © Christine Hemm, Forschungsinstitut und Naturkundemuseum Senckenberg, Frankfurt am Main
Abb. 18: © Leni Riefenstahl Archiv
Abb. 19: „Apestract"-Bild des Orang-Utans Barito, 2011. affenBRUT, ein Projekt von fund-art-21 und Zoo Krefeld S (www.affenbrut.de)
Abb. 20: © Landesamt für Denkmalpflege im RP Stuttgart, Foto Y. Mühleis
Abb. 21: © Museum der Universität Tübingen. Foto Hildegard Jensen/Institut für Ur- und Frühgeschichte und Archäologie des Mittelalters

Register

E

F

G

H

I

J

K

L

M

S

T

U

V

W

Z